사랑과 기도

초대 교부들의 영성

R.C. 반디 지음
이 후 정 옮김

컨콜디아사

TO PRAY AND TO LOVE:
CONVERSATIONS ON PRAYER
WITH THE EARLY CHURCH

by Roberta C. Bondi

Tr. by Hoo-Jung Lee

Copyright 1001 Augsburg Fortress

Published by permission

1994

Concordia Press
Seoul, Korea

서 언

많은 사람들이 이 책을 쓰는 데 기여했다. 특히 원고의 전체 혹은 부분들을 읽어 주었거나, 내가 쓰고 있는 동안 여러 가지 제안을 해주었을 뿐더러 실제적으로 격려하고 지원해 준 다음과 같은 분들에게 감사하고 싶다: Joanna Adams, Leslie Akin, Walter Brueggemann, Pam Couture, Rebecca Chopp, Vicki Laughlin Gary, Rod Hunter, Martin Iott, O. P., Bill Mallard, Nicole Mills, Carol Newsom, Nancy Sehested, Jan Stephens.

또 내가 특히 감사하는 분은 원래 이 책을 쓰는 일에 격려해 주었고 완성된 원고를 처음 읽어 준 동료교수 Don Saliers이다.

Alan Gregory는 이 원고의 마지막 교정을 하는 데 특히 도움이 되는 제안들을 해주었는데, 매우 고맙게 생각한다.

Gail O'Day 역시 처음과 마지막에 또 그 사이에 항상 격려해 주었다.

Melissa Walker는 여러 해 동안 친구로 지냈는데, 이 책을 위해 사진을 찍어 주는 일을 포함해서 여러가지 방면으로 나를 지원해 주었다.

Marshall Johnson은 Fortress 출판사의 편집인으로서 도움과 격려를 아끼지 않았다.

Candler 신학교는 1987년 봄에 이 책을 쓰는 데 도움이 되도록 휴가를 허락해 주었는데, 이를 매우 감사하게 생각한다.

내 아들 Benjamin은 함께 지내며 즐거움을 주었고, 내 과제를 가볍게 해주었다.

무엇보다도 나는 남편 Richard에게 감사한다. 그는 항상, 내가 다루고 있던 문제들에 대한 좋은 통찰들을 가지고 있는, 끊임없는 대화의 상대자였다. 또 그는 내가 낙심해 있을 때 음식도 만들어 주고 위로해 주었으며, 내가 웃게 하였다.

한국어판 서언

나는 이 책이 한글로 번역된 것을 큰 기쁨으로 여깁니다. 내가 캔들러(Candler) 신학교에서 가르쳐온 여러 해 동안, 많은 한국인 학생들을 가르치고 그들과 우정을 나눌 수 있는 특권을 누려왔습니다. 그들을 통해서 나는 한국의 기독교에 관해 배우고 한국교회가 겪은 어려움들과 그 시초로부터 가졌던 강점들을 생각하면서 경모하게 되는 기회를 누리게 되었습니다. 나는 여러분이 그 역사 속에서 무엇인가 도움이 되는 것을 발견할 수 있기를 간절히 바랍니다.

많은 사람들이 이 책을 쓰는 데 기여했습니다. 하지만 이 한글판에 있어서 내가 특별히 감사하고자 하는 사람은 이후정 박사인데, 그가 캔들러 신학교에서 박사과정 학생이었을 때 그를 가르치고 알게된 것은 내게 큰 기쁨이었음을 이 기회에 말하고 싶습니다. 부디 이 책이 한국의 기독교가 성숙하여 아름다운 열매들을 맺는 데 도움이 되기를 희망합니다.

Roberta C. Bondi
에모리 대학교, 캔들러 신학교

역자 서문

　이 책은 미국 애틀랜타에 위치한 에모리 대학교 캔들러 신학교의 라버타 반디 교수가 쓴 초대교부들의 수도원 영성에 관한 명저이다. 미국에서는 수많은 신학생들, 목회자들 및 기독교인들에게 큰 영향을 준 책으로, 한국에서 역자가 1990년대에 번역했던 것을 이번에 수정하여 다시 출판하게 되었다. 그 동안 한국의 신학교나 목회자들에게도 좋은 반응을 얻었으며, 한국교회의 영성이 성숙을 지향하면서 더 많은 독자층을 얻게 되리라고 생각된다.
　저자 반디 교수는 영국 옥스퍼드 대학교에서 시리아 교부학으로 철학박사 학위를 끝내고 미국에 돌아와 노틀담 대학교를 거쳐 감리교 명문대학인 에모리에서 오랫 동안 초대교회사, 교부학을 가르쳐왔는데, 특히 기독교 영성 분야에 큰 공헌을 해오고 있다. 미국 감리교회를 대표하는 교부학자의 하나로, 그녀는 5년마다 열리는 옥스퍼드 세계감리교 신학회에서 여러 차례 영성관계의 그룹좌장(convenor)를 맡기도 한, 뛰어난 신학자이다.
　역자는 에모리에서 반디 교수를 만나 함께 초대 금욕(수도원)신학을 공부하면서 가깝게 되었고, 특히 지금은 은퇴하신 은사 테드 러년 교수 밑에서 존 웨슬리를 초대 시리아 수도교부인 마카리우스와 관련시켜 박사학위 논문을 쓰면서 그녀의 각별한 영향과 사랑과 지도를 받은 바 있다. 그 후 개인적으로 더욱 친밀해지면서, 우리는 이제 가까운 친구 사이가 되었다. 그녀는 이 책이 한글로 번역된 것을 기뻐했으며, 친절하게 에모리의 한국 학생들이 나의 한글번역을 참고하라도록 배려하기도 했다.

첫 번역에서 다소 부족했던 것들을 수정하려 노력해 보았다. 하지만 모든 번역서가 그렇듯이 이 책도 완전한 것은 못된다. 다만 이 책을 통해 한국의 독자들이 심원하고 순수한 초대기독교 교부들의 영성에 더욱 가까워지기를 간절히 바란다. 그 원천으로부터 오늘 우리의 삶이 기도와 사랑 속에서 더 성숙, 풍성해지기를 기도하면서, 서언에 대한다.

2004년 사순절,
감리교신학대학교,
이후정

목 차

서 언 · 3
한국어판 서언 · 5
역자 서문 · 7

제 1 장 "끊임없이 기도하라" · 13
  1. 수도생활의 시작 / 28
  2. 초대 수도원 기도의 형태 / 38
  3. 기도에 관한 초기 문헌 / 43

제 2 장 하나님의 형상으로 화하는 삶 · 49
  1. 우리에 대한 하나님의 사랑과, 그 형상의 지속 / 52
  2. 사랑 그리고 타인들과 가지는 친분 / 56
  3. 죄와 정욕들(passions) / 61
  4. 덕(德) / 67
  5. 유혹 / 73
  6. 화해, 치유, 희망 / 80

제 3 장 기도에 이르는 길 · 83
　1. 기도하는 시간 / 96
　2. 기도를 위한 자세들 / 103
　3. 성경 / 109
　4. 기도에서의 고요함 / 119
　5. 종교적 체험 / 123
　6. 꾸준함과 용기 / 128

제 4 장 "오직 나 자신과 하나님" · 133
　1. 왜 나는 자아를 필요로 하는가? / 136
　2. 인정의 욕구 / 141
　3. 완전주의 / 144
　4. 나 자신을 희생자로 명명하는 것 / 146
　5. 우리 자신을 하나님 안에서 주장하기 시작함 / 148
　6. 우리 자신을 위해 기도하는 것 / 151
　7. 성경 / 154
　8. 기도와 자기이해 / 160
　9. 기도와 일관되게 행동하려고 노력하는 것 / 163
　10. 목표는 사랑이다 / 167

제 5 장 "우리의 삶과 죽음은 우리의 이웃과 함께 한다" · 171
  1. 성장의 과정 / 176
  2. 사랑의 패턴(pattern)들 / 178
  3. 기도 / 179
  4. 겸손 / 181
  5. 분별 / 185
  6. 자문(諮問) / 188
  7. 우리 자신이 죄인임을 아는 것 / 194
  8. 용서 / 201

제 6 장 하나님에 대한 갈망 · 211
  1. 하나님에 대한 갈망 / 215
  2. 하나님과의 벗됨 / 221
  3. 중보기도와 하나님과의 우정 / 234
  4. 십자가, 부활, 그리고 은혜 / 239

주(註) · 251
참고도서 · 275
찾아보기 · 279

제 1 장
"끊임없이 기도하라"

제1장

"끊임없이 기도하라"

사도 바울은 "끊임없이(쉬임없이) 기도하라"고 우리에게 말한다. 이 말로 바울이 뜻하는 바는 무엇일까, 또 우리는 어떻게 기도해야 할까? 초대교회의 광야 교부들과 교모(敎母)들에게 있어서 이 질문들에 대한 바른 대답은, 질문을 하는 사람의 필요들과 성격에 의존하고 있다. 다음의 세가지 매우 다른 기도의 이미지들을 숙고해 보라.

압바[수도원 장상, 사부] 마카리우스(Macarius)는 "어떻게 기도해야 합니까?"라는 질문을 받았다. 노인은 이렇게 말했다. "긴 말을 만들 필요가 전혀 없지. 손을 뻗고 '주여, 당신 뜻대로, 당신이 아시는 대로, 자비를 베푸소서'라고 말하는 것으로 족하니라. 그리고 만약 갈등이 더 격해지면 '주여, 도와주소서!'라고 말해라. 하나님께서는 우리가 무엇을 필요로 하는지 아주 잘 알고 계시며 우리에게 그의 자비를 보여주시거든."[1]

압바 마카리우스에게는 기도가, 유혹에 대면하여 하나님의 도움을 구하는, 단순하고 솔직한 것으로 보이는 듯하다. 하지만 압바 요셉(Joseph)은 다음의 말에서 그의 제자들 중 하나에게—그 제자 역시 기도의 스승이었는데—매우 다른 충고를 예시적으로 건네주고 있다.

> 압바 롯(Lot)이 압바 요셉을 보러 가서 그에게 말했다. "압바여, 내가 할 수 있는 한에서, 나는 내 작은 성무일과를 하고, 조금 금식하고, 기도와 명상을 하고, 평화 속에 살며, 내가 할 수 있는 한에서 내 생각들을 정(淨)하게 합니다. 이 외에 달리 내가 할 수 있는 것이 있습니까?" 그러자 그 노인은 일어나서 손을 하늘을 향해 뻗었다. 그의 손가락들은 열 개의 등불처럼 되었는데, 이렇게 말했다. "만일 당신이 원한다면, 당신 전체가 불길로 화할 수 있소."[2]

사도 바울의 충고를 그저 단순하게 문자 그대로 이해하고 있는 수도사들을 대면하였던 압바 루시우스(Lucius)는, 세번째 방식의 기도를 우리에게 제시해 준다:

> 유케 파(Euchites)라고 불리우는 어떤 수도사들이… 압바 루시우스를 보러 갔다. 노인은 그들에게 "당신들이 손으로 하는 일은 무엇이오?"라고 물었다. 그들은 "우리는 손으로 하는 일은 하지 않고 사도께서 말씀하시듯이 끊임없이 기도합니다"라고 말했다. 노인은 그들에게 밥을 먹느냐고 물었고 그들은 그렇다고 대답했다. 그러자 그는

그들에게 "그대들이 먹을 때, 그대들을 위해 누가 기도합니까?"라고 말했다. 다시금 그는 그들에게 잠을 자느냐고 물었으며 그들은 그렇다고 대답했다. 그러자 그는 그들에게 "그대들이 잘 때, 누가 그대들을 위해 기도합니까?"라고 말했다. 그들은 그에게 줄 답변을 찾을 수 없었다. 그는 그들에게 이렇게 말했다. "나를 용서하시오. 그러나 그대들은 그대들이 말하는 대로 행하지 않는구료. 나는 내가 손으로 일하는 동안 어떻게 쉬임없이 기도하는가를 보여주겠소. 나는 하나님과 함께 앉아서, 나의 갈대들을 물에 적셔 밧줄을 엮으면서, 이렇게 말한다오. '하나님, 제게 자비를 베푸소서. 당신의 크나큰 선하심을 따라, 당신의 허다한 자비를 따라, 저를 죄들에서 건져 주소서.'" 그는 이것이 기도가 아니냐고 물었으며 그들은 그렇다고 대답했다. 그러자 그는 이렇게 말했다. "이처럼 내가 하루 전체를 일하며 기도하며 보내면서, 열세 냥 정도의 돈을 벌 때, 두 냥의 돈은 문 밖에 두고 나머지 돈으로 내 양식 값을 낸다오. 그 두 냥의 돈을 가져가는 사람이 내가 먹고 잘 때 나를 위해 기도해 준답니다. 이처럼 하나님의 은혜로 나는 끊임없이 기도하라는 가르침을 지킨다오."[3]

우리가 "끊임없는 기도"에 대해 말하고자 할 때, 압바 루시우스의 경우, 우리의 기도와 다른 사람의 기도 사이의 경계를 정하는 일조차도 반드시 문제가 되는 것은 아니라고 하겠다. 또한 기도의 행위 및 내용과, 스스로를 돌볼 수 없는 이들의 필요를 공급해주기 위해 수도사가 하는 일 사이를 분리하고자 하지도 않는다. 그에게는 기도란 사랑으로 시작하고 마쳐지는 삶의 길인 것이다.

우리에 앞서서 기도해온 기독교인들의 발자취를 따르려고 하는 우리들은 바울이 "끊임없이 기도하라"고 우리에게 말씀할 때 그가 우리에게 하라고 요구하는 것이 무엇이라고 생각하는가? 우리에게 기도란 무엇이며, 쉬지 않고 기도한다는 것은 우리에게 무엇을 의미할 수 있겠는가?

"이제 나는 잠자리에…"의 기도나 주기도문을 외우는 것, 혹은 특정한 사정에서 특수한 필요 때문에 기도하는 것 이상의 개인기도의 전통 없이 자라온 우리들 대부분에게 기도라는 주제 전체는 곤란하며 고통스러운 것일 수 있다. 우리는 기도란 어떤 것이어야 하는지 알지 못한다. 우리는 기도에 대해 어떻게 생각해야 할지 잘 파악할 수 없으며, 만일 기도가 하나님께 이미 어떤 상태에 있는 것을 바꾸어 달라고 요청하는 것을 포함하는 경우 그것이 과연 정당할 수 있을까 의심하게 된다. 우리는 예배 때 드리는 공중기도에는 익숙해 있으나, 사적으로 드리는 개인기도는 별개의 문제이다. 어쩌면 우리는, 자신들의 경건이 너무 개인주의적이어서 기독교인들은 세상과 거기 사는 사람들에 대해서 어떤 실제적인 사회적 책임을 갖고 있다는 사실을 믿으려 들지 않는 사람들 때문에, 개인기도라는 개념으로부터 멀리 돌이켜졌는지도 모른다. 우리는, 자기 의(義), 종교적 열광주의, 혹은 세상의 본성이 무엇인가에 대한 비난받을 만한 천진함 등을 가지고 기도에 대해 이야기하는 사람들과 기도를 연관시킬지도 모른다. 우리의 교회와 가족의 전통들에 따라 우리가 기도에 대해 이야기하는 것조차 불손한 것이라고까지 믿는 것도 하나의 가능성일 수 있다.

이 모든 것에도 불구하고, 많은 사람들은 기도에 대한 진정한 동경(憧憬)을 가지고 있다. 아마 우리의 삶은, 그 인격이 그들의 기도에 의해 조성되었음을 우리가 알고 있는 특정 남녀들에 의해 깊은 차원에서 영향을 받아온 것이리라. 우리 중 어떤 이들은, 우리로서는 헤아릴 수 없으나 기도 가운데서는 이해할 수 있을지도 모른다고 가정하게 되는, 도덕적으로 모호한 상황들에 처해 하나님을 찾고 있다. 혹은 어떤 특정한 예배 체험이 우리로 하여금 기도에 대한 욕구를 인식하도록 만들었을 수도 있다. 어떤 사람들은 이러한 동경이 하나님과의 강렬한 만남에 의해 일깨워졌음을 발견한다. 다른 이들은 하나님을 멀리 계신 것처럼 만드는 일종의 공허한 불안으로서의 기도에 대한 욕망을 체험한다.

한편, 많은 사람들이 정규적으로 기도한다. 어떤 이들은 개인 기도가 당연시되는 전통들 속에서 자랐다. 어떤 이들은 그러한 그들의 전통에도 불구하고, 자신 스스로 기도를 발견했다. 어떤 이들은 정규적으로 기도에 관한 책들을 읽지만 어떤 이들은 그렇지 않다. 기도에 이르게 되는 이러한 모든 방식들에도 불구하고, 기도하는 많은 기독교인들이 한가지 사실을 공유하고 있는데, 그것은 자신의 기도에 대한 확신을 결여하고 있다는 점이다. 즉 매일 기도하면서, 많은 경우에 하나님과의 깊은 관계를 누리고 있다고 해도, 자신이 "올바로" 기도하고 있지 않다고 믿고 있는 것이다. 여하튼 그들은 더욱 열심히, 또는 덜 이기적으로, 혹은 더 집중해서, 혹은 더 믿음을 가지고, 혹은 더 체계적으로, 혹은 더 중심을 찾아 기도해야 한다고 확신하게 된 것이다. 그들 중 어떤 이들은 그들이 기도를 원하는 만큼이나 기도에 관해서 참으로 낙심하여 있으며, 다른 이들은 애매모호한 죄책감을 느끼고 있으며, 또다른 이들은 비참하게 느끼고 있다.

끝으로, 그들의 기도 체험이 축복스럽게도 행복하다고 할 수 있는 사람들이 있다. 우리가 기도하는 것을 아이 때 배웠든지 어른이 되어서 배웠든지, 다른 이들로부터 혹은 우리 스스로 배왔든지 간에, 기도는 이제 우리에게 숨쉬는 것과 먹는 것처럼 자연스럽고, 문제가 되지 않는다. 아마 이제 우리에게는, 늘상 수월히 하게 된 기도에 관해 물어보는 아이들이나 친구들이 있을지도 모른다. 이제 우리는 중요한 삶의 변화들이 주는 압박 밑에서 특별한 긴급성을 띠고 하나님과 기도하는 삶으로 더욱 더 충만하게 성장하고픈 욕망을 가질지도 모른다. 예를 들어 아기가 태어난다든지, 가정의 어느 한 사람이나 친구의 죽음, 직업이나 지위의 변화, 심각한 병을 겪게 되는 경우에 말이다. 우리는 새로운 방식으로 우리의 삶과 우리의 기도에 대하여 생각할 필요가 있다고 느낄지도 모른다.

이 책이 쓰여진 것은, 기도하기를 원하지만 어떻게 할지를 모르는 사람들, 기도에 대해 불확실한 감정을 가지고 있는 사람들, 잘 기도하고 있지만 더 깊이 성장하기를 원하는 모든 독자들을 위한 것이다.

나는 기도에 대한 동경은 있지만 여태껏 기도해 보지 못한 이들을 위해, 몇가지 제안들을 제시하려고 한다. 그것들은 기도하는 방식들에 관한 것이라기 보다는—이 책은 실제로 "어떻게 하는 방식"에 관한 책이 아니다—알아채지 못한 채 기도의 길에 들어서게 되는 태도들, 신념들 및 성향들에 관한 것이다. 이와 동시에 나는 독자들과 함께, 우리가 기도할 때 무엇을 하는지를 관찰하는 새로운 방식들을 탐구하고자 한다. 예를 들면, 어떻게 성경이 우리의 기도의 부분이 되는지, 어떤 경우에 중보기도가 적합하게 되는지, 하나님의 현존 가운데서 고요히 시간을 보내는 것 등에 관한 것이다.

기도를 하기는 하지만 낙심되거나 불만족하게 된 이들에게 자신들이 하고 있는 기도에 대한 확신과 나아가서 기쁨까지도 누리게 되는 데 도움이 될 수 있는, 기도의 이해에 관한 새로운 방식들을 열어보여 주기를 희망한다. 나는 이와 같은 일을 부분적으로나마 감당하고자 함에 있어서 다음의 사실을 마음 속으로 독자들이 이해하고 믿는 것을 도와주고 싶다. 즉, 기도는 하나님과 함께 하는 삶이기 때문에, 여러분들이 실패라고 해석할지도 모르는 그것은 어쩌면 단순히 발견의 오랜 과정 가운데 한 부분일 수도 있다는 사실을 말이다. 기도는 우리의 삶의 다양한 시기에 다양하게 경험된다. 때로 우리는 기도에 대해서 기쁨과 확신에 가득찰 때가 있다. 때로 기도는 고역으로 느껴진다. 때로는 우리가 제기하지 않았으면 좋았을 문제들을 제기함으로써 우리를 지독한 혼란 상태에 처하게 한다. 나는 이 책에서 당신이 어떻게 또한 왜 이것이 진실인지를 깨닫는 데 도움을 주기를 바란다.

끝으로 나는 이 책이 또한, 독자들 중에 이미 기도에 만족하고 있지만 기도 생활과 하나님에 대한 지식 및 사랑에 있어서 그리고 우리 인간 존재의 본질인 하나님의 형상들에 있어서 계속 더 깊이 성장하기 원하는 사람들을 도와줄 수 있기를 바란다. 이러한 사람들에게 이 책이, 기도하고 사랑하는 삶의 긴 여정 전체를 탐험해 나아가는 수단이 되기를 바란다.

이 모든 나의 소원들이, 초대 수도원주의의 창시자들이 기도와 기독교적 사랑에 관해 말해야 된다고 생각한 바로서, 내가 수년에 걸쳐 특히 도움을 발견한 몇가지 주제들을 함께 나눔으로써 가능해지기를 바라는 것이다. 이것은 내가 마치 4세기 기독교인으로서 기도하는 법을 당신에게 가르치려고 의도한다는 뜻은 아니다. 수도원 스승들은, 우리 역시 틀림없이 그런 것처럼 그들 자신의 세계와 시대에 확고히 근거하고 있었다. 오히려 나는 다음에 나오는 글들 속에서 당신이 자신의 기도, 성찰(반성) 및 현재적 삶에 유용한 어떤 것을 발견할 수 있기를 희망하고 있다. 애굽 광야의 스승들은 특수한 방식으로, 기도와 우리의 매일의 삶 및 기독교적 반성이 모두 하나의 전체를 이루고 있다고 이해하였다. 우리가 기도의 계속되는 여정에서 어떤 위치에 처해 있든지 간에, 이 기독교 선조들은 우리에게 견실한 도움, 지원, 통찰 및 위로를 제공하고 있다.

첫 눈에, 초기 수도사들은 우리 시대, 특히 개신교도들에게 기도에 관한 도움을 주기에는 적당하지 못한 사람들처럼 보인다. 그 이유는 부분적으로, 우리가 수도사들 및 수녀들은 세상을 부인했거나 적어도 피하려는 의도를 가졌던 반면에 우리는 그들이 피하려고 했던 그 세상에서 살아가면서 우리의 구원을 찾으려고 추구하고 있다는 신념을 가지는 경향이 있기 때문이다. 하지만, 사실상, 그들과 우리는 그렇게 다르지 않다. 우리의 기독교 선조들로 하여금 "세상에서의" 삶을 떠나도록 인도했던 관심들은 또한 오늘 우리의 관심들인 것이다. 말하자면 그것은 기독교적 방식으로 생계를 버는 것, 사랑을 방해하거나 자아를 파괴하는 가족생활의 유혹들, 소비만능주의, 그 자체를 위해 다른 사람들을 지배하는 권력에 대한 욕구 등이다.

틀림없이 어떤 이들은 진실로 자신이 세상을 피하고 있다고 생각했을지도 모른다. 반대로, 대부분의 수도사들은 기독교 생활의 목표가 하나님 사랑과 이웃 사랑이라는 사실을 믿었다. 그들에게 기도는 그 사랑이 성장하는 기초였으며, 또한 그 성장의 수단이었다. 우리 신앙의 선조들은, 기도하는 그 사람의 삶에 기초하지 않는한 기독교적인 기도는 존재할 수 없다고 생각했다. 그렇다면 이들이 세상을 등진 이유는 어떻게 사랑하며, 어떻게 기도하며, 어떻게 그들이 행하는 바에 그들의 정력을 충분히 쏟을 수 있을지를 발견하려는 것이었다. 그들은 자신들이 살고 있던 세상의 책임에서 도피하기를 원했던 것이 아니다— 단연코 그런 생각과는 거리가 멀었던 것이다!

　더 나아가서, 그들은 광야(사막)에서의 생활이, 그들을 사랑으로부터 분산시키는 것들을 떠났기 때문에, 더 쉽다고 생각하지 않았다. 또한 아직도 일상 생활의 제약들 밑에서 살고 있던 사람들보다 자신이 더 낫다고 생각한 것도 아니었다. 대신에 그들은 자신들이 자신과의 참된 투쟁에 이르기 위하여 사랑에 방해가 되는 많은 외적 장애들을 제거하고 있다고 보았다. 이 운동의 창시자요, 영웅적 인물이었던 위대한 안토니(Anthony)의 말에 의하면,

> 고독에 거하며 따라서 고요한 삶을 사는 자는 듣고, 말하고, 보는 세가지 투쟁에서 구제된 것이다. 그후 그 사람은 오직 한가지 싸움 즉 마음의 싸움에 임할 것이다.[4]

이들은 기도와 사랑에 있어서의 마음의 투쟁에 관해 많은 것을 배웠기 때문에, 문화, 시간 및 물질적 재화에서의 차이들에도 불구하고, 우리 자신의 마음과 투쟁해야 하는 우리들에게 많은 것을 가르칠 수 있다.

　이 고대의 기도의 스승들은 여러 해에 걸쳐 내 자신의 삶을 깊이 변형시켰으며, 내가 믿기에는 독자 여러분에게도 그러한 영향을 줄 수 있을 것이다.[5] 그들로부터 나는 기도에 대하여 생각하는 것을 배웠으며, 내가 익숙해 있던 것보다 더 넓은 관점에서, 아주 다르게, 기도하는 것을 배웠다. 또 그 과정에서 나는 기도가 내가 생각했던 것보다 더 광범위하며, 더 포괄적이며, 더 고통스럽고, 더 변형시키는 것임을 발견하였다.

　나는 그들로부터 기도가 기독교인으로서의 우리의 삶의 근본적 현실이라는 사실을 배웠다. 하나님 안에서 우리의 중심을 발

견할 때에, 우리의 기도에 의해 우리는 형성된다. 왜냐하면 그러한 발견이 곧 어떻게 우리가 지어졌는지를 밝혀 주기 때문이다: "우리의 마음은, 오 하나님, 당신 안에서 안식을 발견하기 전까지는 안식이 없나이다"라고 4세기 기독교 선조인 어거스틴은 말했다. 기도는 우리가 하나님 사랑과 그리고 하나님의 형상들인 타인들에 대한 사랑을 향해 움직여갈 때, 우리의 행위, 우리의 결정, 우리의 정서, 우리의 습관 및 우리의 마음을 형성한다.

나는 수도원 스승들로부터 기도는 우리 삶 전체에 걸쳐 우리와 하나님 사이의 상호운동이며, 하나님의 계속적인 은총과 우리의 계속적인 응답 사이의 교통을 이루는 상호운동임을 배우게 되었다. 그것은 또한 하나님의 임재 안에서의 우리의 수용하는 태도 및 우의깊은 침묵과, 우리가 사랑 안에서 성장하면서 우리의 기도의 체험으로부터 하나님, 우리 자신 및 타인들에 대해 배우는 바의 의미에 관해 하게 되는 계속적인 성찰 사이의 움직임이다.

나는 기도가 또한 고대와 현대에 걸친 전체 기독교 공동체와 우리 사이의 움직임이라는 것을 배웠다. 그것은 우리가 그 공동체로부터 배우고, 그것을 비판하고, 그 안에서 우리의 지반을 발견하며, 그것에 의해 지탱되면서 이루어진다. 우리의 개체 공동체들 속에서 기도는 우리의 예배, 우리의 깊은 우정, 때로는 심지어 고통스러운 분열의 기반이 된다. 그것은 우리를 전 세계에 걸쳐 살아있는 기독교인들의 더 넓은 공동체와 연결시키는데, 이들의 삶은 우리 자신의 삶과 다르며 표면적으로는 우리와 비슷한 형태조차도 공유하지 않을지도 모른다. 기도는 또한 시대들을 통해 그리스도의 몸과 연결시킨다. 즉 우리는 계속해서 우리를 둘러싸고 있는 "구름같이 많은 증인들"[6]과 만나며, 우리 이전에 살았으며 우리에게 그들의 기도와 통찰의 유산을 남겨

준 저 기독교인들의 기도와 교통하게 되는 것이다.

　나는 기도가 또한 우리를 우리 자신과 연결시킨다는 것을 배우게 되었다. 기도는, 항상 하나님의 사랑의 형상으로 변형되어 가고 있는 우리의 새 자아와, 만일 우리가 변형되려 한다면 대결하지 않을 수 없는 우리의 옛 자아 사이의 연결인 것이다. 우리는 기도에 의해 우리가 누구인가를 발견하며 우리가 되려하는 존재를 향해 움직일 수 있게 된다. 기도에 의해 우리는 사랑할 수 있게 되고 우리에게 맡겨진 사람들, 즉 하나님의 온 세상에서 우리의 가까운 이웃과 먼 이웃들을 보살펴 줄 수 있게 된다.

　아마 가장 의의깊게 고대의 스승들이 나에게 가르쳐 준 바는 나 자신의 기도에서 용기를 잃지 말고 지속적으로 기도하라는 것이리라. 왜냐하면 기도는 사랑처럼 삶의 한 방식으로서, 우리가 단순히 그것을 원한다고 결심함으로써 다 만들어진 채로 우리에게 오는 어떤 것이 아니기 때문이다. 우리는 기도를 실천하고, 그것을 묵상하고, 성경을 포함해서 다른 기독교인들이 우리에게 물려준 자원을 사용함으로써, 생애 전체에 걸쳐서 성령의 도움을 받으면서 기도를 배우는 것이다.

　하지만, 수도원 스승들이 내게 가르쳐 준 모든 것에도 불구하고, 이 책은 "초대 교회의 기도에 관한 모든 것"을 의도하지는 않는다. 우리는 단순히 한걸음 뒤로 물러서서 고대와 그 가르침들 속으로 들어가 그들의 있는 그대로를 우리의 모델로 삼을 수는 없다. 우선, 우리가 이미 보았듯이, 초대교회에 기도에 관하여 단 한가지 가르침만이 있는 것이 아니다. 몇가지 매우 중요한 점들에 관해서 초대 기도의 스승들은 그들 가운데서도 차이를 보인다.[7] 더 나아가서, 거대한 시대적 간격이 우리를 분리시키는데, 이 시간의 간격은 문화의 상이점 보다도 더 많이 우리를 그들로부터 분리시킨다. 그리고, 그들이 말하는 어떤 것들은 우리에게 적용되지 않으며, 또 어떤 것들은 만일 우리가 그것에 따라 행동하려 한다면 우리에게 해가 될지도 모른다.[8] 그럼에도 불구하고, 나는 당신에게 그들의 기도에 대한 기본적인 통찰들을 제공하려 했으며, 이 책이 당신에게 요긴하면서도 그들의 가르침에 충실할 수 있도록 제시하려 했다.

또한 이 책은 공적(公的)인 기도에 관해 많이 말하지 않는다. 그 이유는 공적인 기도가 중요하지 않기 때문이 아니라, 이미 그것을 전제하고 있기 때문이다. 고대의 기독교인들은 공적으로 및 사적(개인적)으로 기도했으며, 많은 점에서 우리는 그들의 개인기도보다는 공적인 기도에 관해 더 많은 것을 알고 있다. 우리 시대의 대부분의 기독교인들은 이미 정규적인 예배에서 공적인 기도에 참여한다. 이 예배들은 우리가 원하는 모든 것이 아닐지는 모르지만, 우리가 참여하도록 이미 존재하고 있다. 하지만 개인기도의 상황은 그와 같지 않다. 우리들 대부분은 공적 기도보다 사적 기도에 대해서 훨씬 아는 바가 적다. 비록 교회 전체의 삶에서 단절된 기독교적 기도와 같은 것이 존재해서는 안되겠지만, 이 책의 초점은 개인기도에 맞추어져 있다.

이 책의 출발점과 마침점은 하나님과 이웃에 대한 사랑이 기독교적 삶의 목표라는 초대 수도원주의의 확신이다. 우리의 기독교 선조들에게는 오직 사랑하는 사람만이 충만하게 기능을 하는 인간 존재이다. 하지만 세상에 죄가 현존하기 때문에, 하나님께서 우리에게 의도하시는 바대로의 사랑은 쉽게 이루어지지 않는다. 사랑하기를 배우는 것은 사실 기독교적 삶의 본질이며, 일생에 걸친 일인 것이다.

기도는 이러한 사랑을 배우는 일에서, 절대 필요한 근본적인 구성요소이다. 하지만, 우리 기도의 오직 작은 일부분만이, 매일 앉아서 성경을 읽으면서 마음을 기울여 하나님과 시간을 보내며, 하나님의 음성에 귀기울이고, 하나님의 임재 속에서 우리 삶의 의미를 찾고, 타인들을 위해 기도하는 데 사용된다. 광야의 교부들과 교모(敎母)들은 우리의 기도와 우리의 삶이 합쳐져서 하나를 이루어야 된다고 주장했다. 이는 기도를 위해 특별히 구별된 "시간" 외에도 두가지 다른 기도의 "부분들"이 있다는 것을 의미한다.

첫째로, 생각과 반성이 있다. 우리의 삶에서 특정한 사람들을 사랑하는 것이 무엇을 뜻하는지 상고하는 것, 사랑하는 우리의 능력에 장애가 되는 것이 무엇인지를 이해하려고 하는 것, 수세기에 걸쳐 다른 기독교인들이 우리에게 하나님과 이웃에 대한 사랑에 관하여 말하는 바를 연구하는 것, 우리가 알고 있는 사랑의 행동 양식들을 의식적으로 선택하는 것, 우리의 종교적인 경험들이 우리에게 사랑에 관해 가르치는 바를 통해 생각해 보는 것, 이 모든 "생각"들이 우리 기도의 근본적인 부분을 이룬다.

둘째로, 사랑하는 존재 방식들에서의 발전과 실천이 있다. 우리가 어쩔 수 없이 남을 화나게 하는 것에 대해 사과하는 것, 우리의 길에서 한걸음 나와서 우리가 별로 관심을 기울이지 않는 어떤 사람이 우리에게 말하고 있는 바에 주의깊게 귀기울이는 것, 수줍음과 실패에 대한 두려움 혹은 우리의 양심을 따르는 것을 거부함 등을 극복하도록 우리를 유도하는 것, 우리 자신에 대한 우리 및 다른 사람들의 기대의 총합 이상의 존재로 우리 자신의 의미를 발전시키는 것, 우리 자신과 우리의 자원을 남들과 나누는 것 등, 이 모든 것은 우리를 사랑을 향해 움직이게 하며 사랑을 표현하는 "행동"으로서, 역시 기도에서 절대적으로 필요한 한 부분이다. 초대의 수도원 스승들이 기도, 반성 및 매일의 기독교적 삶의 실천들을 서로 독립된 것으로 말하지 않기 때문에, 당신은 또한 그것들이 이 책에서 함께 짜여져 있는 것을 발견하게 될 것이다.

1. 수도 생활의 시작

어느날, 가자(Gaza)의 도로테오스(Dorotheos)의 수도원에 있던 형제들이 수도 생활에서 그들이 무엇을 해야 할지를 잊어버렸다. 우리가 이 책에서 자주 돌이켜 보게 될 한 예화를 사용하면서, 도로테오스는 그들에게 다음과 같은 사실을 상기시켰다.

> 우리가 콤파스를 가지고 한 점을 찍고 둥근 원을 그린다고 생각해 보라. 중심점은 그 원주의 어느 점에서나 같은 거리가 된다 … 이 원이 세상이고 하나님이 중심이라고 생각해 보자. 또 원둘레로부터 중심으로 그어지는 직선들은 인간의 삶이라고 생각해 보자 …

유비(analogy)를 위해, 그렇다면 하나님을 향해 나아가기 위해서, 사람들이 원의 다양한 반경을 따라 원둘레로부터 원의 중심으로 움직이게 된다고 가정해 보자.

> 그러나 동시에, 그들이 하나님께 더 가까이 갈수록, 그들은 서로에게 더 가까워지며, 그들이 서로 더 가까워질수록 하나님께 더 가깝게 될 것이다.[9]

초대의 수도원 스승들에게서, 사랑은 기독교적 삶의 출발점,

목표 및 내용인 것과 마찬가지로, 기독교적 삶의 핵심에 놓여 있다. 이 사랑은 그들의 매일의 생활에서 추상적인 것이 아니라 구체적인 부분이었다. 그들이 우리에게 이야기하는 것을 들을 수 있기 위해서, 우리는 이와 같이 사랑하려고 힘쓰는 것이 그들에게 무엇을 뜻했는지를 볼 수 있는 눈이 필요하다. 이를 위해 우리는 그들의 삶이 어떠했으며 그들이 신학적으로 자신을 어떻게 이해했는지를 보아야 한다.

기독교의 첫 수세기, 즉 콘스탄틴이 4세기 초엽 황제가 되기 이전까지는, 기독교인이 되는 것은 불법이었다. 표면적으로 볼 때 기독교인들은 일하고, 가족을 가지고, 그들의 이웃과 함께 매일의 생활에 참여하고, 정부를 지원하고, 세금을 내는 보통 사람들이었다. 그들은 사회의 모든 계층에 속해 있었으며, 로마 제국 내의 많은 다양한 백성들로부터 나온 사람들이었다. 그들은 사회의 예의범절을 준수했으며, 혁명가들이 아니었으며, 그들 자신의 시대의 사회구조들을 직접적으로 위협하지는 않았다. 정당한 이유에 입각해서, 2세기의 순교자 유스틴(Justin Martyr)[10]과 같은 초대 기독교 저자들은, 기독교인들이 법을 준수하며 평화로운, 즉 그들의 비기독교적인 이웃들과 똑같은 사람들이라고 주장할 수 있었다.

그럼에도 불구하고 기독교인들은 다른 사람들과 같지 않았다. 그들의 이웃의 입장에서 볼 때, 그들은 "무신론자들"이었다. 그들은 개인, 도시 및 황제들의 삶을 인간의 불경함에 즉시 격분되는 눈으로 지켜보고 있는 신들의 존재를 인정하지 않았다. 기독교인들은 오직 한 하나님을 인정했던 반면, 그들의 이교적인 이웃들의 제신(諸神)이 단지 신으로 가장한 악마들에 불과하다고 믿었다. 따라서 초대 기독교인들은 로마 제국의 복지가 의존하고 있다고 생각된 이교 예배들에 참여하기를 거부했다. 그들은 심지어 이교(異敎)와 관련된 다양한 일상적인 직업들—예들 들면, 학교 교육, 연기(演技), 금속 다루는 일—을 가지려 하지 않았다.[11]

또한 기독교인들은 그들의 공동체에서 서로에게 보여준 특별한 사랑에 의해, 그 당시의 문화에 속한 다른 나머지 사람들과 구별되었다. 이 사랑은 추상적이거나 좋은 기분과 같은 단순한 문제가 아니었다. 그것은 함께하는 길이었으며, 기도의 길, 세상에서 살아가는 길이었는데, 부활하신 예수 안에서 그들에게 오신 하나님에 대한 그들의 체험과 이해에 뿌리박고 있었다. 이 사랑은 그들의 기도에서 뿐만 아니라 서로에 대한 행동 속에서 나타났다. 실로 기독교적 사랑, 기독교적 기도, 기독교적 미덕은 서로 짜여져 있어서, 초대 기독교인들의 문서들 가운데서 그 개개의 요소들을 서로 분리시키는 것은 어려운 일이다.[12] 우리는 이 동일한 사랑, 기도 및 덕의 상호연관이 수도원주의의 창시자들에게 전해졌음을 발견하게 될 것이다.

그들의 기도에 관해 말한다면, 초대 기독교인들은 공동으로 및 개인적으로 기도했다.[13] 그들은 두 세 사람이 모인 곳에 성령께서 함께 하신다는 기대를 가지고 기도했다. 그들은 개인기도를 또한 당연한 것으로 여겼다. 정규적이고 공적인 매일 예배들은 콘스탄틴 황제 치하 즉 4세기 이전까지는 통용되지 않았다. 그럼에도 불구하고 초대 기독교인들은 사적 기도를 공동기도와 매우 다른 것으로 여기지 않았다. 홀로 기도할 때에도 그들은 그리스도의 몸의 부분으로서 기도한다는 것을 알고 있었다. 이는 그들의 사적(개인적) 기도가 그들을 그리스도 안에서의 형제자매와 분리시킨다기 보다는 더욱 더 가깝게 연합시킨다는 것을 의미했다. 그들은 동편을 대하고, 떠오르는 해를 향하여, 정해진 시간에, 하루 세번에서 일곱번 기도했다. 그들의 기도는 부분적으로는 자발적인 것이었고, 부분적으로는 성경에—특히 시편에, 하지만 신구약의 나머지에도 마찬가지로—기초한 것이었으며, 공동체와 개인 뿐만 아니라 세상을 위한 중보기도가 포함되어 있었다.

그들의 기도는 삶의 엄숙한 훈련(계율)에 연결되어 있었다. 콘스탄틴 이전 시대에, 기독교인이 된다는 것은 모험적인 일이었다. 비록 박해가 간헐적인 것이었으나, 기독교인들은 항상 그들이 순교를 통해 그들의 신앙에 대한 궁극적인 증언을 해야 할지도 모른다는 것을 알고 있었다. 다른 이유도 있었지만 바로 이 이유 때문에, 초대 기독교인들은 우리에게 비범하게 보이는, 등어리가 오싹할 훈련을 강조하였다. 모두가 세례 이전에 범한 죄들은 용서받는다는 데는 의견을 같이 했다. 하지만 2, 3세기에, 세례 후 범해진 심각한 죄가 용서받을 수 있는지에 관해 혹독한 논쟁이 있었다. 이러한 중죄에는 간음, 살인 및 배교—즉 흔히 오래 계속된 고문 아래 굴복하여 신앙을 부인하고, 거룩한 책들을 넘겨주거나, 다른 기독교인들의 거취를 알려주는 일—가 포함되었다.

콘스탄틴 황제가 4세기 초에 기독교를 받아들이자, 모든 것이 바뀌었다. 갑자기 기독교는 실제로 황제의 혜택을 받는 종교가 되었다. 교회들이 공적인 돈으로 지어졌고, 공적 예배가 정규화되었다. 많은 새로운 개종자들이 있었으며, 기독교인들은 공개적으로 번영을 누렸다. 어떤 사람들 생각에는, 하나님께서 기적을 행하셨던 것이다.[14]

동시에 다른 기독교인들은 비기독교 이웃들처럼 사는 삶의 가능성들에 관해서 더 불분명한 입장이었다. 순교자들의 피가 교회의 원천이 되었었던 것이다. 이제 더 이상 순교자들이 없게 되었고, 교회는 우리가 오늘 우리 자신의 시대에 투쟁하고 있는 주된 문제들 중의 하나를 대면하기 시작했다. 즉 기독교적인 목표들과 가치들을 집어삼키려는 의도를 가진 문화와 대결하면서, 기독교인이 된다는 것이 의미하는 바를 어떻게 주장하며 또 어떻게 충만하게 그것을 살아나갈 수 있는지의 문제였다. 많은 사람들이, 사회의 평상적인 구조들에 묶여서, 부동산을 소유하면서, 직업을 가지면서, 자녀를 기르면서, 사회적 지위를 추구하면서, 가족체제에 속해 있으면서, 기독교적인 사랑의 삶을 사는 것이 가능한지의 여부를 묻기 시작했다. 이러한 맥락에서 초대 수도원 운동이 거의 동시에, 그리스어와 콥트어(Coptic)를 사용하는 이집트에서, 팔레스틴에서, 그리고 로마 제국의 시리아어 사용권에서, 또한 얼마 후에 라틴어 사용권에서 일어나게 되었다.

흔히 믿는 것과는 상반되게, 이 모든 다양한 새 수도원 운동은 비슷한 삶의 양식을 취하는 소수의 괴이한 남녀들로 구성된 것이 아니었다. 그 많은 추종자들은 로마 제국의 온갖 사회계층과 온갖 지역 출신으로서, 갖가지 종류의 성격을 지닌 남녀들이었다. 4, 5세기의 수도원 운동은 비공식적인 공동체들, 광야의 은거자들, 단일한 집에서 함께 사는 친구들 등의 형태 뿐만 아니라 꽉짜인 구조를 갖춘 큰 공동체들을 포함하고 있었다.

우리는 3세기 말(콘스탄틴 이전 시대였다!)의 수도원주의에 대해서, 그 첫 영웅이요 스승이었던 안토니의 전기(傳記)로부터 그 시초들에 관한 것을 알고 있다. 이 전기는 4세기의 위대한 신학자요 대주교였던 알렉산드리아의 아타나시우스(Athanasius of Alexandria)가 기록한 것이다.[15] 이야기는 이집트 북쪽의 한 작은 마을에서, 고아로서 부유했던, 사춘기에 이른 젊은 안토니로부터 시작된다. 그는 안락한 기독교 가정에서 양육되었다. 그의 부모가 죽은 지 몇달 후 그는 교회에서 마태복음에 나오는[16] 부유한 젊은이에 관한 이야기를 듣게 되었다. 그때 그는 그 이야기 속에서 예수께서 친히 그에게 "네가 완전해지려거든 가진 모든 것을 팔아 가난한 자들에게 주고 나를 좇으라"고 말씀하시는 것을 들었다. 안토니는 그의 소유의 대부분을 포기함으로써 이에 응답했다. 얼마 후 같은 교회에서 "내일을 위해 염려하지 말라"는 말씀을 들었을 때, 그는 그 나머지도 다 처분했다.

안토니를 움직인 것은 "네가 완전케 되려거든"이란 구절이었다. 우리에게 완전이란 개념은 율법주의, 엄격함, 혹은 완전주의를 암시한다. 그에게 또한 그를 따른 자들에게 있어서 그것은, 위대한 계명인 "너희는 마음과 뜻과 힘과 정성을 다하여 주 너의 하나님을 사랑하고 네 이웃을 네 자신처럼 사랑하라"는 말씀의[17] 견지에서 이해되었다. 마을의 변두리에서 시작하여, 이미 여러 마을에서 특수한 기독교적인 규율에 따른 삶을 살고 있던 독신자들에게서 배우면서, 안토니는 마침내 처음으로 기록된 기독교적 수도사의 삶을 시작하기 위해 광야로 들어갔으며, 동시에 다른 하나의 기독교 사회를 창시하였다. 이는 그가 원래 그러한 사회를 의도했다는 뜻은 아니다. 원래 그 자신은 은둔자로 시작했으나, 얼마 후 그의 삶의 길을 배우기 원하는 제자들에게 둘러 싸이게 된 것을 발견하게 되었던 것이다. 군대 장교, 농민, 정치인, 그리고 그 자신과 같은 스승들을 포함한 온갖 종류의 사람들이 조언을 구하려고 그를 찾았다. 얼마 안되어서 이러한 새로운 삶의 길에 수많은 남녀들이 들어서게 되었으며, 안토니 주위에는

> 그들의 은거처들이 언덕위에, 마치 신적인 성가대들로 가득찬 장막들처럼 세워졌다—사람들은 찬송하며, 연구하며, 금식하며, 기도하며, 장래의 축복에 대한 소망 중에 즐거워하며, 자선을 베풀기 위해 일하며, 그들 가운데

사랑과 조화를 유지하면서 살게 되었던 것이다. 그것은 마치 참으로 그 자체로 충족된 땅, 경건과 의의 땅을 보는 것 같았다. 왜냐하면 거기에는 불의를 조장하는 자도 그 희생자도 없었으며, 세리에 대한 불평도 없었기 때문이다.[18]

안토니가 356년에 105세로 숨을 거두었을 때에 이르러서는, 로마 제국 전역에 걸쳐 수도 공동체들이 있었는데, 각각 그 자체의 색채를 지녔으나 또한 이집트의 수도원 운동으로부터 깊이 영향을 받은 것이었다.

얼마 후에 이집트 북부에 또다른 소 공동체들이 일어났는데, 각각 압바(아버지)[19] 또는 암마(어머니)라고 불리운 스승과 제자들로 이루어졌으며, 모두가 사랑과 기도를 추구하기 위하여 결혼과 지위를 포함한 개인 재산과 가족 생활을 포기하였다. 남성으로 된 공동체들 중에서는, 각기 그 압바의 특수한 규율(훈련)로부터 그 특징을 취하였다. 어떤 압바들은 대체로 침묵하였고 본보기로써 가르치는 것을 선호했던 반면에, 다른 이들은 표현하는 편이어서 그들에게로 오는 모든 사람들을 사랑과 인간의 연약함에 대한 이해로써 격려하였다.

안토니 이후 얼마 안되어서, 이집트 수도원 운동의 다른 위대한 창시자인 파코미우스(Pachomius)가 더 고도로 조직된 공동체들을 남쪽에 세웠다. 그럼에도 불구하고 그의 목표들은 안토니의 것과 비슷했다. 그의 첫 그리스어 전기에 의하면,[20] 그가 기독교인들과 처음 만난 것은 군대에 징발된 후에 이루어진 일이었다. 춥고 굶주린 비참한 젊은 군인으로서 그는 테베(Thebes)시에서 동료 징집자들과 함께 갇혀 있었다. 거기 있는 동안 어떤 기독교인들이 그들에게 음식과 다른 필수품들을 가져다 주었는데, 이 자선 행위는 파코미우스를 놀라게 했다. 그가 도대체 이들이 어떤 사람이냐고 물었을 때, 기독교인들은 다음과 같은 사람들이라는 말을 들었다.

> "하나님의 독생자이신 그리스도의 이름을 지닌 자들이며, 그들은 모든 사람을 위해 온갖 방식의 선한 일을 행하는데, 천지와 우리 인간을 만드신 분에게 소망을 둔다."[21]

파코미우스는 이 일로 크게 감동을 받아서, 만일 도망칠 수 있도록 허락된다면 기독교인이 되겠다고 맹세하면서 하나님께 기도하였다. 후에, 그가 풀려나서 자신을 위한 하나님의 뜻을 구했을 때, 그는 세번 다음과 같이 말하는 천사의 음성을 통해 광야로의 부름을 듣게 되었다.

> "주님의 뜻은 인류를 하나님 자신에게 화해시키기 위해 그들을 섬기는 것이다."[22]

파코미우스가 설립한 공동체들은 수백명의 남자와 여자를 포함한 대규모의 수도원이었으며, 곧 그는 세계의 수많은 곳에서 많은 사람들을 끌어들이게 되어서, 기숙사들을 거기 거하는 자들의 언어에 따라 조직하지 않을 수 없게 될 정도였다.

파코미우스의 공동체들에 들어오기 위하여, 남녀 수도인들은 재산, 가족관계,[23] 성생활을 포기해야 했으며, 북 이집트의 수도사들의 것과 유사한 규율을 택하였다. 즉 음식과 수면의 규제는, 몸을 고통스럽게 하려는 것이 아니라 수사들에게 육신의 요구들로부터의 자유를 자신이 관리할 수 있는 한도만큼 허용해주기 위한 것이었다. 그들이 이 요구들과 그리고 이 요구들이 우리에게 미치는 효과에 대해 말해야 했던 바의 상당 부분은, 잘 준비된 음식과 안락한 침대에 우리가 의존되어 있는 것을 우리의 복지라고 하는 바로 그 의미에서 인정할 때, 오늘 우리에게도 여전히 참되다고 인정할 수 있다. 비록 우리가 다음과 같은 아르세니우스(Arsenius)의 충고의 유용함에 대한 그들의 확신을 반드시 공유하지는 않더라도 말이다.

> "압바 아르세니우스는 수도사가 만일 좋은 투사라면 한 시간 자는 것으로 충분하다고 말하곤 했다."[24]

원래 남성 수도원주의는 의도적으로 평신도 운동이었다. 사회의 일상생활의 권력 게임들로부터 자유를 주는 복음의 명령과 약속들을 살아나가는 길을 추구하면서, 남성을 위한 수도생활은 모든 통상적인 사회적 가치들의 전도(顚倒)를 대표하였다. 이집트 수도원의 남성 창시자들은, 타인들을 지배하고 판단해야 되는 필요로부터 자유롭게 되려고 하면서 동시에 사제의 권위를 행사하는 길은 없다고 믿었다.[25] 따라서 처음 이집트 수도사들은 그들의 지역 마을 교회에서 그들의 교구 사제들로부터 성찬을 받았다. 하지만, 4세기에 이르러서, 수도 공동체들이 그들 자신의 사제를 가지는 것이 필요하다고 여겨졌다. 얼마 후에, 주교들과 대주교들이 수도원 계층에서 지명되는 수가 점증하였다. 그럼에도 불구하고 타인들에 대해 교회적 권세를 행사하는 일에 관한 모호성은 초대 수도원주의의 영성 내에서 적어도 그 자취를 남기게 되었다.

여성들 역시 수도생활에 참여했는데, 그것은 많은 남성들에게와 똑같은 형태나 의미를 가지지는 않았다. 일반적으로 이 시대에 대부분의 여성은 그들 자신의 삶과 운명에 대하여 별로 마음대로 할 수 있는 입장이 못되었다. 수도원 밖의 기독교 여성들은 항상 중요한 방식들에 있어서 남편, 아버지, 혹은 오라버니 등의 처분에 매여 있었다. 여성들은 결혼할 것이 기대되었는데, 여성에게 결혼의 대부분은 임신, 아기를 낳는 일, 자녀를 키우는 일 등, 이 모두가 그 당시에는 위험하기 짝이 없었던 일들이었음을 기억하는 것이 중요하다.[26] 이 시기에 남성이 수도생활을 택하는 것은 매우 다른 의미들을 가질 수 있었다. 즉 그의 부(富)와 이전 생활의 지위 등에 따라, 예를 들면, 아르세니우스처럼 원로원에 속했었는지 아니면 땅에서 자는 데 익숙해 있던 매우 가난한 농민이었는지에 따라 달랐다. 여성에게 그것은 가장 기본적인 면에서 남성 친척들의 지배로부터의 자유 뿐만 아니라 몸의 예속으로부터의 자유의 영역으로 한걸음 들어가는 것이었다. 다른 면에서 수도인으로서 그녀는 "여성적인 유약함"을 벗어버리고, 비수도원적 여성들에게는 가능하지 못했던 방식으로 그녀의 남성 동료들과 섞이고 진지하게 대해지는 것이 허락되었다. 여성이 수도생활을 받아들이는 것은, 그녀에게 예수의 세계상, 즉 한 인간의 참된 정체(identity)는 사회의 역할 기대들을 성취하는 것이 아니라 하나님 나라에서 사는 것으로부터 온다고 본 새로운 비전을 힘있게 주장하는 것을 의미했다.

여성 금욕주의는 그 표현에 있어서 지극히 다양했다. 파코미우스의 누이는 파코미우스가 남자들을 위한 그의 첫 수도원들을 창설하던 같은 때에 나일강 건너에 여성들을 위한 한 수도원을 시작하였다.[27] 많은 여자들은 그들 자신의 가정 내에서 성별된 동정녀(처녀)로 살았으나, 다른 여자들은 수도적 이상들을 실천하는 기독교 가족을 이루어 그 안에서 비공식적으로 같이 살았다.[28] 어떤 부유한 귀족 여성들은 그들의 가족적 책임들에서 떠나는 길을 택하여, 그들의 부와 영향력을 사용하여 그들 자신과 다른 여성들을 위해 자신의 수도원들을 세웠으며, 자유롭게 여행하였고, 남성들과 공유했던 더 넓은 수도원 세계에서 자신의 위치를 찾았다.[29]

사실 이 수도원 여성들은 하나의 단체로서 아직 대체로 남자들에 의해 지배되고 주도되던 삶의 방식에 동화되고 있었다. 그러나 우리는 또한 새로운 "동정(童貞)의 삶"이 여성들 개인에게 남성 지배와 생물학적인 필연성으로부터의 자유를 주었으며, 이 새 생활을 형성했던 수도원적 덕목들은 종종 당시의 여성들에게 지배적이었던 가치들과 심각하게 대립되었음을 기억해야 할 것이다.

이 모든 사실에도 불구하고, 이 초기의 수도원 여성들의 문헌들, 즉 남성 공동체들에서 비롯되는 많은 저작과 비교해서 보존될 만한 가치가 있다고 간주되었던(보존의 일을 했던 남자들에 의해!) 문헌들이 별로 남아있지 않다는 것은 특히 비극적인 사실이다.

2. 초대 수도원 기도의 형태

우리가 사용하게 될 초대 수도원 문헌들이 기도에 관해 말하는 바를 처음 읽어볼 때, 수도사들이 놀랍게도 직접적으로는 그것에 관해 별로 말하지 않았음을 알 수 있다. 기도가 모든 압바들과 암마들 및 제자들이 공통적으로 참여한 하나의 근본적 행위라는 것을 고려할 때, 이는 우리를 당황케 할 수 있다. 기도를 그들의 삶의 근본적인 행위로서 너무도 당연시했기 때문에, 아마 특별한 이유가 없는 한 그것에 관해 드러나게 많이 말할 필요가 없다고 생각했을지도 모른다. 하지만 더 중요한 것은, 압바들과 암마들이 말하는 거의 모든 것이 적어도 간접적이긴 하지만 중요하게 기도에 연관된 것이라는 사실이다. 이는 그들이 행한 모든 것이 기도에 뿌리를 두고 있었으며 기도를 진작시키려는 의도를 가졌기 때문이다. 우리는 이 책의 다음 장들에서 그것을 보게 될 것이다.

우리는 이 사실이 다음에 나오는 압바 아가톤(Agathon)의 말에서 예증되고 있음을 볼 수 있다.

> "화내는 사람은, 비록 그가 죽은 자를 일으킨다 해도, 하나님께 받아들여질 수 없다."[30]

아가톤의 의도는 그의 청중이 이 말을 사랑이 전(全) 영성생활의 기초라는 경고로서 듣도록 하려는 것이다. 만일 기도할 때 화를 낸다면, 그 사람이 어떤 놀라운 영적인 일들을 행한다 해도, 그는 기독교적 삶의 길에서 심각하게 벗어난 것이다. 이는 우리가 성났을 때 기도하지 않는다는 뜻이 아니다. 왜냐하면 우리는 항상 기도해야 하기 때문이다. 그것이 뜻하는 바는 우리가 우리의 기도를 다른 사람들을 향해서 어떻게 행동해야 할 것인지로부터 분리시킬 수 있다고 믿어서는 안된다는 것이다. 즉 기도와 타인에 대한 사랑은 많은 점에서, 한 동전의 두 면인 것이다. 아가톤의 말은 또한 우리에게 어떤 사람을 대적하여 기도하지 말 것, 자기의(自己義)를 내세우지 말 것, 우리가 다른 사람들을 판단할 입장에 있다고 믿지 말 것 등을 경고하고 있다.

수도원적 기도는 많은 단면을 가지고 있었으며, 공중기도와 개인기도 사이를 구분하는 선은 우리가 기대하는 것처럼 그렇게 분명하지 않았다. 그러나 초대 수도원 기도의 출발점은 공동

예배였다. 이 공동 예배는 우선 교회의 성례전적 삶에 기초하고 있었는데,[31] 그들은 그것을 비수도인들과 함께 드렸다. 둘째로 공동 예배는 그들 자신의 공동체들의 정규적인 기도회에 기초하고 있었다. 함께 드리는 예배는 우리에게, 하나님과 이웃에 대한 완전한 사랑은 그 시작과 끝을, 그의 삶과 죽음에 우리가 함께하는 예수 그리스도 안에서 하나님께서 세상에게 주신 선물속에 두고 있었음을 상기시킨다. 우리가 주목했듯이,[32] 첫 수도 공동체들에는 사제들이 없었다. 처음 수사들은 그들의 예배를 위해 자신을 교회의 나머지로부터 분리시켜 두지는 않았던 것이다. 그들은 주님의 만찬을 받는 데에서 지역교회에 의존했으며, 따라서 매우 자주 평신도들과 함께 예배에 성찬식을 위해 참여했다. 후에, 실제적인 고려들 때문에, 남자 수도사들이 그들의 공동체들을 섬기려는 목적으로 안수를 받았다. 이 수도원 "교회들"이 그후 교회의 나머지로부터 분리되어 번성한 것이 아니라, 실로 교회의 매우 중요한 부분으로서의 기능을 다했다는 것을 기억하는 것은 중요한 일이다.[33]

남성 수도공동체들 가운데 이집트 북부지역에서는 남자 수도사들이 특히 시편과 성경의 다른 부분들에서 뽑아낸 구절들에 기초한 공동기도를 드리기 위하여 주말에 모였던 것 같다. 주중에 그들은 홀로 기도했으며, 때로는 일하면서 기도했다—즉 바구니를 엮는다든지, 밧줄을 만든다든지, 아니면 다른 일로 손을 움직이면서, 마음은 자유롭게 성경을 묵상하거나 다른 형식의 기도를 하도록 놔두었다. 때로 그들은 기도와 일을 번갈아 했다. 안토니는 둘째 유형을 좇았다:

> 거룩한 압바 안토니가 광야에 살 때, [끊임없는 권태가] 그를 덮쳤으며, 많은 죄된 생각들이 그를 공격했다. 그는

하나님께, "주여, 나는 구원받기 원하지만 이 생각들이 나를 홀로 놔두지 않습니다. 이러한 내 곤고를 이기려면 무엇을 해야 하겠습니까? 어떻게 내가 구원받을 수 있을까요?"라고 말했다. 얼마가 지난후, 일어나 나갈 때, 안토니는 자신과 똑같이 생긴 한 남자가 일을 하며 앉아 있는 것을 보았는데, 그 사람은 기도하기 위해 일을 멈추고 일어났다가 다시 앉아서 밧줄을 엮고 그러다가 다시 기도하기 위해 일어나는 것이었다. 이 사람은 그를 고쳐주고 안심시키려고 주께서 보내신 천사였다. 그는 그 천사가 그에게 "이렇게 행하라. 그러면 구원을 받을 것이다"라고 말하는 것을 들었다. 이 말을 듣고 안토니는 기쁨과 용기로 가득 찼다. 그는 이를 행했으며, 그리하여 구원을 받았던 것이다.[34]

그의 기도의 형식에서, 그를 뒤따른 수도사들과 마찬가지로, 안토니는 일어나서 거의 일정하게 십자가 형태로 팔을 뻗치고 기도하고 있음을 주목하라—이는 매우 오래된 기도의 방식으로서 아주 힘든 것이다.

  이집트 남쪽에 있었던 파코미우스의 대규모 남녀 공동체들에서는, 낮과 밤의 정한 시간에 함께 모여 시편을 기도하는 공동체로부터 기도의 실천이 비롯되었다. 이 매일 기도의 패턴은 수도원 "성무(聖務)" 혹은 "시간에 따른 예배(예전)"라고 불리우는데, 로마 제국의 나머지 지역에서 지배적인 수도원적 실천이 되었다. 하지만, 이집트 북부의 초기 수도사들은, 고정된 시간에 기도를 국한시키는 것을 인정하지 않았다. 왜냐하면 그들은 그러한 기도의 유형이 쉬지 않고 끊임없이 기도하려는 진지한 시도를 포기하는 것이라고 믿었기 때문이다.[35]

  수도사들의 개인기도에 관해 말한다면, 분명히 그 실천에서 매우 다양하였다. 그들의 문헌들은 수사들이 때로 하나님과 열렬히 대화하고 있는 것으로 묘사한다.[36] 경우에 따라서 우리는 그들이 환상(vision)이나 백일몽을 받는 것을 본다.[37] 자주 우리는 그들이 다양한 유혹 및 파괴적인 마음상태들과 씨름하는 것을 보는데, 이는 너무나 고통스러운 것이어서 한 압바는 기도를 "마지막 숨을 쉬기까지의 전쟁"으로 묘사했다.[38] 어떤 사람들에게, 매일 기도는 대체로 말없는 것이었지만, 이 말없는 침묵의 기도 내에서조차 엄청난 차이가 있었다. 예를 들면, 3장에서 보겠지만, 에바그리우스 폰티쿠스(Evagrius Ponticus)는 매우 훈련된 일종의 "형상없는 기도" 혹은 "순전한 기도"를 가르쳤는데, 이는 선(禪) 명상과 매우 유사한 것이었다.[39] 이와 대조되게 대(大) 마카리우스(Macarius the Great)의 말이 거의 없는 기도는 훨씬 더 현실적인 것이었다. 그것은 단순히, 유혹을 대면하여 "주여, 도와 주소서!"라고 말하는 것으로 이루어졌다.[40]

하지만, 내가 아는 바로는, 그들 모두에게서 개인기도의 기초는 공동기도와 똑같이, 암기한 시편에서 끌어내어 낭송하는 것으로 이루어져 있었다. 시편은 순서대로 1편에서 150편까지 낭송했으며, 끝나면 다시 처음부터 시작했다. 어떤 사람들은 날마다 24시간 안에 시편 전체를 다 낭송할 수 있었다. 이 사실은 에바그리우스의 다음과 같은 말을 설명해준다.

"산만하게 되지 않고 기도하는 것은 진실로 위대한 일이다. 그보다 더 위대한 일은, 산만하게 됨이 없이 시편을 노래하는 것이다."[41]

성경의 다른 부분들을 묵상하는 것도 그들의 기도 전체 중에서 일정한 부분을 구성하고 있었다.

3. 기도에 관한 초기 문헌

초기 수도사들이 우리의 기도에 관해 가르쳐줄 교훈들을 더 면밀히 살펴보기 전에, 우리가 언급하게될 기도에 관한 문헌들에 대해, 또 어떻게 우리가 그것을 의미있게 이해할지에 대해 몇가지 알아두는 것이 필요할 것이다.

첫째, 초대 수도원주의 자체에 직접, 간접으로 영향을 준 논문, 서간, 설교의 집록(collection)들이 있다. 이 저작들은 흔히 나머지 고대 자료에서는 볼 수 없는, 기도 및 기도의 배후에 있는 신학에 관한 상세한 글들을 싣고 있다. 예를 들면, 위대한 3세기 성서학자인 오리겐(Origen)은 우리에게 고대 수도사들이 후에 자신과 그들의 목표들을 어떻게 이해했는지를 조명해 주는 많은 다른 본문들 뿐만 아니라,[42] 기도에 관한 한 소론을 남겨 놓았다.[43] 수도원주의의 이상과 목표에 깊이 투신했던 4세기의 그리스어권의 주교였던 닛사의 그레고리(Gregory) 역시 주기도문에 관한 주석 및 기독교적 삶의 목표들에 관해서와 어떻게 우리가 그러한 삶을 살아나갈지에 관한 기타의 서간들과 수상들을 남겼다. 이들은 우리의 과제에 필요한 초대의 수도원 기도에 대한 일종의 이해에 공헌하고 있다.[44] 더 나아가서 두 가지의 도움이 되는 글들이 에바그리우스 폰티쿠스에 의해 저술되었는데, 그는 이집트 광야의 4세기 스승으로서 그 자신의 시대 뿐 아니라 동서방 교회 전체에 걸쳐 후대의 기도 전통들에 크나큰 영향을 미쳤다.[45] 또 두가지 익명의 집록들이 있는데, 이들은 그들 자신의 시대 뿐만 아니라 후대 서방교회에 엄청난 영향을 미쳤다. 그중 첫째 문헌은 『마카리우스의 설교집』인데,[46] 아마 시리아에 위치했을 한 작은 수도 공동체에서 유래된 50편의 설교이다. 둘째는 아레오바고인(人) 위(僞) 디오니시우스(Pseudo-

Dionysius)의 신학저술들이다.[47]

 그리고 수도사들에 관한 고대 전기(傳記)들과 설화들이 있다. 4세기 알렉산드리아의 주교요, 신학자였던 아타나시우스가 저술한 『성 안토니의 생애』는 그 자신의 시대에 막대한 영향을 미친 작품이었으며, 아직도 많은 사람들에게 애독되고 있다.[48] 안토니가 이 글에서 수도사의 눈이 아니라 대주교의 눈을 통해 관찰되기 때문에, 항상 우리가 부자연스럽게 영웅적인 안토니를 만난다는 것을 기억하는 것이 중요하다. 그럼에도 불구하고 이 전기에서 우리는 안토니의 생애라는 사실을 들을 수 있을 뿐 아니라, 비수도원적인 기독교 문화가 초대 수도원 스승들과 그들의 목표들을 보고 들었던 방식에 관한 일면을 경험할 수 있다. 파코미우스의 전기들도 남아있는데, 역시 읽기에 즐거운 글들이다.[49]

 이 문헌들 중에서 가장 흥미있는 것 중의 하나는 팔라디우스(Palladius)의 『라우수스의 역사』(Lausiac History)인데,[50] 이야기들을 모아놓은 것으로서, 그중 어떤 것은 사실이고 어떤 것은 아주 명백히 과장된 이야기들이며, 처음 세대의 다양한 수도원 남녀들에 관한 글이다. 이 역사는 수도사들의 삶의 양식들에 관한 다수의 가치있는 정보 뿐만 아니라 팔라디우스와 그가 방문한 수도사들, 즉 유명한 맹인 디두모(Didymus)같은 사람들과의 사이에서 있었던 대화 기록들을 포함하고 있다.

 또하나의 매력있는 집록은 『시리아 수도사들의 역사』인데, 5세기 주교인 시루스(Cyrrhus)의 테오도렛(Theodoret)에 의해 저술되었다. 이 작품은 그가 안디옥시(市) 주변의 수도원 운동의 시초들에 관해 알고 있던 바를 기록하고 있을 뿐만 아니라, 그가 실제로 알고 있던 수도사들에 관한 서술들을 포함하고 있다. 가장 재미있는 이야기 중의 하나는 그가 아이였을 때 어머니와 함께 갈라디아인(人) 베드로를 방문했던 일들에 관한 것이다. 그 베드로의 종이 테오도렛을 수도생활로 끌어들이려고 했던 것 같다. 그러나 테오도렛이 우리에게 말해주듯이,

> 그 영감받은 분은 이 일이 일어날 수 없다고 했는데, 나의 부모가 내게 지닌 사랑을 들어서 그렇게 주장하셨다. 그는 자주 나를 그의 무릎위에 앉히고 포도와 빵을 먹여 주셨다.[51]

테오도렛의 역사의 많은 곳에서 우리는 또한 테오도렛의 모친이 수도사들과 접했던 일들에 대한 친밀한 관찰들을 보게 된다. 이것은 특히 여성에 관한 이러한 종류의 자료가 희소하다는 데 비추어 볼 때, 가치있는 것이다.[52]

이집트 수도사들과 얼마간 함께 시간을 보냈으며 그들과의 대화들을 서술했던 매우 영향있는 서방 저자는 요한 카씨안(John Cassian)이다. 그는 특히 기도에 관해서 많은 서술을 했는데, 이집트 광야 뿐만 아니라 그 자신의 6세기 이태리 수도원에서의 기도를 이야기했다.[53]

그러나 초대 수도원 문헌 중 가장 놀라운 것은 『광야(사막) 교부들의 금언』 집록이며,[54] 이 금언집이야말로 실제로 사랑과 기도에 관한 이 책의 논의의 중심을 제공해 주는 자료이다. 이 본문들은 짐작컨대 후대의 제자들과 압바(사부)들의 교육을 위해 수집된, 당대에 통용되던 위대한 스승들의 짧은 말씀과 이야기들로 이루어져 있다. 이 문헌은 비록 그 모호함과 외면적인 일관성의 결여 때문에 읽기에 힘들지만, 자주 광야의 사부들과 그들의 생도들에 대한 친밀한 상을, 우리 자신이 거기 그들과 함께 있는 듯이 느끼도록 제시해주고 있다. 한 제자가 "압바여

(스승님), 제게 한 말씀 해 주십시오"라는 말과 함께 충고를 요청할 때, 우리는 그 응답이 그 고대의 제자에게 그랬던 것 만큼이나 오늘 우리 자신에게 직접 향해지고 있는 것처럼 듣게 된다.

첫 눈에, 많은 금언들은 일종의 속기(速記)인 것처럼 보이며, 따라서 거의 뜻이 통하지 않는 것처럼 보인다. 많은 경우에 나는 암마들과 압바들이 오직 몇 마디 말만 했을 것이라고 생각하는데, 스승이 상세히 설명하지 않아도 그 말씀들이 무슨 뜻인지를 알았을 것이다. 결국, 그들은 함께 가까이 살았으며, 제자들은 그들의 모든 생각을 스승들에게 드러내어 말하는 데 익숙해 있었던 것이다. 우리는 이런 종류의 언어적 간결을, 안토니의 제자였고 후에 주교가 된 압바 암모나스(Ammonas)가 말했다는 한 금언에서 보게 된다:

> 압바 암모나스는 "나는 하나님께 밤낮으로, 내게 화냄에 대한 승리를 허락해 달라고 간구하면서 14년을 스케티스(Scetis)에서 보냈다"고 말했다.[55]

이 금언이 무엇을 뜻하며, 그 경위는 무엇이었을까? 표면적으로 암모나스는 자기가 분노에 문제가 있다고 명백히 말하고 있는데, 왜 그러한 말이 기억되어야 했을까? 정욕들과의 수도원적인 투쟁이라는 정황이 단서를 제공해 준다.[56] 아마 암모나스는, 화냄과 대적해서 싸우는 한 제자, 즉 자신이 달성하고 있는 적은 분량의 진보 때문에 낙심되어 있었을 제자로부터 도움을 요청받았을 것이다. 이것이 암모나스의 대답이었으며, 그 뜻은 그의 말을 듣는 자들에게 분명했을 것이다. 그들은 자신들의 분노 혹은 그들이 끈기있게 싸워온 자신 안에 있는 어떤 다른 것과의 투쟁에 그 말씀을 격려로 이해했을 것이다. 왜냐하면 기독교적 성장의 느림에 대한 낙심은, 오늘 우리에게 그런 것처럼, 당시 제자들에게 주된 문제였기 때문이다. 그래서 제자들은 "만일 압바가 이 수년의 투쟁 후에도 아직 싸우고 있다면, 왜 내가 낙심해야 되겠는가? 이는 내가 선택한 삶에서 기대해야할 바로 그것이다"라고 들었던 것이다. 그렇다면, 이 자료를 읽는 첫째 법칙은 거의 모든 금언이 표면에 나타나는 것보다 더 많은 의미의 층들을 가지고 있음을 기억하는 것이다.

때로 이 문헌은, 저 스승들이 사람들로 하여금 스스로 문제들을 해결하도록 하는 것이 직접적인 충고와 부딪히는 것보다 더 배움에 도움이 된다고 믿었기 때문에, 읽는 데 어렵다고 생각된다. 이 이유로 인하여, 많은 말씀들은 내가 간접적인 교수방법이라고 부르는 방식을 기용한다. 이 방법을 가지고 스승은, 한 제자가 어떤 질문을 하거나 일을 하는 데 대해서 그 의미를 제자가 풀어보아야 하는 한가지 대답을 줌으로써 응답한다. 여기에 하나의 보기를 제시하겠다.

> 한 형제가 압바 시소에스(Sisoes)에게 요청했다. "저는 제 마음을 지키기를 원합니다." 노인은 그에게 말했다. "만일 우리의 혀가 성문을 연 채로 놔둔다면, 어떻게 우리가 마음을 지킬 수 있겠는가?"[57]

마음을 지키는 것에 관해 요청함으로써 이 제자는 어떻게 항상 그의 생각들 속에서 하나님을 보존할 수 있을지를 압바가 말해주기를 원하지만, 스승은 그에게 직접적으로 말하지 않는다. 이 문헌에서 "혀"는 말하는 것을 가리킨다. 그러므로, 스승은 질문을 뒤집어서 그가 말한 것을 들어서, 그의 문제는 어떻게 그의 마음 속에서 하나님을 기억할 것인가가 아니라 오히려 어떻게 그의 대화를 제어함으로써, 잡담을 하거나, 자신이 얼마나 많이 아는가 혹은 얼마나 거룩한가 등을 과시하거나, 시간을 낭비하지 않도록 하는 것임을 부드럽게 상기하도록 만든다.

이 장의 처음에서 말했듯이 기도는 하나님과 함께하는 삶이다. 압바와 암마들에게 기도는 너무 중요해서, 어떤 이는 그것을 천국과 동일시한다.[58] 그들에게 기도는 값진 진주요, 밭에서 발견된 보화로서, 그것을 위해 다른 모든 것을 팔아야 하는 것이다. 하지만 수도원 스승들은 기도의 세계와 우리가 영위하는 평범한 삶 사이에서 간격을 발견하지 않는다. 우리로 하여금 우리 자신의 부분들을 무가치한 것으로 여겨 버리도록 요청하는 "거룩한" 삶은 없다. 만일 우리가 기도하려면, 우리는 사랑해야 하며, 사랑과 기도 양자에 있어서 우리 자신 전체가, 그 어떤 것도 남겨져서 내버려짐이 없이 요구되는 것이다. 우리 자신 전체를 이 기도와 사랑의 모험에 이끄는 것을 배우는 일은 쉽지 않다. 다행히 우리는 홀로 배워야 하는 것은 아니다. 우리는 고대 기독교 선조들의 기도들이 우리를 지지해줄 뿐만 아니라, 그들의 가르침이 또한 우리에게 안내와 통찰을 제공한다는 것을 알게 된다. 따라서 우리는 돌이켜 그들과 함께, 우리를 위해 창조하신 바 하나님의 사랑의 세계를 탐험하며 그 안에서 살아가는 방식들에 관해 상고함으로써 이 모험을 시작하려 한다.

제 2 장
하나님의 형상으로 화하는 삶

제 2 장

하나님의 형상으로 화하는 삶

인간 존재로서 우리의 온전함이 위대한 계명을 삶으로 구현하는 데 달려 있다는 것은 모든 초대 수도원적 확신들에서 가장 근본적인 것이다. 기도의 삶의 출발점은, 아무리 희미하게라도, 우리가 사랑을 위해 창조되었고 부름받았다는 것을 아는 일이다. 즉 "너희는 마음과 뜻과 정성과 힘을 다하여 주 너희 하나님을 사랑하고, 네 이웃을 네 자신과 같이 사랑해야 한다."[1] 사랑은 기도의 삶의 최종 목표이며, 사랑하는 것과 그 방법을 배우는 것은 기도의 매일의 일이요 즐거움이다. 신앙의 선조들의 도움과 더불어 이 목표에 접근함에 있어서, 우리는 어떻게 하나님의 형상이 우리 모두를 함께 사랑 안에서 묶어주는가, 어떻게 죄와 정욕들이 그 형상을 왜곡하며 사랑을 어렵게 또는 불가능하게 만드는가, 또한 어떻게 덕들이 기도의 삶 속에서 육성되어, 유혹을 극복하며 하나님, 이웃 및 우리 자신과 화해할 수 있도록 해주는가 등에 대한 그들의 이해를 숙고할 필요가 있다.

1. 우리에 대한 하나님의 사랑과, 그 형상의 지속

초대교회는 하나님의 우리 인간 존재에 대한 사랑이 모든 인간적 사랑과 기도에 앞서고, 그것들을 가능케 하고, 그것들에 의미를 준다고 믿었다. 이러한, 우리에 대한 하나님의 사랑은 우리의 창조 바로 그 자체에 이르기까지 소급된다. 하나님은 인간 존재들을 단순히 그의 사랑 때문에 하나님 자신의 형상으로 존재케 하셨으며, 또 지금 그렇게 하신다. 수도사들이 우리에 대한 하나님의 사랑에 부여한 중요성은 아무리 과장해도 지나치지 않다.

하나님의 형상으로서 우리는 하나님께 사랑받으며, 그는 우리를, 마치 어머니가 자신의 아기를 사랑하듯이 한결같이 또한 응답적으로 사랑하신다. 마카리우스는 하나님의 사랑의 정감깊은 기조를 이렇게 묘사하고 있다:

> 아기는 비록 어떤 일을 성취할 힘도 없고 그 자신의 발로 어머니에게 갈 수도 없지만, 어머니를 찾으면서 굴러 가고 소리를 내며 운다…또한 그 어머니는 아기를 일으켜 애무해주며 큰 사랑을 가지고 먹여준다. 이것이 또한 하나님 즉 인류를 사랑하시는 분께서, 자신에게로 오며 열렬히 그를 바라는 자에게 행하시는 바인 것이다.[2]

하나님의 사랑은 먼 곳에 있는 신하들에 대해 무정하고 정의로운 왕의 사랑이 아니다. 그것은 친밀하고, 부드럽고, 상처입기 쉬운 사랑이며, 어머니가 그 아기에게 베푸는 사랑과 같다.

죄는 우리에 대한 하나님의 사랑과 열망을 파괴하지 못한다. 때로 우리의 신앙의 참된 경이는 우리가 사랑받을 수 없음에도 불구하고 하나님께서 우리를 사랑하시는 것이라고 말한다. 우리의 수도원 선조들은 그와 같은 방식의 이야기를 상당히 낯선 것으로 여길 것이다. 하나님께 우리는 사랑할 만한 가치있는 존재이다. 아무리 우리가 손상되었다고 할지라도 말이다. 이 사실은 『금언집(Sayings)』에 있는 다음의 말이 매우 분명히 밝혀주고 있다:

> 한 군인이 압바 미우스(Mius)에게 하나님은 회개를 받아들이시느냐고 물었다. 노인이 그에게 많은 것을 가르친 후에, "여보게, 내게 말해보게. 만일 자네의 웃도리가 찢어지면 그것을 던져버리는가?"라고 물었다. 그는 대답하기를 "아니오, 나는 그것을 고쳐서 다시 사용합니다"라고 했다. 노인은 그에게 말했다. "자네가 웃도리에 대해서 그토록 관심을 기울이거늘 하나님께서도 마찬가지로 그의 피조물에 대해서 관심을 기울이시지 않겠는가?"[3]

하나님의 사랑은, 우리가 그것을 느낄 수 있든지 없든지 간에, 우리가 자신에게 혹은 타인에게 선하게 보이든지 악하게 보이든지 간에, 우리가 하나님께 응답하든지 안하든지 간에, 항상 거기 있다. 그것은 우리의 "선함"에 의존하지 않는 사랑인 것이다. 이것이 참되다는 사실은 우리가 기도할 수 있기 위해서 무엇을 필요로 하는지에 대해 엄청난 중요성들을 지니는데, 다음 장에서 우리는 그것을 보게될 것이다.

죄는 또한 우리에 대한 하나님의 사랑에 응답할 수 있는 우리의 능력을 완전히 파괴하지 않는다. 부드럽고 그침없는 사랑의 근원에서, 하나님은 우리 각각에게 결코 완전히 상실될 수 없는 하나님 자신의 형상을 주셨다. 우리의 기독교 선조들에 의하면, 비록 인간의 삶이 우리가 아는 바대로 하나님 없이 절망적으로 깨어진 것으로 나타날지 모르지만, 하나님의 형상은 우리 안에 남아 있다—부분적으로 지워지거나 가리워졌으나 아직도 거기 있는 것이다.[4] 이는 하나님, 타인 및 우리 자신에 대한 우리의 비전(시각)이 아무리 왜곡되었다 해도, 우리 속의 무엇인가가 아직 하나님을 인식한다는 것을 의미한다. 우리 안에 있는 하나님의 형상은, 사랑을 향해 움직이려는 소원을 결코 그치지 않는 우리 자신의 부분인 것이다.

비록 인간의 자유를 위한 여지가 전혀 없는 것처럼 보인다 해도, 우리 자신의 그 부분은 항상 사랑을 향한 최소의 움직임을 가능케 하는 도움을 바라며 요청하는 외침을 선택할 수 있다. 『마카리우스의 설교집』에 의하면,

> [혈루증 걸린 여인이]…치유받을 수 없었음에도 불구하고 주께 급히 달려갈 발을 가지고 있었고 그에게 다가가서 치료를 받았던 것과 똑같이, 사람은 악한 정욕들에 의해 무겁게 괴롭힘을 당하고 죄의 어두움에 의해 눈멀었을지라도, 그럼에도 불구하고, 오셔서 그의 영혼에 영원한 구원을 가져다 달라고 예수께 외쳐 간청할 수 있는 능력을 소유하고 있다.[5]

이는 아무리 어떤 사람이 생각없거나 심지어 부패하게 보일지라도, 하나님의 형상의 지속적인 현존 때문에 모든 인간 존재 속에는 항상 우리를 하나님께 및 서로에게 연결시켜 주는 근본적인 선함이 존재한다는 것을 뜻한다.

이는 이 고대의 사랑의 스승들이 세상에서의 악의 현존에 대해 무지했다는 말이 아니다. 한번은,

압바 아가톤(Agathon)의 제자 아브라함이 압바 포에멘(Poemen)에게 물었다. "어떻게 마귀들이 저를 대적하여 싸웁니까?" 압바 포에멘은 그에게 이렇게 대답했다. "마귀들이 너를 대적해 싸운다고? 그들은 우리가 우리 자신의 의지를 이행하고 있는 한 우리와 싸우는 것이 아니라네. 왜냐하면 우리 자신의 의지들이 마귀들로 되는 것이며, 우리를 공격하는 것이 바로 이들이기 때문이야. 그러나 만일 그대가 마귀들이 진짜로 누구를 대적하여 싸우는가 보기 원한다면, 그것은 모세 및 모세와 같은 사람들을 대적해서인 것이야."6)

수도인들은 우리의 행동이나 상황을, 사실은 우리에게 책임이 있는데도, 우리 자신 밖의 어떤 것에 돌려 비난하는 일에 대해 경계하였다. 그러나 그들은 악을 단지 우리 자신의 소원들의 투사(投射)로서 심리화함으로써, 오직 인격적인 행위들로부터 추적할 수 있는 것으로 삼지는 않았다. 사탄과 마귀 등의 용어를 가지고 그들은 세상에서의 악의 실재와 편만함을 인정하려고 한다. 비록 사람들은 흔히 의도함없이 서로 상처를 입히지만, 진정으로 서로 상처입히려고 의도하기도 한다.

이런 빛에서 볼 때, 하나님의 형상의 지속성에 대한 그들의 신앙은 현대 기독교에 널리 퍼져 있는 가장 고통스러운 확신들 중의 하나, 즉 선하고 거룩하신 하나님이 보시기에 인간존재들은 모두 죄의 추악함에 의해 더럽혀진, 벌레보다도 못한 존재라는 확신에 반대하고 있음을 주목하는 것이 중요하다. 그와 같은 확신은, 우리가 비록 우리에 대한 하나님의 사랑이 그리스도 안에서 나타났다는 것을 확신하지만, 우리의 죄됨과 무가치함에 대한 인식없이는 결코 하나님께 접근하지 못한다고 생각하고 느끼도록 권장한다.

초대교회의 최고의 신학은 그와 같은 자기혐오를 단연코 거부한다. 실제로, 수도사들에게 보낸 그의 편지 중의 하나에서 안토니는 이렇게 말한다:

"자신을 사랑할 수 있는 자는 모두를 사랑한다."[7]

이와 반대로, 자기멸시나 자기혐오의 태도는 사랑하고 기도할 수 있는 능력을 극심하게 파괴한다. 그것은 남을 판단하는 태도, 질투, 분노, 자기학대 및 교묘히 상대를 속이는 것 등을 조장하는데, 이것들은 좀더 명백한 문제들 중에서 몇가지를 들어본 것에 불과하다. 그것은 또한 어릴 때부터 우리의 참된 감정들이나 동기들을 우리 자신 뿐만 아니라 남들에게서 숨기도록, 그리하여 하나님에게서 숨기도록 권장한다. 하지만, 사랑 안에서의 성장은 우리가 자신의 분노나 기쁨이나 불안을 어떤 관계에서든지, 즉 하나님, 배우자, 친구, 동역자, 적게는 복음서가 강조하듯이 낯선 사람이나 심지어 원수들 등 어떤 사람들과의 관계에서든지간에, 시인할 수 있을 것을 요구한다. 우리가 사랑 안에서 성장하려 할 때 필요한 바 우리의 깊은 감정들과 동기들을 인정하는 것은, 초대의 수도원 문헌이 자기인식을 강조하는 이유인 것이다.

2. 사랑 그리고 타인들과 가지는 친분

우리 모두가 하나님의 형상으로 만들어졌다는 것은 우리가 하나님과 친밀하게 관계되어 있듯이 또한 서로 사이에도 친밀하게 관계되어 있다는 것을 뜻한다. 압바 안토니는 이렇게 말하

곤 했다:

> "우리의 이웃으로부터 생명과 죽음이 온다. 만약 우리가 이웃에게 선을 행하면, 그것은 하나님께 선을 행하는 것이다. 만약 우리가 이웃을 넘어지게 한다면, 그것은 그리스도에게 대적하여 죄를 짓는 것이다."[8]

우리 속에 하나님의 형상이 현존하기 때문에, 우리 중 하나의 복지에 영향을 미치는 바는 하나님을 포함한 모두에게 영향을 미치게 된다.

우리를 묶어주는 띠는 사랑의 띠인데, 그것은 우리를 이끄시는 하나님의 우리에 대한 사랑의 띠일 뿐만 아니라 또한 하나님과 이웃에 대한 우리의 사랑의 띠로서, 이들은 결코 서로 분리될 수 없다. 1장에서 언급한 가자의 도로테오스가 이 실체에 대해 보여준 예증을 기억하라.[9] 그는 우리가 콤파스로 원을 하나 그렸다고 상상해 볼 것을 요청한다. 하나님은 그 중심에 계신다. 이제, 그 원의 밖은 세계요, 인간 존재들의 삶은 밖에서 중심으로 그어진 많은 직선들에 의해 대표된다고 상상해 보라. 당신이 한 선을 따라서 밖에서 하나님을 향해 나아갈 때 모든 선들이 어떻게 서로 더 가까워지는지를 주목하라. 이것이 사람들이 하나님에게 또한 서로에게 관계되는 방식인 것이다. 왜냐하면,

> 그들이 하나님께 더 가까워질수록 서로에게 더 가까워지며, 그들이 서로에게 더 가까워질수록 하나님께 더 가깝게 되기 때문이다.

도표는 거꾸로도 작용한다. 만일 당신이 중심으로부터 다시

밖의 모서리를 향해 단일한 직선을 따라간다면, 모든 선들이 중심으로부터 나아감에 따라 더욱 멀리 떨어지게 된다는 것을 주목할 수 있다. 도로테오스에 의하면 그 이유는,

> 이것이 바로 사랑의 본성이기 때문이다. 우리가 더욱더 하나님에게서 돌아서서 그를 사랑하지 않을수록, 우리를 이웃에게서 분리시키는 거리는 더 커진다. 만일 우리가 하나님을 더 사랑하려 한다면, 우리는 하나님께 더 가깝게 되어야 하며, 하나님에 대한 사랑을 통해서 이웃과 사랑으로 더 연합해야 한다. 또한 우리가 이웃과 더 연합할수록 우리는 하나님과 더 연합하게 되는 것이다.

우리는 하나님을 사랑하면서 우리의 이웃을 미워하거나 심지어 무관심하게 대할 수 없다. 하나님의 사랑 안에서의 성장은 또한 우리의 세계를 공유하고 있는 이웃인 저 하나님의 형상들에 대한 사랑을 포함해야 한다.

하나님의 형상인 다른 사람들에 대한 이러한 사랑은 추상적인 인류애나 일반적으로 인류를 향해 가지는 친분의 따뜻한 감정이 아니다. 추상적으로 사랑하는 것은 매우 쉽다. 즉 집없는 사람, 아이들, 고통받는 자들을 사랑한다는 생각처럼. 사랑이 일종의 초점 맞춰지지 않은 친근한 감정으로 정의(定義)될 때, 빈번하지 않거나 오직 표면적인 접촉을 가지는 자들을 사랑하는 것은 그처럼 어렵지 않다.

도로테오스가 말하고 있는 사랑에는 추상적인 것이라든지 초점 맞춰지지 않은 것이라곤 전혀 없었다. 이웃 사랑은, 수도사들이 접촉하게 된 사람들의 매일매일의 실제적인 복지를 매우 진지하게 대하는 일을 포함하고 있었다. 『금언집』 속에는 개개의

수도사들이 어려운 상황들 속에서 그들의 보살핌을 받기에 힘든 사람들을 향해 보여주었던 엄청나고도 매우 특별한 사랑에 관한 일련의 이야기들이 있다. 한 수도사는 어떤 창녀를 그녀의 직업에서 구해내기 위해 힘들여 속이는 과정을 거친다.[10] 또다른 수도사는 시장에서 만난 한 술주정뱅이를 수년에 걸쳐 그의 지극히 적은 수입으로 지원한다.[11] 한 주교는, 미혼으로 임신한 한 소녀가 그녀 주위의 자기의로 가득찬 기독교인들로부터 그녀의 죄를 빌미로 버려졌을 때 값비싼 침대보를 그녀에게 준다.[12]

하지만 수도인들이 자신을 위해 추구했던 바는, 굉장하게 사랑하는 능력 그 이상의 것이었다. 그들이 원했던 것은 그들 주위의 보통 사람들을 하나님의 형상으로서 매일의 생활에 입각하여 사랑할 수 있게 되는 것이었다. 그들은 사랑이 그들에게, 대부분의 시간을 함께 보내는 사람들, 그러한 가까운 접촉때문에 성가시게 여겨지는 사람들, 혹은 매우 당연히 거기 있는 것으로 여겨서 별로 주목하지도 않게 된 사람들에게 주의를 기울이도록 요구한다는 것을 알았다. 우리와 마찬가지로 그들에게 위기 상황에서 사랑하는 것은 쉬운 일로 보였을지도 모른다. 하지만, 평범한 생활의 "작은 일들"에 이를 때, 그것은 또다른 문제였던 것이다. 그것은 왜 압바 포에멘이 사랑에 관해 다음과 같은 충고를 주었는지를 잘 말해준다:

"사랑에 있어서 사람이 그의 이웃을 위해 그의 생명을 버리는 것보다 더 큰 것은 없다. 사람이 불평하는 말을 듣고 자신과 싸우면서⋯불평하기 시작하지 않을 때, 인내를 가지고 해를 견디며 보복을 하려들지 않을 때, 그 때에 그 사람은 그의 이웃을 위해 자신의 생명을 버리는 것이다."[13]

우리가 진실로 서로 사랑한다면 작은 일들은 중요하지 않다고 흔히 말한다. 수도원 스승들은, 이러한 작은 일들에 대한 그와 같은 무시가 흔히 우리 주위의 사람들에게 모멸적인 혹은 적어도 무심한 태도로 그들의 일상의 복지를 무시하는 것으로 체험된다는 것을 알고 있었다.

  이제까지 우리는 마치 우리를 하나님의 형상을 통해 서로 연결지워주는 띠들이 항상 개인적인 것처럼 말해왔다. 우리 자신의 시대에, 특히 18세기 이래로, 우리는 우리 자신의 개성과 독특성을 강조하는 데 익숙해 있다. 눈송이들처럼, 우리는 우리 각자가 모든 나머지 사람들과 다르다는 것을 알고 있다. 우리는 우리의 분리됨과 우리 자신이 되는 자유를 높이 평가하며, 그것을 위해 힘껏 일한다. 확실히 하나님의 형상에 대한 이야기는 우리가 개성을 향유하는 데 있어서 우리를 지지한다. 우리의 선조들은, 하나님께서 우리 가운데 실재적인, 개별적인, 혈육을 가진 인간 존재로서 실제로 특정한 시대와 장소에 태어나셨고 사셨고 죽으신 분으로 나타나셨음을 시인하려고 힘껏 싸웠다. 하나님의 형상에 대한 이야기는 우리에게, 우리가 모두 독특한 인간 존재이며 따라서 서로를 개인으로서 가치있게 여겨야 하는 것이 좋다는 것을 말해준다.

  하지만 우리의 현대세계에서 우리가 거의 잃어버린 것은, 공유하고 있는 물질적 세계 속에서 우리를 공통적인 인간성 안에 연합시키는 연계(띠)들의 힘을 인식하는 우리의 핵심적인 지식인 것이다. 아담과 하와의 창조, 그들의 타락, 그리고 그들을 치유하기 위해 성육신 가운데 하나님이 강림하신 것에 대한 이야기는 각각의 기독교인의 삶에 대한 서술이지만, 또한 전 인류에 대한 이야기인 것이다. 심원한 방식으로, 우리의 선조들은, 비록 그렇게 보이지는 않지만 인간 존재로서의 우리의 일치가 우리의 개성만큼이나 중요하다는 것을 알고 있었다.

그러한 이해는 우리의 인간 상황을 의미있게 만드는데 있어서 우리를 도와준다는 점에서 진정한 의의를 가진다. 개인됨을 강조함으로써 우리는 우리가 죄에 의해 철저히 손상된 세상에서 살고 있다는 것을 잊어버린다. 이 죄는 전(全) 세대에 걸친 악에 대한 개인적인 선택들의 총합에 불과한 것이 아니다. 그것은 인간 사회 속에서 스스로 영속시키는 그 자체의 삶을 가지고 있으며, 흔히 그 사회의 개체 구성원들의 선한 의도와 지극히 독립되어 존재하는 것처럼 보인다. 이 집단적인 인간의 죄는 우리가 서로로부터 분리되어 "그들과 우리들"의 단체들로 화하는 것을 권장하고 지지하고 영속화한다. 그것은 민족, 계급, 직업, 인종, 성(性), 이웃, 친구, 가족, 교회 및 교회 내의 그룹 등등 속에서 작용하는데, 우리가 그 복지에 관해 관심을 전혀 기울일 수 없는 외부인들에게서 우리를 소외시키도록 권장함으로써, 소속감을 강화한다. 또한 그것은 우리가 지구를, 착취할 수 있도록 거기 존재하는 것으로 여길 때, 우리의 지구로부터의 소외 가운데서도 작용한다.

3. 죄와 정욕들(passions)

초대 수도원의 스승들은 우리가 죄에 의해 전적으로 또한 체계적으로 손상된 세계 속에서 살고 있음을 잘 인식하고 있었다. 그러나, 이 손상에 대해 말하기 위하여 죄라는 언어를 사용했지만, 훨씬 더 자주 그들은 "정욕들"에 관해 말했다.[14] 이렇게 고대 기독교 저자들은 그들 시대의 통속적인 심리학을 사용하여 모든 인간으로 하여금 하나님께서 의도하시는 대로 기능하지 못하게 하는 인간의 내적 역동성의 주된 부분을 묘사하였다. 비록 그것이 우리에게 친숙한 심리학은 아니지만, 그들의 정욕 개념은 더 잘 사랑하는 것을 배우려 하는 현대의 기독교인에게 큰 도움이 될 수 있다. 놀랍게도, 그들의 이 고대적인 관점에는 현대의 심리학 이론과 심각하게 상충되는 것은 별로 없다.[15]

이 스승들이 말하는 바에 의하면, 정욕들은 타락된 세계에서 살고 있는 결과로서, 모든 인간을 괴롭힌다. 개인적인 죄의 근원인 정욕들은 보고 느끼고 생각하고 행동하는 습성들로서, 우리로 하여금 자신과 이웃과 하나님이 진실로 누구인가에 대해 눈멀게 하는 특징이 있다. 그것들은 결과적으로 우리가 적절하게 이성적으로 사랑을 가지고 응답하는 것을 불가능하게 만든다. 정욕은 모든 것을 왜곡시킨다.

정욕의 본보기들에는 어떤 것이 있을까? 원망의 렌즈를 통해서만 이웃을 보게 만드는 시기(猜忌)는 하나의 정욕이다. 가족의 한 일원이 행동하거나 말하는 모든 것에 관해 계속 간섭하는 일종의 불평 섞인 성마름 역시 하나의 정욕이다. 신경성 식욕부진 즉 신체의 크기에 관한 집착은 그것으로 고통받는 이에게 실제로는 굶주리고 있는데도 살쪘다고 말해주는데, 이것도 정욕이다. 그 대상을 인간 존재로서 관심하지 않는 성적인 욕망은 정욕이며, 삶 전체를 절망적으로 보게 하는 침체와 우울증도 마찬가지이다. 험담하고 싶은 욕구, 완전주의, 항상 지배하려는 요구, 다른 사람들의 동기를 습관적으로 불신하는 것, 끊임없이 인정받으려는 요구, 침묵이나 홀로 있는 데 대한 공포, 집착적인 욕망들, 이 모든 것이 정욕들이다.

4세기의 수도원 스승이었던 에바그리우스 폰티쿠스(Evagrius Ponticus)는 외적인 체계를 갖춘 여덟 가지 정욕의 목록을 만들었다. 즉 탐식, "육신에 대한" 욕정, 탐욕, 우울, 분노, 쉬임없는 권태, 칭송받기 좋아함, 교만 등이 그것이다.[16] 하지만 이 목록은 외적으로 보이는 것만큼 체계적이지는 않다. 왜냐하면 이 정욕들은 각각 특정한 행동을 대표하는 것이라기 보다는 세계, 우리 자신 및 다른 사람들과 관계되는, 전적으로 겹쳐지는 방식들을 표시하기 때문이다. 예를 들면, 탐식은 과식하려는 욕구라기 보다는, 우리가 가지고 있는 것에 결코 만족할 수 없도록 우리를 인도하는 삶의 다양성에 대한 욕구이다.[17] 역으로 이것은 '우리가 소유하고 있는 것'과 '우리가 누구인지'를 혼동케 하는 일종의 소유집착증으로 인도한다. 그러한 혼란으로부터 우리가 가진 것을 남들에게 잃게 된다는 두려움이 자라나며, 다른 사람들을 지배하려는 요구, 재물이나 다른 사람 혹은 권력을 소유하려는 우리의 굶주림을 채워줌으로써만 만족될 수 있는 권태 등이 생긴다.

수도원 스승들은 현대 영어의 용법과 같은 방식으로 정욕(passion)이란 용어를 쓰고 있지 않다. 영어는 passion을 사용할 때, 부정적인 것과 긍정적인 것을 구분하지 않고 강렬한 정서의 전 범위를 묘사하는 데 쓴다. 영어에서는 가난한 자들에 대한 passion(정열), 성적 passion(욕망), 초콜릿에 대한 passion(열정적인 좋아함), 무시무시한 분노에 대한 passion(격정) 등에 같은 단어를 사용한다. 초대의 수도사들은 passion이란 단어를 오직 부정적인 용어로만 사용한다. 만일 마음의 습관, 보고 느끼고 행위하는 방식이 우리로 하여금 하나님, 다른 사람들 및 우리 자신을 진실로 그들이 그러한 바대로 보고 응답하지 못하게 하지 않는다면, 수도사들은 그것을 정욕이라고 부르지 않을 것이다. 수도사들에게는 그 어떤 마음의 상태나 욕망도, 그것이 아무리 강하다고 하더라도, 사랑을 파괴하지 않는다면 정욕으로서의 자격이 없다고 하겠다. 그들이 사랑, 동정심, 혹은 용기와 같은 긍정적인 정서나 감정을 절대로 정욕과 동일시하지 않았다는 것을 인식하는 것이 중요하다.

　더욱더 중요한 것은, 정욕이란 개념을 가지고 고대교회는 현대 기독교인들에게 실재를 이해하는 데 선택할 수 있는 다른 모델을 제시하고 있다는 사실을 유의하는 것이다. 18세기 계몽주의의 이해방식에 깊이 젖어서, 우리는 "감성(정)"과 "이성" 사이를 근본적으로 대립시키는 경향이 있다. 이성적으로 어떤 상황을 바라본다는 것은, 동정심, 애정, 혹은 상처입기 쉬운 자를 보호하려는 욕구 등과 같은 "혼란케 하는" 감정들의 존재함이 없이 그것을 논리적으로 바라봄을 뜻한다. 우리는 감정이 주관적이고 개인적이고 사적이며, 우리를 진리로부터 분리시킨다고 배웠다. 감성은 항상 개인적인 상황들을 고려에 넣는다. 대조적으로, 이성이나 논리는 객관적이고 비인격적이며 공적으로 검증할 수 있는 것이다. 통속적인 사상에서 과학은 이성의 사용 및 그 원수인 감성의 배제에 의존한다.[18]

　우리 선조들은 그러한 합리성과 감성 사이의 구분을, 특히 기독교인들에게, 당황함을 일으키는 것으로 여겼을 것이다. 그들에게 근본적인 신학적 확신은 실재 자체가 하나님, 즉 그의 기본적인 존재가 사랑이신 분에게 기초하고 있다는 것이다. 하나님의 형상으로 만들어졌다는 것은 우리가 하나님께서 보시는 바대로, 다시 말하면 사랑의 렌즈를 통해 보지 않고는 어떤 사람이나 어떤 다른 것도 그 참된 모습 그대로 볼 수 없다는 것을 의미한다. 그들은 사랑을 배제하는 진리에 투신하는 것보다는 오히려 진실한 사랑의 현존만이 진리를 보는 기초라고 확신하였다. 따라서, 사랑과 합리성은 서로 원수라기보다는 하나의 전체를 이루는 것이어야 한다. 다른 사람, 하나님 및 우리 자신에 관한 이성적인 행위는 그것이 사랑에 근거를 두는 때에만 신뢰

할 수 있는 것이다. 더욱이, 진실로 사랑하는 것은 다른 사람, 하나님, 심지어 우리 자신을 우리 자신의 필요, 욕망, 혹은 환상들의 확대 이상으로 보고 아는 우리의 능력에 의존하는 것이다.

만일 정욕이 실재를 있는 그대로 볼 수 있는 능력을 흐리게 함으로써 사랑을 막는다면, 정욕은 우리가 진실한 선택들을 취하고 그것들에 입각하여 행동하는 자유도 또한 점증적으로 앗아간다. 우리가 분명히 볼 수 없는 것에 관해 우리는 진정한 결정들을 내릴 수 없으며, 이는 우리의 삶의 모든 국면에 영향을 미친다. 이것은 우리가 성마름이나 권태와 같은 단기적인 나쁜 기분에 사로잡히든지 혹은 장기적인 습관들이나 정신상태 등에 사로잡히든지 간에 동등하게 적용되는 것이다. 완전주의는 다음의 몇 페이지에서 한번 이상 언급될 것인데, 우리가 수도원 선조들과 공유하고 있는 가장 어려운 정욕들 중의 하나이다. 우리들 중의 많은 사람들이 어릴 때부터 지녀온 버림받음에 대한 공포와 인정받으려는 요구 역시, 다소의 정도차는 있지만, 성인의 자유를 앗아간다.

정욕들은 죄와 동일한 것인가? 그것들에 대해서 우리는 책임이 있는가 아니면 없는가? 대부분의 사람들에게, 우리가 결코 의식적으로 가장 파괴적인 정욕들에 종속되는 길을 택하지는 않았다는 것은 아마 사실일 것이다. 하지만 역시 우리는 우리 안에 저 정욕들이 있다는 사실에 동의한다. 억지로 돈을 쓰는 사람의 예를 들어보자. 현대 미국사회는 불필요한 소비를 끊임없이 권장한다. 다른 한편, 어느 누구도 돈을 사치하는 데 낭비하도록 강요하지는 않는다. 마찬가지로, 어릴 때 매맞은 경험이 있는 사람은 매우 흔히 때리는 부모가 된다. 구타의 유형은 유전되지만, 또한 선택되는 것이기도 하다. 이와 같은 정욕의 당황케 만드는 이중적 기원 때문에 많은 수도원 문헌은 정욕의 모호한 원천과 세력에 대해 말할 때 마귀라는 언어를 사용하게 된다. 그러한 마귀적인 정욕들은 어떤 점에서 우리에게 적대적이며 외적인 것으로 체험된다. 하지만 정욕들은 궁극적으로 우리의 동의 없이는 우리를 지배하는 힘을 가지지 못한다.

이는 분노의 경우에 쉽게 볼 수 있는데, 에바그리우스는 분노를 "가장 광포한 정욕"이라고 말한다.[19] 그의 묘사에 의하면, 그것은

> 해를 입힌—혹은 그렇게 했다고 생각되는—사람에 대하여 끓어오르는 분노이다. 그것은 끊임없이 영혼을 괴롭히며 무엇보다도 기도하는 때에 마음을 사로잡고 그의 눈앞에 상처를 준 사람의 상을 비춰준다.

분노는 여기서 실제의 혹은 상상된 해입힘에서 결과되는 것으로 묘사되며, 따라서 화내는 사람은 그의 화의 원천에 대해서 책임이 없는 것으로 여겨지는 것을 주목하라. 그럼에도 불구하고 화내는 사람은 그 분노를 품고 키워서 그가 전적으로 그것에 넘겨지는 점에까지 이르도록 선택할 수 있다. 왜냐하면 "화와 미움은 화를 증가시키기" 때문이다.[20] 아니면 그는 그것에 대적하여 싸우고 그것이 파괴적으로 되는 점에까지 이르도록 하는 것을 거부할 수도 있다. 알콜 중독증의 부모를 둔 자녀는 그 부모를, 혹은 그가 성인이 되어서 괴롭힘을 당하게 되는 그 불안전함의 정욕을 선택하지 않았다. 하지만 성인으로서 그는 단순히 희생자만은 아닌 것이다. 성인은 그러한 불안전함에 대적하여 싸우거나, 아니면 그것이 파괴적인 시기, 분격, 절망적인 상태, 혹은 냉소주의로 발전되도록 하는 것을 선택할 수 있다.

끝으로, 초대 수도인들은 우리를 속박하는 정욕들의 원천에

대해 우리가 책임이 있는지의 여부에 대해서 그렇게 전적인 관심은 없었다. 정욕은 우리의 삶과 우리 주변 사람들의 삶을 파괴하는 우리 속의 상처들이다.[21] 우리의 할 일은 그 정욕들에 항거하여 싸우고 하나님과 서로의 도움을 받아 치유를 추구하는 것이요, 그 결과로 우리가 사랑하도록 만들어진 대로 사랑할 수 있게 되는 것이라고 그들은 확신하였다. 이로 인해 많은 고대의 수도사들은 그처럼 많은 시간을 기도의 안팎에서 그들의 정욕들과 씨름하는 데 보냈으며, 따라서 나는 앞으로 계속 정욕과 그 치유에 관해 자주 이야기하게 될 것이다.

4. 덕(德)

기독교인 안에 현존하는 하나님의 형상이 기독교인의 기도를 가능하게 한다. 이 형상은 사람들을 하나님 뿐만 아니라 서로에게 묶어준다. 하지만, 우리의 선조들에 의하면, 하나님의 형상과 그와의 비슷함(likeness)은 단순히 하나님 및 다른 사람들에 대한 관계의 따뜻한 느낌만이 아니다. 그 뿌리에 있어서 하나님과 우리의 친분은 하나님의 우리에 대한 의도에 의해서 우리의 존재 자체에 원래 각인된 일종의 성품으로서, 하나님과 우리 자신 및 타인들을 보고 이해하고 느끼고 그들에 대해 행동하는 하나의 패턴(모형)인 것이다. 초대 수도원 사람들은 이 품격의 유형을 "덕"이라는 용어로 흔히 말하고 있다.

그러나, 이 수도인들은, 우리가 아는 바 일상 생활에서, 우리 각 사람 안에 있는 하나님의 형상—하나님께서 우리를 위해 의도하시는 덕들의 원래 품격 혹은 패턴—이 죄와 정욕들에 의해 심각하게 훼손되었으며 계속 훼손되고 있다고 믿었다. 죄와 정욕들은 우리가 하나님과 우리 자신 그리고 서로에 대해 가지는 관계들을 보고 이해하는 능력을 제거한다. 대신에 우리는 자신이 소유, 신분, 일, 안전, 죄책, 성(性), 사랑, 가족 및 친구에 관한 왜곡된 습관, 감정, 및 태도들에 의해 삼켜지는 것을 발견한다. 우리의 기도가 우리 존재의 부분이므로, 우리의 기도는 이 손상에 참여한다.

하지만 초대교회의 메시지는, 하나님께서 우리를 손상된 상태로 버려 두시지는 않는다는 것이다. 그리스도의 사역의 한 본질적인 요소는 상처입은 하나님의 형상을 치유하는 것이다. 수도사들, 또한 그들의 상대편인 초대교회의 비수도사들에게 이 치유는 단 한번에 일어나는 마술적인 사건이 아니라, 점진적인 것이다. 계속적인 치유는 덕들이 구성하는 기독교적 품성이 발전되고, 죄, 정욕들 및 그것들의 효과들이 약화되거나 대치됨에 따라 지속된다. 기도는 결코 이 과정으로부터 분리되지 않는다.

초대 수도인들은 덕을 어떻게 이해하였을까? 4세기 이집트 광야의 새로운 수도사들은 많은 현대의 기독교인들이 하는 것과 똑같은 실수를 종종 범하였다. 즉 그들은 기독교적 덕들이 그들에게 무엇을 할 것인지, 심지어 무엇을 느껴야 할지를 항상 말해줄 규칙들의 목록이 되기를 원했던 것이다. 하지만 압바와 암마들은 기독교적 삶이 규칙들을 따르거나 심지어 금욕적 계율을 지키는 문제가 아니라고 주장했다. 덕의 발전은 사랑의 발전이다. 『금언들』 중의 하나는 이를 강조하면서 유머스럽게 진술하고 있다.

> 한 형제가 어떤 노인에게 물었다. "두 수도사가 있는데, 하나는 침묵 속에 그의 독방에 머물러 있으면서 한번에 6일간 금식하고 많은 엄격한 금욕행위들을 자신에게 부

과합니다. 그런데 다른 수사는 병자들을 돌보고 있습니다. 그들 중 누가 더 하나님께 받아들여질 수 있겠습니까?" 그 노인은 대답했다. "만일 6일 동안 금식하는 형제가 그의 콧구멍을 꿰어 자신을 매달리게 해도, 결코 병자들을 섬기는 자와 동등해질 수 없을 것이니라."[22]

위대한 암마와 압바들에게서, 덕을 실천하는 것은 결코 수도사들이 좇아야 하는 행동규칙들의 목록들을 만들고 그 목록들을 엄격하게 따르는 일이 아니었다.

기독교적 덕들은 이보다 훨씬 더 깊은 데 자리한다. 덕은 우리가 행동하는 모든 것과 우리의 존재 전체에 영향을 미치는, 보고 느끼고 이해하고 행동하는 모든 것에 대한 기독교적 패턴들이다. 그것들은 우리가 기독교인들로서 뿐만 아니라 인간들로서 어떤 존재인지를 구성하는 내적 법칙들이다. 도로테오스의 원의 은유처럼, 또한 그 안에서 어떻게 인간 존재들이 서로와 하나님에게 관계되는지가 보여주듯이 덕들은 언제나 하나님과 이웃에 대한 사랑과 관계되는 것이다. 한 압바의 말대로,

"덕은⋯ 하나님께로 이끌고 우리를 서로 연합시킨다."[23]

금식, 소유의 결여, 수면과 성생활의 제어, 침묵 등의 수도 계율(훈련)들, 그리고 때로는 기도 자체조차도 사랑을 가능케 하는 덕들을 형성하고 조장하는 데 도움이 되는 한에서만 가치있는 것이다. 이런 의미에서 덕들의 계발은, 기도 자체처럼, 결코 참으로 사적인 것이 아니다. 그것은 단순히 개인적인 성취라기 보다는 공동체를 세우기 위한 것이다. 압바 포에멘이 회상하였듯이,

압바 테오나스(Theonas)는 "비록 사람들이 덕을 얻는다 해도, 하나님은 그들 자신만을 위해서 그들에게 은혜를 허락하시지는 않는다"고 말했다. 그는 자신의 노동에 있어서는 신실하지 않았지만 만일 그가 동료에게 가면 하나님께서 그와 함께 계실 것이라는 사실을 알고 있었다.[24]

비록 덕들이 우리 안에 있는 하나님의 형상과 그와의 유사성 전체를 구성하지는 못하지만, 그것의 근본적인 부분을 이룬다. 도로테오스의 말에 의하면,

진실로 하나님께서 인간들을 만드셨을 때, 그는 그들 속에 덕들을 심으셨는데 "우리 자신의 형상과 또한 비슷한 (닮은) 모습으로 인간들을 만들자"고 말씀하신 그대로이다. 하나님의 형상대로라는 말은, 하나님께서 영혼을 불멸의 존재로 또한 자신을 결정하는 존재로 만드셨기 때문이라는 것이다. 하나님과 닮은 모습이란 말은 하나님과 유사한 덕들을 가졌다는 것을 뜻한다. 경(經)은 "너희 하늘 아버지께서 자비하신 것처럼 자비하라"고 말하지 않는가? 또한 "내가 거룩하니, 너희도 거룩하라"고 하시지 않는가? 그리고 사도 역시 "서로 친절(인자)하라!"고 말한다. 시편에는 "주께서 그를 기다리는 자들에게 인자하시다"라고 기록되어 있다. 이들처럼 모두가 하나님에 대한 유사함을 보여주는 본보기들이 많이 있다.[25]

덕들은 가능한 가장 친밀한 방식으로 우리를 하나님과 같이 만든다. 우리 자신의 자비의 실행을 통하여 하나님의 자비에 함께 하게 함으로써 그렇게 하는 것이다. 또한 이와 비슷하게, 인간됨

이 뜻하는 바의 부분들로서 하나님께서 우리 속에 허락하신 하나님의 신적 특성들, 즉 하나님의 거룩하심과 인자하심 및 기타 성품들에 함께하도록 함으로써 덕들은 우리를 하나님과 유사하게 만든다.

비록 우리의 모든 죄와 파괴된 모습을 보는 것은 쉽고 우리 자신 안에서 어떠한 덕(德)이라도 보는 것은 어렵지만, 덕은 결코 회복 불가능한 것은 아니다. 그 이유는 그 덕들이 우리에게 본성적이기 때문이다. 죄는 결코 그럴 수 없다. 도로테오스는 하나님의 형상과 그와의 유사성에 관해 이미 말한 바에 덧붙여서, "하나님께서 우리에게 우리의 본성적 천품으로서 덕들은 수여하셨으나, 악덕들은 수여하시지 않았다"고 말한다.[26] 이는 죄, 자기 중심성, 이웃의 복지에 대한 무관심 등은 다소 인간에게 본성적인 것이라고 믿는 반면에 자비심, 용서, 심지어 온전함 등은 그렇지 않다고 믿는 현대인의 확신과는 극히 거리가 먼 것이다!

하지만, 본성적이든 아니든 간에, 이는 압바들과 암마들이 믿었던 바가 기독교인들은 덕들을 세례와 함께 은사로 받든지 아니면 단순히 기도에서 요청함으로써 받는다는 것이었다는 뜻은 아니다. 근본적인 의미에서 덕들은 틀림없이 하나님의 은사이다. 즉 사람은 단순히 스스로 하나님, 다른 사람, 혹은 심지어 그 자신을 사랑하려고 의지(意志)할 수 없다. 저 은사없이는, 전망은 절망적이다. 그러나, 수도원 스승들은 동시에 이 어느 것도 인간의 노력없이 일어나지 않는다고 믿었다. 우리는 오랜 시기에 걸쳐 우리 속에 덕들에 합당한 행동을 육성해야 한다.

아마 덕의 계발에서 덕들에 합당한 행동을 육성하는 것보다 더욱 근본적인 것은, 수도사들이 덕들을 의식적으로 선택하는 행위였을 것이다.

압바 안토니는 말했다. "쇠 한 덩이를 망치로 두들기는 사람은 누구든지 처음에 그것으로 무엇을 만들까, 즉 낫을 만들까 아니면 칼이나 도끼를 만들까 결정을 내린다. 이처럼 우리는 우리가 어떤 종류의 덕을 조형하기 원하는지를 결정해야 한다. 만일 그렇지 않으면 우리의 수고는 헛될 것이다."[27]

고대의 기독교인들은, 우리와 마찬가지로, 진실로 어떠한 인간적 품격들로 성장하기 원하는지를 생각하고 기도하고 결정하지 않고서는, 사랑이나 기도에서 성장을 희망할 수 없었다. 독립과 자기신뢰를 누린다는 것은 기독교인에게 무엇을 의미하는가? 용서인가? 명예인가? 겸손인가? 인내인가? "비난받을 만한 것이 없는" 사람으로 정의되는 것인가? 타인들과 조화되게 일하는 능력인가? 환대하는 친절함인가? 정숙함인가? 이러한 "덕들"은, 고대나 현대의 문화가 아무리 그것들을 가치있게 여긴다 해도, 실로 모두가 기독교적인 것은 아니다. 흔히 교묘하게 여러가지 반(反)기독교적인 방향으로 우리를 끌어가는, 고대와 현대 양자의 삶에서의 상충하는 가치들을 두고 볼 때, 어느 누구도 실제적인 선택없이 단순히 좋은 기독교인이 되려고 해본다든지 최선의 것을 바라는 일은 쉽사리 도달될 수 없었고, 오늘 또한 도달될 수 없는 것이다.

하지만, 어떤 덕들이 참으로 "기독교적인가"에 관해 결정들을 내리는 것과 똑같이 중요한 것은, 어떤 덕들을 우리가 성격적으로 계발할 수 있으며 또한 그러한 의욕이 있는지에 관해 현실적인 평가를 할 수 있다는 점이다. 수도원 스승들은 우리가 서로 무척 다르며, 우리가 사랑할 수 있는 능력을 진실로 치유받기 위해서는 이 사실을 매우 진지하게 고려하는 것이 요구된다는 것을 확신하였다. 한번은 한 형제가 그의 압바에게 그가 어떤 종류의 일을 해야 할 것인지에 관한 충고를 요청했다—실제로는 그가 어떤 덕들을 계발할 필요가 있는지에 관해 묻고 있었던 것이다. 압바는 이렇게 말했다:

> 하나님은 무엇이 선한 것인지 아신다. 나는 한 사부가 압바 안토니의 친구인 압바 대(大) 니스테루스(Nisterus)에게 물으면서 "내가 할 수 있는 선한 일이 무엇입니까?"라고 말했다는 이야기를 들었다. 그는 그에게 이렇게 말했다. "모든 행동이 동등한 것이 아닙니까? 경(經)은 이르기를 아브라함은 친절하게 환대해서 하나님께서 그와 함께 하셨다고 말합니다. 다윗은 겸손해서, 하나님이 그와 함께 하셨습니다. 엘리야는 내적 평화를 사랑해서 하나님이 그와 함께 하셨습니다. 그처럼, 당신이 보기에 당신의 영혼이 하나님을 좇아 열망하는 바를 무엇이든지 행하십시오. 그리고 당신의 마음을 지키십시오."[28]

덕의 선택에서, 우리 대부분은, 만일 초대 수도인들과 함께 우리 주위의 사람들의 성격들 뿐만 아니라 우리 자신의 성격들의 한계들과 장점들을 평가하는 데 훨씬 더 현실적으로 임하는 것을 배울 수 있다면, 훨씬 더 행복하게 되고 훨씬 덜 불필요한 죄책감의 짐을 지게 될 것이다.

5. 유 혹

이제 초대 수도원 스승들이 사랑, 죄, 정욕과 덕 사이의 관계에 대해 말한 방식을 다루었으므로, 압바와 암마들이 사랑의 계발에 중요한 것으로 시종일관 이야기한 또 하나의 주된 주제인 유혹의 문제로 돌이켜야 하겠다. 우리 대부분은 유혹에 대하여 어떻게 생각할지 확실히 잘 모른다. 유혹(시험)은 죄가 아니다. 이렇게 하나의 명제의 형태로 말하면 우리는 이를 알고 믿는 것처럼 생각된다. 하지만 그것에 대항하여 싸워야 하는 자신을 발견하는 것은 또다른 문제이다. 우리는 우리를 낙담하게 만드는 죄책의 크나큰 공격들로 응답하는데, 이는 결국 유혹을 더욱 다루기 힘든 것으로 만든다.

유혹은, 그것이 취하는 몇가지 더 현저한 형태들에서 죄에 매우 가까운 것처럼 보일지도 모른다. 예를 들자면, 어려움을 주어온 사람에게 내 생각을 그대로 이야기함으로써 분노의 정욕에 빠지게 하는 충동이 될 때에 그렇다. 또한 장기적인 위협과 그에 대한 우리의 수동적인 응대가 우리와 다른 사람을 둘다 상처 입힌다는 것을 알고 있으면서도, 어떤 사람의 위협에 굴복하려는 충동을 느낄 때에도 그렇다. 결혼한 사람이 자신의 배우자가 아닌 어떤 사람과 성적으로 관계하고 싶은 욕망과 싸울 경우에, 죄와 유혹 사이의 경계선은 거의 보이지 않는 것처럼 생각될지도 모른다.

압바들과 암마들은 유혹이 죄라고 믿지 않았으며, 형제들과 자매들이 그 불가피성을 이해하는 데 도움을 주기 위해 상당한 정력을 소모하였다.

> 한 형제가 압바 포에멘을 보러와서 그에게 말했다. "압바여, 내게 많은 생각들이 있는데, 그것들이 나를 위험하게 합니다." 그 노인은 그를 밖으로 데리고 나가서 말했다. "가슴을 크게 벌리되 숨을 들이마시지 말아라." 그는 "그렇게 못하겠습니다"라고 말했다. 그러자 노인은 그에

게 말했다. "만일 자네가 그렇게 못한다면, 생각들이 일
어나지 못하도록 막을 수도 없을걸세. 그러나 그것들에
저항할 수는 있지."[29]

유혹은 호흡처럼 자연스러운 것이며 일반적으로 도덕적으로 중립적인 것이다. 인간은 숨을 영원히 멈출 수 없다. 즉, 우리는 유혹을 당할 수 밖에 없는 것이다.

더 나아가서, 그들은 어떤 방식으로도 유혹당하지 않는 것이 거룩함의 표시라고는 생각지 아니했다. 예를 들면, 에바그리우스 폰티쿠스는 하나님께서는 참으로 연약한 사람에게는 유혹을 당하도록 허락치 아니하신다고 제언했다. 왜냐하면 그런 사람은 죄에 빠질 가능성이 매우 많기 때문이다. 다른 압바들은, 어떤 사람들은 유혹들이 일어나는 바로 그 순간에 그것들에게 굴복하기 때문에 그들에게는 유혹이 없다고 단순하게 언급한다. 알렉산드리아의 압바 시루스(Cyrus)는 성적인 죄에 관한 질문을 받았을 때, 다음과 같이 설명했다:

"만일 그대가 그것에 대해 생각하지 않는다면 그대에겐
희망이 없다. 왜냐하면 그대가 그것에 관해 생각하고 있
지 않다면, 그것은 그대가 그 일을 행하고 있기 때문이
다. 내 말은, 그의 영혼 안에서 그 죄에 대항하여 싸우며
저항하지 않는 사람은 그 죄를 육체적으로 범할 것이라
는 뜻이다."[30]

사실 우리의 조상들은 우리의 성장 및 우리의 인간으로서의 바로 그 삶조차 실제 유혹들과의 계속적인 싸움에 달려 있다는 것을 알고 있었다.

"유혹들을 제거하라. 그러면 아무도 구원받지 못할 것이다"

라고 에바그리우스 폰티쿠스는 말했다.[31] 왜 그럴까? 첫째로, 우리의 정욕의 가장 현저한 특징들 가운데 하나는 우리에게 흔히 보이지 않거나 거의 보이지 않는다는 것임을 기억하라. 심지어, 우리가 굴복하게 되는 그 유혹들을 관찰함으로써만 우리는 우리의 깊은 정욕들의 참된 본성을 인식하고 그것에 항거하여 싸울 수 있게 된다. 3세기의 오리겐은 "기도에 관해서"란 논문에서 이렇게 말했다.

> 우리의 영혼이 받아들인 것은 하나님 이외에는 아무에게도 알려지지 않는다—심지어 우리 자신에게도. 그러나 그것은 유혹들에 의해 나타난다. 그리하여, 더이상 우리가 어떤 종류의 사람인지 알려지지 않는 것이 아니다. 오히려 우리 자신을 알아야 하며, 만일 우리가 원한다면 우리 자신의 잘못들을 인식하고 유혹들로 인해 우리에게 드러난 좋은 결과들에 대해 감사드려야 한다.[32]

여기 『금언집』에서 뽑아낸 좋은 보기가 있는데, 어떤 유혹이 한 수도사의 정욕들을 그에게 드러내주었고 그 결과로 그가 그것들을 처리할 수 있었던 방식에 대한 것이다.

> 한 형제가 공동체에서 불안해 하면서 자주 화를 내곤 했다. 그래서 그는 이렇게 말했다. "나는 가서 다른 곳에서 혼자 살겠어. 그러면 누구에게 말하거나 들을 수 없게 될테니까 고요하게 되고, 내 강렬한 분노가 그칠꺼야." 그는 나가서 한 동굴에서 혼자 살았다. 그러던 어느날

항아리에 물을 채워 놓아두었는데 갑자기 그것이 넘어지는 일이 일어났다. 다시 물을 채워두었는데 또다시 항아리가 넘어졌다. 이러한 일이 세번이나 일어났다. 그러자 그는 격분하여 항아리를 홱 집어던져 깨뜨려버렸다. 제 정신이 돌아온 그는 분노의 악마가 자신을 조롱했음을 알았고, 이렇게 말했다…"공동체로 돌아가야겠다. 어디서 살든지 간에 노력과 인내, 그리고 무엇보다도 하나님의 도우심이 필요하구나."[33]

이야기 속의 형제는 처음에는 자신이 화를 내는 것은 다른 사람들과 그처럼 가까이 살고 있기 때문이라고 믿었다. 자신을 공동체로부터 단절시키려는 충동에 굴복한 후에야 비로소 그는 자신의 참 문제가 자신 속의 계속되는 분노, 노력과 인내의 부족, 그리고 하나님의 은혜의 필요 등의 종합임을 배우게 되었다. 짐작컨대 화를 내려는 계속적인 유혹들과 싸우고 그것들을 통해 생각하는 일은 그가 그 분노의 본성을 더 깊이 파악하는 데 도움을 줄 것이다.

우리가 기독교적 삶에서의 성장을 위해 유혹에 의존하고 있는 다른 의의깊은 방식이 있는데, 그것은 자비심(동정심)과 관계되어 있다. 수도사들은 정욕, 죄, 혹은 유혹과 싸우고 있는 다른 사람들을 향해 자비심을 느끼지 못할 경우에, 사랑할 수도 없다는 것을 확신했다. 한번은, 어떤 사제가 행동이 좋지 못한 일단의 수도사들에게 화가 나서, 그들의 예배에 찾아가서 수도복을 빼앗아 버렸다.

그 후에, 그는 마음이 움직여서 회개하고, 그의 생각들에 집요하게 사로잡혀서 압바 포에멘을 보러 갔다. 그는 그 형제들의 수도복을 가져가서 그 일에 관한 모든 것을 그에게 말했다. 노인은 그에게 "당신은 때로 자신 안에 옛 아담의 어떤 모습을 가지고 있지 않소?"라고 말했다. 사제는, "나도 내 몫의 옛 아담을 가지고 있소이다"라고 말했다. 압바는 그에게 말하기를 "보시오, 당신 자신도 그 형제들과 같은 것이오. 만일 당신이 조금이라도 옛 아담을 가지고 있다면, 똑같은 방식으로 죄에 굴복하는 것이오"라고 하였다. 그래서 그 사제는 돌아가서 형제들을 불러 그들의 용서를 구했다. 그리고 수도복을 다시 입혀 주고 돌아가게 하였다.[34]

만일 기독교적인 삶의 목표가 사랑이라면, 자비심 없이는 그 목표를 전적으로 놓쳐버릴 것이다. 우리에게 자비심을 주는 것은, 다른 사람이 유혹과의 싸움에서 겪고 있거나 이미 겪은 고통에 관해서, 그가 만일 그 투쟁에서 졌다 하더라도, 무엇인가 직접적으로 아는 것이다. 하나님 안에서의 삶에서는 그 어떤 것도 결코 낭비되지 않는다. 심지어 우리 자신의 최악의 타락 즉 유혹으로부터 죄로 떨어진 일들도, 우리처럼 역시 범죄한 자―그가 이웃이든 배우자이든 낯선 이든지 간에―바로 그를 사랑할 수 있도록 우리를 갖춰줄 때에, 우리에게 봉사할 수 있는 것이다.

한 마디 여기서 주의의 말을 한다면, 우리는 유혹과 정욕 사이의 관계를 진지하게 고려함으로써, 때로 우리가 유혹의 한 종류로 생각하는 것이 실제로는 관심을 기울여야 할 더욱 심각한 정욕의 표시라는 것을 인식해야 한다. 분명한 보기를 들면 다음과 같다. 아침에 일하러 가기 위해서 침대에서 일어나는 데 지속적으로 어려움을 느낀다고 하자. 액면대로 받아들이면, 당신은 매일 집에서 침대에 머물러 있으려고 하는 게으름의 정욕에 굴복하려는 유혹을 받고 있는 것으로 믿고자 할 것이다. 하지만,

제2장 하나님의 형상으로 화하는 삶 79

사실은 전혀 다른 것일 수도 있다. 당신은 머리가 터질 정도로 아픈 직업을 가지고 있으나, 또다른 일을 찾는 것이 두렵기 때문에 그만두는 것을 두려워 하는지도 모른다. 이러한 경우에, 당신의 정욕은 새로운 경험에 대한 두려움 혹은 재정적인 재난이나 아니면 다른 어떤 재난과 관계되어 있음에 틀림없다. 아니면 침대에 일찍 들어가지 않기 때문에 지쳐버렸는지도 모른다. 혹은 한 사람이 경영하기에는 너무 많은, 일과 가정의 책임들에 대면할 수 없어서인지도 모른다.

그렇다면, 우리의 유혹들에 관한 기도에는, 우리가 정욕들과 씨름하는 기도처럼, 우리의 유혹들의 원천들을 이해하려는 어떤 실제적인 투쟁들이 포함되어야할 필요가 있을지도 모른다. 이런 종류의 기도 중 어떤 것들은, 우리가 보기 원하지 않았을지도 모르는 우리 자신 속의 문제들을 인식하게 됨으로써, 매우 고통스러운 것이 될 수 있다.

하지만, 다른 더 단순한 경우들에서, 압바들은 다른 충고를 준다:

> 압바 마카리우스는 "어떻게 기도해야 합니까?"라는 질문을 받았다. 노인은 이렇게 말했다. "긴 말을 만들 필요가 전혀 없지. 손을 뻗고 '주여, 당신 뜻대로, 당신이 아시는 대로, 자비를 베푸소서'라고 말하는 것으로 족하니라. 그리고 만일 갈등이 더 격해지면, '주여, 도와주소서!'라고 말하여라. 하나님께서는 우리가 무엇을 필요로 하는지 아주 잘 알고 계시며 우리에게 그의 자비를 보여주시거든."[35]

6. 화해, 치유, 희망

이처럼, 수도인들이 말한 대로 하나님의 형상과 사랑의 회복에 대한 이야기는, 죄에 대한 것이라기 보다는 치유에 대한 것이다. 그것은 희망의 깊이들을 품은 이야기이다. 그 이야기로부터 삶과 기도를 이끌어내는 것은, 가능한 한 확실히, 우리 자신과 서로로부터 및 물질세계와 및 하나님으로부터의 소외가 자연스러운 것도 영구적인 것도 아니라는 사실을 배우는 것이다. 그 이야기가 주는 약속은 하나님 안에서 만물이 마침내 치유된다는 것이다. 그 치유중 어떤 것은 오직 하나님 안에서 만물이 최종적으로 갱신될 때 우리가 알 수 없는 방식들로 완성될 것이다. 그러나 우리 대부분이 상상하기 원하는 것보다 훨씬 더 이상의 것들이, 만일 우리가 치유를 진정 추구하며 그 치유가 어떤 형태를 취해야할지 하나님을 강요하지 않는다면, 이 세상 삶의 과정에서 치유될 수 있다. 나는 이 치유의 과정에서, 하나님의 화해의 자비 속에서 우리에게 일어난 어떤 것도, 우리가 그래왔던 또는 행해왔던 어떤 것도, 마침내 상실되거나 쓸데없이 버려지지 않으리라고 믿는다.

우리에게 약속된 치유는 또한 모든 하나님의 사람들의 관계들의 치유이기도 하다. 안토니의 말에 의하면, 예수님은 만방으로부터 우리를 모으셨고, 현재도 모으고 계시며, 미래에도 계속 모으실 것이다. 결국,

> 그는 땅에서부터 우리 마음을 부활시키시고 우리가 모두 한 본체에 속한, 서로간의 지체라고 가르치실 것이다. 왜냐하면 이웃을 사랑하는 자는 하나님을 사랑하며, 하나님을 사랑하는 자는 그 자신의 영혼을 사랑하기 때문이

다.[36]

　그리스도의 바로 그 몸 안에서, 비록 우리가 한 인류로서의 일치됨이 아직 완성되기에는 멀었지만, 우리는 원래 의도된 바대로 진실로 서로간에 밀접하게 결속되기 시작하였다. 그리스도 안에서 서로 맺는 바로 이 참된 일치 때문에, 우리는 결코 홀로 기도하는 것이 아니다. 물론 우리는 개인들로서 기도한다. 그럼에도 불구하고 항상 우리 기도에 연합되는 것은, 언젠가 하나님을 사랑했던 사람들, 또한 살아있거나 죽은 다른 기독교인들, 즉 우리와 함께 그리스도의 몸을 이루는 모두의 기도인 것이다. 이는 사라와 아브라함의 기도요, 예언자들, 베드로와 야고보와 요한, 예수의 어머니 마리아, 예수의 벗 마리아와 마르다와 나사로의 기도요, 그들의 삶을 우리가 오직 희미하게 상상할 수 있는, 온 세상과 긴 세기에 걸친 모든 신실한 기독교인들과 때로는 교회의 순교자들의 기도인 것이다. 그들의 기도가 우리 자신의 기도를 지지해준다.

제 3 장

기도에 이르는 길

제3장

기도에 이르는 길

    선조들의 몇몇 금언들을 살펴보면서, 우리는 기도에 대한 그들의 이해와 함께 어떻게 우리가 그들의 가르침을 오늘의 기도를 보는 하나의 렌즈로서 사용할 수 있을지 통찰하기 시작했다. 그러나 기도는 언제나 하나의 개념 이상인 것이다. 진실로, 수도원 스승들은 실제로 우리가 기도하면서 그 속에 들어가려고 시도하지 않는다면, 우리가 심지어 기도나 혹은 어떤 다른 기독교적 현실들을 이해할 수 없다고 우리에게 말할 것이다. 이 때문에 우리는 이제 압바와 암마들이 오늘 우리에게 우리 자신의 20세기적 기도의 실천에 관해 해야 할 말을 주목해야 한다.

    우리는 다음과 같이 절대적으로 강조하여 말함으로써, 기도에 관한 초대 수도원적 가르침에 대한 우리의 토론을 시작해야 한다: 즉 기도에 있어서 하나의 정도(正道)는 없다는 것. 어느 누구의 기도의 방식도 다른 사람의 것과 같지 않다.

스케티스에 있는 압바 아르세니우스를 보러 온 한 형제에 관해서, 그가 교회에 왔을 때 성직자들에게 압바 아르세니우스를 방문할 수 있는지 물어보았다는 이야기가 있다.

함께 식사를 한 후에 그들은 이 방문객을, 안내할 그 지역의 한 형제와 함께 아르세니우스에게로 보냈다.

문을 두드린 후, 그들은 들어가서 노인에게 인사하고 아무 말도 없이 앉았다. 그러자 교회에서 같이 온 형제가 "나는 떠날테니, 나를 위해 기도해 주세요"라고 말했다. 방문온 이 사람은 노인과 같이 있는 것이 불안하게 느껴져서, "나도 당신과 같이 가겠소"라고 말했고, 그들은 함께 떠났다. 그후 방문객은 "강도였던 압바 모세에게 나를 데려다 주시오"라고 요청했다.

아르세니우스가 그들과 별로 이야기하지 않았던 반면에, 모세는 그들을 만난 것을 기뻐하면서 따뜻하게 맞이하였다. 이 모든 일을 본 한 압바는 궁금하게 생각되어, 하나님께 설명을 요청했다.

"주여, 당신의 이름을 위하여 한 사람은 사람들에게서 피하고, 다른 사람은 당신의 이름을 위하여 팔을 벌려 그들을 영접합니다." 그러자 그에게 강 위에 뜬 두 큰 배가 보였는데, 그는 압바 아르세니우스와 하나님의 영이 완전한 평화 속에서 한 배를 조정하는 것을 보았다. 또 한 다른 배에서는 압바 모세가 하나님의 천사들과 함께 있었는데, 모두 꿀과자들을 먹고 있었다.[1]

기도가 하나님에 대한 각 사람의 관계의 표현이므로, 기도에는 하나의 정도만이 있다고는 할 수 없다. 하나님은 진실로 우리를 모두 다르게 만드셨다. 비록 우리가 자신의 개인적 가계(家系), 성품, 은사, 관심, 약점 등에 관해 아무런 특징적인 것이 없다고 생각하더라도, 이들은 우리 각자 속에 특수한 방식으로 조합되어 있다. 이 때문에 이집트 광야에는 그처럼 많은, 다른 기도 방식들이 존재했던 것이다.

기도하는 것을 배우는 것은 우리에게 특별히 맞는 기도의 길을 찾는 것을 의미한다. 안토니의 한 벗이 언젠가 그에게 물었다. "내가 그것을 행하고 그것에 따라 살아갈, 좋은 것은 무엇인가?" 우리가 일찍이 보았듯이, 안토니는 "여기 당신이 해야될 필요가 있는 것이 있고 여기 당신이 기도해야 될 방식이 있소"라고 말함으로써 대답하지 않았다. 대신에 그는 이렇게 답했다:

> 모든 일이 하나님을 동등하게 기쁘시게 할 수 있지 않은가? 성경은 말하기를, 아브라함은 접대를 잘해서 하나님이 그와 함께 하셨다고 한다. 또 엘리야는 고요를 좋아해서 하나님이 그와 함께 하셨다. 또 다윗은 겸손해서 하나님이 그와 함께 하셨다. 따라서 당신의 영혼이 하나님의 뜻을 따라서 하고자 소원하는 것은 무엇이든지 행하라. 그리고 마음을 지키라.[2]

어느 누구도 당신에게 어떤 기독교적 훈련이 당신 자신을 위해 적용, 준수해야될 것이라고 말할 수 없다. 만일 당신이 처음으로 기도하기 시작하고 있다면, 당신에게 특별히 적합한 바를 자신을 위해 찾아야 할 것이다. 하지만 이는 당신이 마치 사람이 살지 않는 한 섬에서 버려진 채로 태어나서 늑대들에 의해 키워졌다고 할 경우에 운명의 바퀴를 다시 찾아야 할지도 모른다는 것과 같은 방식으로 당신 자신을 위한 기도를 재발견해야 한다는 뜻은 아니다! 우리의 기도는 독특한 것이지만, 우리는 기도의 실천에 있어서 몇가지 공통적인 요소들에 관해 말할 수 있다는 것을 발견하게 될 것이다.

만일 당신이 오랫동안 기도해 왔지만 그것을 "올바로" 하고 있는지에 관해 불안하게 느낀다면, 수도원 스승들은 당신에게 "모든 일이 동등하게 하나님을 기쁘시게 해드릴 수 있지 않는가?"라는 말을 상기시킬 것이다. 비록 압바들과 암마들이 기도의 실천을 심화하고 기도를 이해하는 데 많은 도움이 되는 말들을 지니고 있다고 해도, 당신은 기도의 정도(正道)를 당신에게 말해줄 사람을 필요로 하지 않는다. 만일 당신이 기도하고 있다면, 이미 "올바로 하고" 있는 것이다.

각 사람의 기도는 독특한 것만이 아니다. 기도 가운데 하나님과 함께하는 삶은 계속적으로 나아가는 것이기 때문에, 우리는 기도가, 우리 삶에서 계속 일어나는 바에 따라 변화할 것이라는 사실을 진지하게 받아들일 필요가 있다.[3] 내가 아는 한 여성은 그녀의 생애에 일어난 두 가지 두려운 일들을 두고 그 의미를 찾으려고 애쓰고 있다. 즉 그녀는 모친을 양로원에 모셔가야 했으며 그녀의 남편이 암으로 죽어가고 있음을 알았다. 그녀는 자신의 기도에 대해 염려했다. 왜냐하면 비록 그녀의 기도가 언제나 자신을 하나님 안에 집중시키는 수단이었으나 이제 아무리 기도해도 평화를 얻을 수 없을 것처럼 보였기 때문이다. 물론 그것은 당연한 일이었다! 그녀는 삶 속에서 하나님께 책임을 물으면서, 철저히 생각하고 철저히 고통 중에 지내면서 소화해야 할 많은 것을 가지고 있는 것이다. 만일 그녀가 기도 중에 "평화롭다면," 하나님과 가족 양자에 대한 사랑과 기도에서 그녀의 성장의 필요한 부분인 기본적인 일을 하고 있지 않은 것이 될 것이다. 기도가 이전의 것과 같아야 되고 또 기본적으로 어떤 일이 그녀에게 일어나고 있어도 평화로울 수 있도록 해주는 것이어야 한다는 그녀의 기대들은 실제로는, 우리의 기도가 그 순간에 어떤 것이냐 하는 것은 그 "느낌"이 좋든 나쁘든 우리의 삶 전체를 통해 우리 기도의 계속되는 패턴의 부분이라는 것을 그녀로 하여금 보지 못하게 하고 있었던 것이다.

현대의 기독교인들로서 우리는, 다른 시대의 기독교인들이 항상 우리와 공유하지는 않을, 어떤 특수하고 자기파괴적인, 기도에 관한 확신들을 가지고 있다. 우선, 많은 사람들이, 참된 기독교인들에게 기도와 사랑은 다 성실함과 자발성을 가지고 아무런 노력없이 우리에게서 흘러나와야 된다고 믿고 있다. 이 확신과 함께 우리는 또한 그 결과로서 두가지 사실을 더 믿게 된다. 첫째로, 우리가 어떻게 기도할지를 확신하지 못하고 하나님과 이웃에 대한 사랑이 자발성과 성실함을 가지고 또 일정하게 우리로부터 흘러나오지 않으면, 우리는 진실로 기독교인이 아니라는 것이다. 둘째로, 만일 우리가 기도할 때 자발적으로 우리 마음에서 말이 스스로 흘러나오는 대신에 다른 사람들의 말을 사용한다면, 우리의 기도는 성실하지 못하다는 것이다. 이 세가지 확신들은 합해져서 우리로 하여금 죄책감과 좌절감, 그리고 당황함을 느끼게 만든다. 왜냐하면 우리가 더 사랑하지 않으며 더 기도하지 않는다고 느끼기 때문이다. 그때 교회 생활의 생동적인 에너지는, 다른 사람들이 우리가 사이비 기독교인일지도 모른다는 것을 발견하지 못하도록 하는 데 소비된다. 반면, 이러한 좋은 구실들 아래 우리는 고통받는, 낙심된, 또한 흔히 매우 성난 마음들을 가지고 있는 것이다.

이러한 고통들은 그 어떤 것도 필요한 것이 아니다. 우리의 초대 수도원 선조들은, 기독교인들이 그처럼 자신들, 그들의 사랑, 그리고 기도에 관해 비현실적일 수 있을까 하고 당황스럽게 생각할 것이다. 그들은 사랑과 기도는 밀접히 관계되어 있으므로, 하나님의 은혜의 끊임없는 선물과 더불어 우리 편에서의 성실하며 매우 흔히 비자발적인 행위를 통해 일생에 걸쳐 그것들을 배워야 한다는 것을 알고 있었다. 심지어 오랫동안 노력한다고 해서 사랑이 쉽게 오거나 모든 사람을 같은 방식으로 사랑할 수 있게 되지 않을지도 모른다. 에바그리우스 폰티쿠스는 사람들이 무엇을 할 수 있는지, 그 잠재력에 관해 매우 확고한 개념들을 가지고 있었는데, 그의 수도공동체의 일원들에게 현실적으로 가능한 바를 이처럼 묘사했다.

> 모든 형제를 같은 정도로 사랑하는 것은 불가능하다. 그러나 모든 사람과…원망과 미움에서 자유한…방식으로 관계하는 것은 가능하다.[4]

더 나아가 수도인들에게서, 우리의 현대적 견지에서 자발적인 것과는 전혀 무관하게, 그들의 성실한 기도 자체는 시편 낭송과 묵상에 의존하고 있었다. 그들은 부분적으로 이러한 시편 사용이 없이는 흔히 기도에서 할 말을 잃게 될 것이기 때문에, 하나님의 백성에게 그 시편들이 허락되었다고 믿었다.

이는 초대 수도원의 기도나 사랑이 단순히 그들 자신의 힘든 노력과 결심의 결과였다는 말이 아니다. 에바그리우스는 기도를 하나님의 선물이라고 말했으며, 그들 모두는 기도 속에서 우리가 하나님께 현존하고 하나님께서 우리에게 현존하실 때마다 언제나 그것은 우리가 행하는 어떤 일의 결과라기 보다는 하나님의 은혜의 선물에 의한 것임을 믿고 있었다.

많은 현대 기독교인들에게, 기도하거나 사랑하는 것을 "배운다"는 생각은 당황케 하는 것이다. 이는 특히 개신교에 속한 이들에게 그러한데, 그들은 역사적으로 하나님의 은혜의 선물의 깊이에 비교하여 인간의 일(행위)의 하찮음을 강조해왔다. 동시에 그들은 우리가 모두 죄인이므로 우리가 행하는 어떤 선한 일도 ―사랑함이나 기도함 같은 것― 하나님께서 우리의 구원을 위해 주신 원래의 선물에 기원을 두고 우리로부터 자연스럽게 흘러나오는 하나님의 선물이라고 강조해왔다. 우리가 기여할 수 있는 바는 오직 우리의 믿음뿐인데, "구원은 오직 믿음에 의한 것이기" 때문이다.

그 현대적 형태에서, 이 통찰은 종교개혁으로 소급된다. 지나치게 천착된 양심 속에 붙잡혀 그로부터 많은 고통을 받은 후, 말틴 루터는 바울의 로마서를 상고하던 중에 구원은 하나님의 은혜의 선물이지 우리가 선한 사람이 됨으로써 공로로 얻는 어떤 것이 아니기 때문에, 죄에 대한 투쟁을 할 필요가 없다고 이해하게 되었다. 이러한 루터의 통찰은 엄청나게 그를 자유롭게 해주었으며, 종교개혁의 근본적 신학원리 중의 하나가 되었다. 우리는 믿음을 통해 은혜로 구원받는 것이지 행위들에 의한 것은 아니다. 행위는 그후에 믿음으로부터 흘러나온다.

그러나 많은 사람들은 루터의 통찰을 왜곡된 형태로 전수받았다. 이에 의하여 그들은 "행위"가 우리의 구원에 영향을 미칠지도 모른다고 암시하는 어떤 것에도 의혹을 가지게 되었는데, 결국 사랑과 기도는 어떤 특수한 노력없이 기독교인의 마음에서 흘러나와야 한다는 정도에까지 이르렀다. 사랑하는 것을 배우고 기도하는 것을 배운다거나 우리 자신의 기도를 위해 다른 사람들의 기도를 사용한다고 말하는 것은, 그들에게는 우리의 구원이 실로 오직 하나님에 대한 신앙으로부터 솟아나온다는 것을 이해하는 데 실패하는 것으로 상정된다.

우리의 초대 수도인들은 혼란에 빠질 것이다. 물론, 그들은 구원이 우리에 대한 하나님의 선물이라고 말할 것이다. 구원이 부분적으로, 우리의 있는 그대로 우리를 사랑하시고 받아주시는 하나님의 문제임은 사실이다. 그러나 또한 그것은 기독교적 삶에서, 사랑과 기도 속에서 성장하는 일과 많은 관계가 있다. 만일 우리가 "구원"이란 말로써 하나님의 우리에 대한 사랑과 용납을 의미한다면, 우리는 확실히 구원을 얻기 위해 아무 일도 하지 않는다. 만일 우리가 "구원"이란 말을 하나님 안에서의 우리의 기독교적 성장을 포함하는 것으로 사용한다면, 이 성장은 우리가 그것을 이루는 데 아무 것도 행하지 않고 한번에 즉시 우리에게 주어지는 어떤 것이 아니다. 우리는 창조에서 하나님의 형상을 받았으며, 그것은 결코 전적으로 지워지지 않는다. 그것은 우리 안에서 하나님의 구원의 은혜에 응답하며 심지어 하나님의 은혜를 추구하는 요구와 능력으로서 존재하는데, 하나님은 이것이 우리가 기독교적 삶 속에서 성장함에 따라 우리의 삶 전체에 걸쳐 거듭 거듭 우리에게 주어질 것이라고 약속하셨다.[5]

우리가 이 은혜에 어떻게 응답하느냐에 관해서는 어떤 신비스러운 것이 없다. 나와 같이 일하는 사람과의 관계가 최근에 긴장되어 있었다고 가정해 보자. 오늘 아침에 내가 일터에 도착했을 때, 그 사람이 특별하지도 않은 일을 가지고 나를 성가시게 한다. 그 전에 나의 십대 자녀가 내 감정들을 상하게 한 바 있었고 나 자신도 별로 안좋은 아침을 맞이했었다. 나는 사무실로 곧 들어가 화가 나있는 동안 내가 입은 상처들에 대해 곰곰히 생각해본다. 그러나 나는 아무리 내 분노가 정당하다 해도 그 동료와의 관계를 회복하는 데 힘써야 한다는 것을 알고 있다. 변화들을 가져오기 위해 화내야할 필요가 있는 상황들과 관계들이 있음을 인정한다 해도, 이 상황은 분명한 것이다. 나에게는 선택이 주어져 있다. 일단의 감정들에 따르는 것은 즉각적인 만족을 가져올 것이며, 쉬운 일일 것이다. 다른 일련의 감정들은 나를 당황케 하는 대화나 더 힘든 일에 관여시킬지도 모른다. 이 상황에서 우리가 분노에 자신을 맡기지 않고 오히려 그것을 해결하려고 시도해야 한다는, 성가시게 괴롭히는 감정은 하나님이 주시는 화해케 하는 은혜의 선물이다. 나를 화나게한 편에서의 사과는 또다른 문제이다. 이 양 경우에서, 하나님은 내가 응답하고 적절하게 행동하는 것을 선택함이 없이는, 나를 위하여 화해를 제공하시지 않을 것이다.

기도에 관해 말하자면, 하나님의 은혜는 우리의 응답과 함께 오는데, 이는 이 둘이 우리의 삶의 모든 다른 장소에서 함께 오는 것과 꼭 마찬가지이다. 그것을 이해하는 비결은 은혜와 응답의 상호교환이 오직 기도 안에만 있지 않다는 것을 인식함으로써 발견될 수 있다. 기도와 삶은 합해서 하나를 이루어야 한다. 압바 모세가 언젠가 말했듯이,

> 만일 어떤 사람의 행위들이 그의 기도와 조화되지 않는다면, 그는 헛되이 수고하는 것이다. 그 형제가 "실천과 기도 사이의 이 조화는 무엇입니까?"라고 물었다. 노인은 "우리는 기도하고 있는 바에 반대되는 저 일들을 더 이상 하지 말아야 한다"고 말했다.[6]

동네 사람들을 괴롭게 하는 것 이상의 더 나은 일은 전혀 못하는 것처럼 보이는 한 이웃에게 계속 내가 화가 나 있다고 상정해보라. 나는 이 밉살스러운 이웃을 용서하는 데 도움을 구하며, 에바그리우스의 말처럼 그녀를 "원망과 증오없이"[7] 다룰 능력을

간구한다. 아마 내 기도의 진행과정 중에 나는 그녀를 다르게 보도록 허락하는, 이웃 혹은 나 자신에 대한 통찰을 받는다. 그 통찰이 은혜의 선물인 것이다. 하지만, 그것이 내가 앞으로 그녀에게 다르게 관계해야할 만큼 강력한 것은 아니다. 나는 그 통찰을 가지고도 계속 불만을 품고, 이전보다 더 성을 낼 수도 있다. 아니면 나는 내 통찰을 기도 밖으로 가져나와 상고해보고, 나 자신으로 하여금, 그녀에 대한 동정심을 더욱더 가능하게 해줄지도 모를, 그녀와의 다정한 대화를 시작하도록 할 수도 있다. 이러한 무척 평범한 일상적인 경험을 해본 사람은, 의지의 한 노력으로서 이를 간다든지 용서하는 일에 관해 어떤 환상도 가지지 않을 것이다. 그것은 은혜없이는 불가능하다. 하지만 은혜가 올 때, 우리는 행위로, 더 나아가 기도로 응답하기 위해 기다려야 한다.

초대 교회는 바울의 다음과 같은 말을 진지하게 받아들였다:

> 성령께서…우리의 연약한 중에 도우시러 오신다. 이는 우리가 어떻게 올바로 기도할지 모를 때 성령께서 말로 표현될 수 없는 탄식으로 우리를 위해 간구하시기 때문이다. 또한 모든 마음 속을 볼 수 있는 분이 성령께서 뜻하는 바를 아신다.[8]

에바그리우스는 바울의 말씀을 더 발전시켰다. 성령께서 우리를 도우시는 것은 우리가 어떻게 기도할지를 모를 때 뿐만이 아니라는 것이다:

> 만일 당신이 기도하기 원한다면 당신에게 필요한 분은 하나님이시다. 하나님은 기도하는 자에게 기도를 주시는

분이시다.[9]

모든 수도원 스승들은, 비록 우리가 기도하는 것을 배워야 하지만, 기도 속에서 우리가 하나님께 현존하고 하나님께서 우리에게 현존하실 때마다 그것은 언제나 우리가 행한 어떤 일의 결과라기 보다는 하나님의 은혜의 선물에 의한 것이라고 믿었다.

결국 기도는 역설적으로, 우리가 하는 법을 배워야할 어떤 것인 동시에 우리가 받아야할 하나님의 은사이다. 기도의 실천에 관한 다음에 나오는 조언은 대부분 너무 평범하고, 우리를 하나님께 더 가까이 가져가기 보다는 흔히 우리의 삶을 소진하려고 위협하는 단순한 행위들의 일상적인 되풀이의 일부처럼 보일지 모른다. 하지만, 기도의 실천을 택함에서 우리는 처음과 마지막에 있어서 기도가 우리에게 단지 기도시간 뿐만 아니라 항상 자신을 주기로 약속하신 하나님의 추구임을 언제나 염두에 두어야 한다. 이처럼 우리의 행위는 하나님의 은혜에 응답하는 길이 되는 것이다. 엄한 아르세니우스조차도 우리에게 이렇게 말한다.

"만일 우리가 하나님을 구한다면, 그는 우리에게 나타나실 것이다. 우리가 하나님을 붙든다면, 그는 우리와 함께 거하실 것이다."[10]

이 모든 것을 염두에 두고, 이제 몇가지 중요한, 기도의 실천 요소들을 살펴보기로 하자. 즉 기도하는 시간을 찾는 일, 기도할 때의 마음자세, 성경과 기도, 침묵 속에서 및 대화 속에서 기도하는 것, 종교적 체험, 기도에서 지속적인 인내의 중요성 등.

1. 기도하는 시간

　기도하기 시작한다는 것은 삶에 대한 반(反)문화적인 방식의 시각에 투신하는 것이다. 가치가 있긴 하지만 "생산적이" 아니라고 인정하는 어떤 일에 매일 시간을 보내는 것은 반문화적이다. 우리는 생산적인 것을 믿는 사회에서 살고 있다. 우리의 소비자 가치에 중심을 둔 세계에서는 생산못하는 자들은 거의 사람도 아닌 것처럼 여겨지는 경향이 있다. 즉 아이들, 노인들, 장애자들, 실업자들, 거리에서 사는 사람들, 극빈자들, 가정주부들 등은 모두 마치 아무 중요성도 없는 것처럼 취급된다. 우리는 구체적으로 우리의 직업에 기여하며, 돌이켜 우리가 사는 사회 전체에 유익들을 주는 바의 견지에서, 우리 자신과 서로를 평가한다. 심지어 여가도, 우리로 하여금 잘 일하고 계속 기여하도록 해주기 위한 휴식에 소비되는 시간으로 평가된다. 나는 목회자들이 목소리에 약간 긍지를 나타내면서, 그들이 결코 쉬는 시간을 낼 수 없기 때문에 자연히 매일의 기도를 위한 시간이 없다고 말하는 것을 듣는다. 언젠가 어떤 여(女) 목회자가, 그녀의 회중이 교회의 일하는 시간에 그녀가 기도하는 것을 참지 않을 것이기 때문에 기도하기 위해 그녀의 교회사무실을 사용할 수는 없다고 내게 말했던 적이 있다. 그들은 그녀가 목사의 일을 하는 데 목회비를 주는 것이지 기도하는 데 주는 것은 아니라는 것이다.

　많은 사람들은 매일 시간을 내서 기도하고자 하지만, 그 일에 직접 이르면 그것이 자신을 이기적으로 느끼게 만든다고 말한다. 해야될 필요가 있는 일들이 그처럼 많은데, 어떻게 전적으로 그들 자신을 위한 일을 하는 것을 정당화할 수 있겠는가? 이상하게도, 자신이 이기적이라고 생각하지 않으면서 독서나 텔레비전을 보는 데 어려움을 느끼지 않는 사람들이, 기도하는 시간을 주장하는 시도에는 전적으로 당황해한다.

한번 당신이 매일 기도에 조금씩 시간을 쓰기로 작정하면, 당신이 생각하는 것보다 훨씬 더 자신이 이러한 태도들을 가지고 있다는 것을 발견하게 될 것이다. 당신은 자신 편에서 시간을 내는 것을 주저하는 것을 경험할지도 모른다. 왜냐하면 마치 기도를 위한 시간은 삶의 실제적 업무에서 멀리 떨어진 것처럼 보이기 때문이다. 일단 기도시간을 내면, 당신은 머릿속에서 가족들에게 당신의 기도시간에 그들과 함께하지 못한 것을 사과하거나, 기도하는 동안에 전화를 받지 못한 그 일로 죄책감을 느낄지도 모른다.

기도는 아무도 볼 수 없지만 당신을 위해 생산적이거나 좋은 것인데 그 이유는 "그것에서 많은 것을 얻게 되기" 때문이라고 자신에게 말함으로써 이 불안함을 처리하려는 유혹을 받을지도 모른다. 처음부터 나는 기도를 이러한 견지로 묘사하려는 유혹에 굴복하지 말라고 주의를 주고 싶다. 기도는 근본적으로 하나님과의 연관 속에 있는 것이다. 그것으로부터 좋은 일들이 나올지도 모르며, 실제로 나온다고 할지라도, 우리는 그 좋은 결과들을 위해 기도하는 것은 아니다. 만일 우리가 일차적으로 "그것으로부터 어떤 것을 얻기" 위해 기도한다면—그것이 심적인 온전성이든지, 우리 자신의 깊이에 대한 통찰이든지, 새 자전거이든지 간에—우리는 시작하기도 전에 하나님에 대한 사랑이라는 목표를 포기하고 있는 것이다. 만일 우리가 오직 하나님께서 우리에게 줄 수 있거나 주게 될 것에 입각하여 하나님께 접근한다면, 어떻게 하나님을 사랑할 수 있겠는가?

더욱이, 만일 당신이 자신에게 당신이 기도로부터 얻는 바를 위해 기도한다고 말한다면, 좋거나 신실하거나 참된 기도는 오직 당신이 그 속에서 무엇인가를 생생하게 경험하는 기도일 뿐이라는 생각에 도달하게 될지도 모른다. 그러나 의도를 가지고 하나님과의 기도의 관계 속에서 사는 것은 행복한 결혼 속에서 사는 것과 같다. 한 사람이 처음 사랑하게 될 때, 그 사랑하는 대상은 계속 그의 마음 속에 자리하고 있게 되며 그 연인이 있는 데서 보내는 시간은 거의 환각과 같은 성격을 띨 수 있다. 사랑하는 사람은 자신과 연인에 대해 고조된 감각을 가지는데, 그 속에서는 모든 순간이 중요성을 가지며 상대방의 모든 말과 몸짓이 의미로 충만하게 보인다. 그 첫사랑이 계속되는 동안, 그것은 마술적인 힘을 발휘하며, 언제나 기억된다. 그러나 만일 이 첫사랑이 좋은 결혼의 장기적인 사랑으로 성장하려면, 연인들이 하루하루 함께하게 되는 방식 자체가 바뀌어야 한다. 강렬하게 초점이 맞춰진 시간들이 계속되지만, 두 사람은 생산적인 어떤 것도 일어나지 않아 보이는 시간들을 훨씬 더 많이 같이 보내게 된다. 즉 그들은 함께 신문을 읽고, 설겆이를 하고, 밥을 먹게 되는데, 이 함께 나누는, 매우 평범한 매일의 시간은 결혼의 귀중한 기초를 이루는 근본적이고 매우 필요한 일부가 된다. 그 안에, 사랑은 연인들이 함께 하는 저 모든 것을 불어넣는 것이다.

많은 사람들에게, 정기적으로 기도하는 것을 배우는 것은 사랑에 빠지는 것과 같으며, 그들에게 기도는 흔히 매우 초점 맞추어진 강렬한 성격을 띤다. 첫사랑에 빠진 것처럼, 그것은 신기한 것이다. 그럼에도 불구하고 만일 당신이 기도로부터 얻는 것이 기도의 강렬한 경험에 의존한다고 믿는다면, 그 초점잡힌 국면이 무너지기 시작했을 때, 그 정반대가 아마 사실일 경우 당신은 더 이상 참되게 기도하고 있지 않다고 믿게 될지도 모른다. 이제 당신은 결혼의 귀중한 일상적 시간에 해당하는 매일 기도의 깊이있고 견실한 삶에 들어가고 있는 것이다. 사실 당신 자신의 무의식적 심성의 산물일지도 모르는 "하나의 종교적인 체험"을 기도와 혼동하는 위험을, 다음의 재미있는 이야기가 잘 보여주고 있다.

> 마귀들이 한 노인을 유혹하고자 하여, 그에게 "그리스도를 보고 싶으냐?"고 말했다. 그는 이렇게 대답했다. "너희들과 너희들이 말하는 그 사람에게 저주가 있을찌어다. 나는 '어느 누가 보라 여기 그리스도가 있다, 저기 그리스도가 있다고 말하면, 그를 믿지 말라'고 말하신 내 그리스도를 믿는다." 그러자 그들은 그 말에 놀라 달아나 버렸다.[11]

저주한다는 말에 당신이 충격을 받지 않도록 설명한다면, 그 노인은 그가 볼 수 없음을 잘 알고 있는 그리스도를 저주하고 있는 것이 아니라, 마귀들의 역사를 통해 그에게 그리스도로 나타날지도 모르는 것이 무엇이든지 간에 그것을 저주하고 있는 것이다.

기도를 위한 매일의 시간을 선택하는 문제에 이를 때, 기도는 여느 가정생활처럼 정규적인 시간을 필요로 한다는 것을 기억하는 것이 중요하다. 현실적으로 말해서, 당신이 매일의 일상생활에 입각해서 지탱해나갈 수는 없게될 시간, 예를 들면 아침 네시와 같은 시간을 선택하지 말라(여하간 당신이 보통 그때 일어나지 않는다면). 당신이 매일 기도할 수 있게 되리라고 알고 있는 시간을 선택하라. 예를 들면 아침식사 이후나 늦은 오후 혹은 잠자기 이전 등은 대부분의 사람들에게 적당한 시간들이다. 만일 당신이 아기나 취학전인 아이의 부모라면, 깨어서 기도할 수 있을 만큼의 방해받지 않는 시간을 찾기가 어려울지도 모른다. 융통성이 여기서 도움이 된다. 아침과 점심 식사 사이, 혹은 저녁 식사와 잠자는 시간 사이, 혹은 당신의 정규적인 활동들 사이의 시간에 기도할 결심을 하라. 어떤 일정한 시간을 선택하여 그것을 지키는 것이, 자신에게 단순히 하루 중 어느 시간에 기도할 것이라고 말하는 것보다 더 쉬운 일이다. 만일 정해진 시간이 없다면, 기도가 당신의 평범한 일상 생활의 일부가 되도록 하는 것은 어려울 것이다.

당신의 집이나 사무실에 조용한 장소를 선택하라. 만일 필요하다면 전화기를 뽑아놓고 방 앞에 방해하지 말라는 표시를 붙여놓으라. 당신에게 좀더 자란 자녀, 남편 혹은 아내가 있을지도 모르는데, 그들에게 이 시간 동안에는 당신에게 말을 걸지 말라고 부탁하라. 이십분 동안 갓 걸음마하는 아기를 내버려두든지 울도록 놔둘 수는 없을 것이다. 하지만, 그렇게는 못한다고 해도 만일 당신의 기도가 당신에게 중요하다고 믿는다면, 다른 사람들은 당신을 방해해야 할 만큼 중요한 어떤 것이 별로 없다는 것을 보통 발견할 것이다.

만일 친구가 오거나 아이가 독감에 걸렸거나 잠을 너무 많이 잤거나 어떤 비상한 상황에 처했기 때문에 기도를 못한다면, 당신이 할 수 있는 시간에 기도를 하라. 이는 광야에서도 이야기되었던 문제였다.

> 한 형제가 교부들 중의 하나에게 물었다. "만일 우연히 내가 잠을 너무 많이 자거나 해서 기도시간에 늦는다면, 다른 사람들이 내가 그처럼 늦게 기도하는 것을 듣는 것이 부끄러워질 것이고, 따라서 기도의 규칙을 지키는 데 망설이게 됩니다." 그러자 노인이 말했다. "만일 네가 아침에 늦잠을 잤다면 깨어났을 때 일어나서, 문과 창문들

을 닫고 기도를 하라. 왜냐하면 '낮도 당신 것이고 밤도 당신 것이나이다'라고 기록되어 있기 때문이야. 하나님은 어떤 시간이든지 간에 영광을 받으시느니라."[12]

이 이야기 속의 압바는 당황한 형제에게 문과 창문들을 닫음으로써 그의 형제들이 어떻게 생각할지에 관해 염려할 필요가 없도록 하라고 말한다. 많은 사람들은 기도 시간을 옮긴다거나 심지어 기도를 못하게 될 경우 죄책감을 느낀다. 위의 압바가 형제에게 해주었듯이, 편하게 생각하라. 당신은 밖에서부터 당신에게 부과된 종교적 의무를 다하기 위해서 혹은 "선한 사람"이 되는 보상을 위하여 기도하고 있는 것이 아님을 기억하라.

하루중 현실적인 시간을 선택한 후에, 기도에 적당한 현실적인 길이의 시간을 정하라. 아마 20분에서 30분 정도가 좋을 것이다. 어떻게든 하루에 여러번 기도하고 있으면서도 기도와 수도원 훈련에 있어서 지나치게 열성적으로 강한 욕구를 느꼈던 젊은 수도사들에게 준 안토니의 충고에 귀기울이는 것이 도움이 될 것이다. 안토니의 말은 악마들에 관한 것인데 여기서 우리는 우리 자신 속에서 어떤 강요적인 욕구를 느끼는 것에 관해 말하는 것이 더 편할 것이다. 물론 그 결과되는 의미는 마찬가지이다.

"우리가 잠자고 있는 동안에 마귀들이 우리를 깨워 기도하게 하는데, 쉬지 않고 그렇게 함으로써 우리로 잠을 거의 못자게 한다…그들은 경건이나 진리를 위해 이런 일을 하는 것이 아니라, 단순한 자들을 절망시키려고 그러는 것이니라."[13]

우리 대부분은 수도원에서 살고 있지 않다. 기도에서 비현실적으로 오랜 시간을 보내려고 결정하는 대부분의 사람들은 곧 절망하게 되며, 자신을 규제하거나 시간을 낼 수 없게 되기 때문에 기도가 그들에게 맞지 않는다고 믿게 된다.

일정함이 강렬함이나 길이보다 더 기도를 지탱해준다는 것을 이해하는 것이 도움이 된다. 당신은 하나님과 함께 시간을 보내며, 하나님이 누구이신지 또한 당신이 누구인지를 배우며, 하나님과 그의 세계를 사랑하는 것을 배우고 있는 것이다. 그리고 이 일은 수년에 걸쳐서 일어나는 것이다. 만일 며칠 기도를 못했다면, 다시 시작하고, 작게 생각하라. 한 형제가 그의 수도원 규율―짐작컨대 그의 기도를 포함한―을 벗어났었는데 이제 다시 시작하기에는 너무 낙심된다고 한 압바에게 말했다. 그 압바는 다음의 이야기를 그에게 해줌으로써 대답하였다.

"한 사람이 얼마간의 땅을 가지고 있었다. 그런데 그의 부주의로 가시나무들이 솟아나고, 엉겅퀴와 가시로 가득한 황야가 되었다. 그래서 그는 그의 아들에게 이렇게 말했다. '가서 땅을 깨끗이 정리해라.' 그리하여 그 아들은 그렇게 하기 위해 가서, 엉겅퀴와 가시가 크게 늘어난 것을 보았다…그는 말하기를, '이 모든 잡초를 없애고 깨끗케 하려면 얼마나 많은 시간이 필요할까?'라고 했다. 그리고 그는 땅위에 누워서 잠이 들었다. 그는 매일매일 이렇게 되풀이했다. 후에 그의 아버지는 그가 한 일을 보려고 왔는데, 그가 아무 것도 하지 않고 있음을 발견했다."

그의 아버지가 이에 관해 그에게 묻자, 아들은 그 일이 너무 힘들게 보여서, 결코 시작할 수가 없었다고 대답했다. 그의 아버지는 이렇게 답변했다.

"'아들아, 만일 네가 지금 누워있는 만큼을 매일 정리했다면, 네 일이 서서히 진전되었을 것이고 네가 낙심하지 않았을 것이다.' 그리하여 그 청년은 아버지가 말한대로 하였고, 얼마 안가서 그 토지는 경작되었다."

이처럼 압바는 낙심한 형제에게 말했다.

"조금씩 해나가면서 낙담하지 말아라. 그러면 하나님께서 너에게 은혜를 주시리라."[14]

낙심한 형제는 그의 기도를 다시 시작했는데, 인내를 가지고, 모든 것을 하려고 애쓰지 않았다. 당신도 그렇게 할 수 있다. 기도는 당신을 위한 것이다. 기도는 당신의 성품을 시험하는 것이 아니며, 당신 앞에 놓인 인내심 경주나 영웅적인 과제가 아닌 것이다.

2. 기도를 위한 자세들

기도하는 시간과 장소를 선택하고 기도의 현실적인 길이를 결정하였으면, 이제 당신 속에서 당신의 기도를 어렵게 하거나 심지어 불가능하게 하는 것처럼 보이는 다른 상태들을 발견하게 될지도 모른다. 이들 대부분은 기도에 적합하지 않게 보이는 다음의 태도들 속에 포함된다. 즉, 화나 있거나, 졸리거나, 하찮다고 느끼거나, 집중할 수 없는 상태.

만일 당신이 이런 식으로 생각하는 자신을 발견한다면, 아마도—무의식적으로—당신이 하나님께 "합당한" 존재임에 틀림없으며 하나님은 오직 당신의 "선한" 자아에만 관심을 가지신다고 믿고 있는 것이다. 한번 생각해보라. 만일 이것이 진정 당신이 믿는 바라면, 어떻게 당신이 그러한 하나님을 사랑할 수 있겠는가? 당신은 틀림없이 기도를 무시무시한 짐으로 여기게 될 것이다. 이는 루터가 그의 통찰을 얻기 전에 느꼈던 절망이다. 당신 자신을 "선해지게" 하기 위하여, 자신을 강요하기 위하여—예를 들면, 직업이나 결혼 또는 당신이 혐오하는 관계에서 거기에 머물거나 행복해지기 위해서—기도를 사용하고 있는지 스스로에게 물어보라. 만일 그렇다면, 당신은 하나님의 이름으로 당신 자신에게 폭력행위를 범하고 있는 것이다. 많은 자녀들이 이렇게 기도하라고 가르침 받고 있다. "하나님이시여, 내 꼬마 동생을 사랑하게 해주세요." 또는 "내가 학교에서 A만 받게 도와주세요." 매우 흔히 그들이 성인이 되어 종교와 관계되는 어떤 것도 증오하게 되는 것은 기이한 일이 아니다.

우리는 자신의 모습 그대로—싫증나고, 졸리고, 화나고, 행복한 그대로 기도하도록 이끌어갈 필요가 있다. 시편 139편이 말하듯이, 하나님은 여하튼 우리를 가장 철두철미 아신다. 우리가 다른 사람 안에서는 우리 자신이 될 수 없고 하나님의 임재 속에서만 전적으로 우리 자신일 수 있다는 것은 기도의 가장 위대한 은사들 중의 하나이다. 예수께서 함께 지내시기가 힘들었던 이들은 "곤란한" 자들이나 "악한" 자들이 아니라 "선한" 사람들이었으며, 이들 중에는 예수께서 스스로 선택하신 그 자신의 제자들도 포함되어 있다는 사실을 상기하라. 누가 예수의 좌우편에 앉을 것인지에 관한 제자들의 논쟁조차, 비록 자신의 설교와 행위에 관한 그들의 이해에 조금 낙심됨을 느끼셨음에 틀림없지만, 예수님으로 하여금 그들로부터 멀리 떨어져나가게 하지는 않았던 것이다.

　당신은 하나님의 임재 속에서 당신이 누구인가 하는 것이 매우 배우기 힘든 것임을 발견할지도 모른다. 심지어 하나님께서 당신의 못된 면, 혹은 게으르거나 비종교적인 면을 보시지 않기를 원한다는 것을 인정하기 어려울지도 모르며, 따라서 당신은 하나님께 하나의 이상적인 자아를 제시하려고 시도한다. 우리의 수도원 형제 자매들도 틀림없이 이러한 곤란을 가지고 있었을 것이다. 나는 이것이 바로 포에멘이 다음과 같은 말 속에서 전하고자 하는 바였다고 생각한다.

> 네 자신을 하나님 앞에 던지는 것, 너의 진보를 재보지 않는 것, 모든 자기의지를 뒤로 하는 것, 이것들이 영혼의 일을 위한 도구들인 것이니라.[15]

이 말의 세 요소 모두가 하나님께 우리가 합당한지를 판단하는 일에서 떠나라고 우리에게 말하고 있는데, 하나님은 예수께서 그러셨듯이 확실히 우리 있는 그대로를 사랑하시는 것이다.

　그럼에도 불구하고, 우리가 기도에 들어갈 때 어떤 다른 사람이나 상황에 대해 분노를 느낀다 해도 그 사람이나 상황에 대한 판단을 하나님께 맡겨야 하는 식으로, 사랑과 기도가 함께 간다는 것을 알고 있다면 그것은 올바른 것이다. 하지만 이는 우리가 실제로 가지고 있는 감정들을 가지고 있지 않은 것처럼, 혹은 가지고 있지 않은 감정들을 가지고 있는 것처럼 가장하는 것을 뜻하지 않는다. 대신에, 우리는 그 순간 우리의 모습 그대로 정직하고 충실하게 기도에 들어가야 한다. 우리는 다른 두 장에서 어떻게 분노를 다룰지의 문제에 다시 돌아갈 것이다.[16]

때로 마음이 기도에서 멀어져 방황하면서, 오늘 저녁 식사에 무엇을 먹을까 혹은 아직 지불못한 청구서들과 같은 온갖 종류의 다른 일들에 빠져들어가는 수가 있다. 그때 우리는 어떻게 기도할 수 있을까? 하나님을 모욕하며 시간을 낭비하고 있는 것이 아닐까? 이렇게 자신에게 사로잡힐 때 그냥 그만두어야 하지 않을까? 아니면 더 적합한 시간에 다시 해볼 것인가? 혹은 더 나쁜 경우지만, 아마도 우리는 기도를 할 수 없는 부류가 아닐까?—이 문제 역시 우리는 광야 조상들과 함께하고 있는데, 압바들은 이에 대해 좋은 답을 가지고 있었다.

> 한 형제가 어떤 노인에게 물었다. "내 생각들이 방황하며, 괴롭습니다." 그는 대답했다. "네 독방에 계속 앉아 있으라. 그러면 네 생각들이 방황하다가 돌아올 것이다. 만일 암당나귀를 묶어놓으면, 그 새끼들은 그 주위에서 마구 뛰어다니다가도 언제나 그 어미에게 돌아온다네. 하나님을 위해 그의 방에서 인내심있게 앉아 있는 자도 마찬가지라네. 비록 생각들이 잠시 방황하지만, 다시 돌아올 것이네."[17]

당나귀 새끼가 그 어미에게 돌아오듯이, 우리 마음도 기도 속에서 하나님께 돌아올 것이다. 또한 만일 그렇게 되지 않는다고 해도 우리는 꼭같이 하나님의 임재 안에 있는 것이다. 만일 우리가 있는 모습 바로 그대로 존재한다면, 우리의 마음이 방황하게 될 때가 아마 무수히 많이 있을 것이다. 우리에게 가능한 방식으로 하나님의 현존 속에 있는 것이 있지 않는 것보다 언제나 더 나은 것이다.

우리가 기도로 들어가는 자세에 관해 한가지 더 주의해야 할 것이 있다. 많은 사람들은 자신들의 실패로 인식하는 바 때문에 자신을 계속 비난하면서 나날을 보내는 데 익숙해 있다. "나는 결코 기도하도록 나 자신을 일으켜 세울 수가 없어. 나는 아무 짝에도 소용이 없어"라든지, "나는 아이들에게 왜 소리지르는지 믿을 수 없어. 나는 형편없는 엄마야"라든지, "나는 편지를 제때 답장보내지 못해. 이렇게 무책임한 사람도 없을꺼야" 등등. 만일 당신이 이렇게 한다면, 그것은 진실로 당신의 기도를 방해할 것이다. 당신은 자신에게 대적하는 하나님의 역할을 스스로 취하고 있는 것이다. 그러나 이것은 하나님께서 당신을 대하는 바대로 자신을 다루고 있지 않은 것이다. 당신은 폭력을 행하고 있는 반면, 하나님은 우리 모두를 온유하게 다루시며, 결코 우리를 강요하거나 위협하시지 않으며, 폭군처럼 지배하시지 않는다.

> 가혹함이나 엄격함에 의해 어떤 사람을 올바르게 깨우쳐 줄 수는 없다. 마귀가 마귀를 몰아낼 수는 없는 것이다. 친절로써 너는 그를 더 잘 너에게 돌아오게 할 것이다. 이것이 하나님께서 우리의 선을 위해 행하시는 방식이며, 우리를 자신에게 이끄시는 길이다.[18]

형제를 다루는 데 관한 압바의 충고는, 폭력은 실제적인 수준에서 효과가 없다는 것이다. 효과가 있는 것은 하나님께서 행하시는 것과 같은 온유함이다. 이 문제에 관한 수도원적 충고를 좇는 데는 많은 주의가 요구될 수 있다. 그럼에도 불구하고 나는 수도인들이 옳다고 믿는다. 우리는 기도와 사랑에서 성장하려면 하나님의 온유하심에 대한 대가로 자신에 대한 폭력을 포기하는 훈련을 육성해야 할 필요가 있다.

우리 자신 및 다른 사람들의 동기(motivation)들을 깊이 불신

하는 사람들은 그와 같은 하나님의 형상에 대한 강조가 우리로 하여금 "우리 자신을 너무 가치있게 생각하도록" 할 것이라고 염려할지도 모른다. 아마 우리는 우리 자신의 죄를 심각하게 생각하는 것을 멈추고, 더 이상 남을 돌아보지 않는 순진한 낙관론자들이 될지도 모른다는 것이다. 만일 자신을 향한 어떤 가혹함에 의해 우리 자신을 정돈해 나가지 않는다면, 아마 우리는 전적으로 무책임한 존재가 되어버리리라는 것이다.

이러한 걱정들은, 우리가 만일 왜 자신에 대해 그러한 폭력을 포기하고 있는지를 기억한다면, 잠잠해질 수 있다. 그것은 우리 속에 있는 하나님의 형상에 대한 우리 자신의 존중에서, 그 형상을 선물로 주신 하나님에 대한 감사에서, 하나님과 타자(他者)에 대한 사랑이 자기혐오로부터 성장할 수 없다는 인식에서부터 나오는 것이다. 이 이외의 염려들에 대한 대답은 우리의 기도에 대한 기대에 놓여 있는데, 그 기도는 성경에 기초하고 있으며, 하나님의 전체 백성과 함께 하는 것이다. 우리는 하나님의 모든 백성에 대한 그의 은사인 이 기도가 우리를 조성하고, 하나님의 사랑에 맞도록 우리를 형태지워줄 것을 믿는 신뢰 속에서 행동해야 할 것이다.

사실 초대 수도원 사람들은 우리가 하나님과 이웃에 대한 사랑의 삶 속에서 성장함에 따라, 자신의 죄를 덜 의식하게 되기보다는 더 많이 의식하게 된다고 일관성있게 주장하였다. 그와 같은 의식은 자기혐오를 낳지 않았다. 그 대신에 그것은 사랑의 목적에 봉사했다. 5장에서 우리는, 어떻게 하여 형제자매가 자신들의 죄에 대한 감수성이 더욱 자라나게 됨에 따라, 그 죄가 어떤 것이든지 간에 죄인과 자신을 동일시하고 죄인을 사랑할 수 있는 능력도 자라나게 되었는가를 보게 될 것이다.

3. 성경

성경은 수도원 기도의 중추였다. 이는 압바와 암마들이, 만일 기도가 하나님과 함께하는 삶이라면 하나님께서 자신을 우리와 함께해 주시는 가장 근본적인 길들 중의 하나가 성서 속에 있다는 것을 알고 있었기 때문이다. 만일 기독교인들이 진실로 하나님의 음성을 듣기 원한다면, 성경을 기도하는 것이 우리가 그 음성을 듣는 기본적인 방식이다. 우리의 초대 기독교 조상들은 성경이, 하나님께서 자신의 백성에게 주신 가장 귀중한 선물 중의 하나라고 생각했다. 그들에게 성경은 신적 진리와 사랑을 구현한 것이었으며, 특히 예수 안에 나타난 하나님 자신의 계시의 기록이었다. 그것은 그들이 성경을 살아나갈 수 있을 경우에, 그리스도 안에서 그들이 되고자 했던 바와 거기에 이르는 길을 그들에게 제시하였다. 이는 왜, 무식한 신입자들이 파코미우스의 수도원들에 들어왔을 때,[19] 즉시 성경을 읽는 것을 배우도록 힘쓰게 했는지를 잘 설명해준다. 에피파니우스(Epipanius)는 이렇게 말했다.

"성경에 대한 무지는 절벽이요 깊은 심연이다."[20]

만일 우리가 우리의 기도에 의해 형성되는 것이 진실이라면, 우리가 성경을 기도함으로써 형성된다는 것은 특별히 진실인 것이다. 압바 포에멘은 오랜 시간에 걸쳐 씨름하면서 체득하는 바, 느리지만 지속성있는 성경의 힘을 크게 신뢰하였는데, 다음과 같이 말했다.

"물의 본성은 부드럽고, 돌의 본성은 단단하다. 그러나

만일 돌 위에 병을 매달아 놓고 그 물을 한방울씩 떨어
뜨리면, 돌을 닳아 없앤다. 하나님의 말씀도 그와 같다.
하나님의 말씀은 부드럽고 우리의 마음은 단단하지만,
하나님의 말씀을 자주 듣는 자는 하나님을 두려워하는
경외에 마음을 여는 것이다."[21]

수도사들 뿐만 아니라 우리에게도, 이처럼 하나님의 말씀에 의해 형성되는 과정은 우리의 의식적인 노력에 의해서라기 보다는 우리가 매일 그 속으로 몰입함으로써 마침내 그것이 우리가 쓰는 언어처럼 우리에게 친숙하고 자연스럽게 되는 것이다.

광야 기도의 출발점은 공적 및 사적 기도를 위해서 시편을 사용하는 것이었다. 우리의 기독교 선조들은 시편을 성서 속에서 독특한 것으로 여겼다. 그들은 시편이 성서 전체를 포함한 축소판 성경이라고 믿었지만, 시편의 진정한 독특성은 시편 자체가 우리 자신의 특수한 상황들 속에서 우리 자신의 말들로서 말해지도록 성령 하나님에 의해 허락된 기도들이라는 사실에 놓여 있었다. 4세기 알렉산드리아의 위대한 신학자요 감독이었던 아타나시우스는 수사들의 특별한 벗이었는데, 시편에 대해 이렇게 말하고 있다.

각 시편은 성령에 의해 말해지고 작시된 것으로서, 이
동일한 말씀들 속에서…우리 영혼의 움직임이 파악되고,
그 모든 것이 우리에 관해 말해지고, [시편이] 우리 자신
의 말로서 우리로부터 나오게 하려는 것이다.[22]

특별히 시편이 우리를 위해 하는 일이 무엇일까? 첫째로, 아타나시우스의 제언에 의하면, 기도할 때 흔히 우리는 우리의 가

장 깊은 자아 속에서 무엇이 일어나고 있는지 인식하지 못한다. 하지만, 시편의 말씀들은 우리가 기도할 때 "그 말씀들을 노래하는 사람에게 거울과 같이 되는" 힘을 가지고 있다.[23] 흔히 분노나 비탄이나 행복이나 죄책 등을 표현하는 한 시편을 기도함으로써, 기도하는 사람은 그의 가장 깊고 가장 마음에 사무치는 감정들과 확신들을 인식하고 표현할 수 있게 된다.

둘째로, 비록 우리가 느끼는 바를 알고 그것을 우리 자신과 하나님에게 표현할 수 있는 것이 중요하지만, 흔히 우리가 이렇게 시편을 기도할 때 그 시편들은 우리에게 대립적이 될 수 있다. 이리하여 동시에 우리는 우리의 감정과 확신을 인식할 수 있으면서 또한 이 확신과 태도 및 그들로부터 결과되는 행동이 어떻게 우리에게 상처를 주고 있는지를 볼 수 있게 된다. 이 경우에, 아타나시우스의 말에 의하면, 특수한 방식으로 시편은 우리가 그 대신에 원하고 요구하는 바를 볼 수 있는 통찰을 제공하기도 하는 것이다. 이 통찰 자체는 치유의 원천이 된다. 따라서, 아타나시우스는 이렇게 말한다.

> 하나님께서 지상적이며 천상적인 사람의 모형을 자신의 인격 속에서 제공하신 것과 똑같이, 시편으로부터도 역시 영혼의 감정들과 태도들을 배울 수 있으며, 그들 속에서 또한 각 감정에 적합한 요법과 교정제를 발견하는 것이다.[24]

시편을 매일의 기도의 부분으로 삼는 이들은 아타나시우스가 옳다는 것을 발견한다. 시편은 우리 자신을 인식하는 데, 또한 우리가 아주 특수한 방식들로 지니고 있는, 자기왜곡들을 인식하는 데 도움을 주는 능력을 가지고 있는 것으로 보인다. 또한 그것은 매우 깊은 차원에서 우리를 접촉하는 능력을 계속 가지면서, 하나님과 우리 자신 및 세계를 보고 관계하는 파괴적인 방식들을 뒤흔들어 풀어준다고 하겠다.

시편들을 기도하기 시작할 때 흔히 사람들은 그것들이 폭력과 복수의 이미지들로 가득한 것을 발견한다. 시편 본문들에 대해서 4, 5세기 주석가들이 어떻게 취급했는지를 아는 것이 도움이 된다. 하나님께서 모든 피조물로부터 선을 원하신다는 것을 알기 때문에, 그들은 시편이 실제의 인간존재들에 대한 하나님의 분노를 호소하고 있다고 믿지 않았다. 대신에 이 초대 기독교 저자들은, 우리를 노예로 만드는 우리 자신의 내면적인 원수들, 생각하는 습관들, 집착들, 및 우리 자신에 대한 거짓된 평가들 등을 원수로 여겼다. 명백히, 4, 5세기 저자들은 시편 기자들의 원래 의도에 관해 잘못된 생각을 가지고 있었다. 그럼에도 불구하고, 기도의 목적을 위해서는 그들이 옳았던 것이다. 많은 사람들에게, 시편을 기도함으로써 저 내면적인 파괴적 세력들을 대면할 수 있는 것은 놀라운 은사인 것이다.

내적으로 파괴적인 것을 대면하는 이러한 과정은 때로 매우 오랜 시간이 걸릴 수 있으며 가장 복합적인 방식으로 행해질 수 있다. 내가 아는 한 여성은 매일 시편을 기도하는 데 익숙해 있는데, 몇년 전 어느 여름에 갑자기 시편에 나오는 수많은 남성 대명사, 남성 이미지, 특히 전사(戰士) 이미지 등으로 말미암아 극심하게 상처를 입은 느낌을 가지게 되었다고 내게 말했다. 시편의 언어는 그녀가 배제되고 거부되었다고 느끼게 했을 뿐만 아니라 넓게는 세상 속에서 및 기독교 전통 자체 내에서 여성을 향한 모호성들을 고통스럽게 의식하게 만들었던 것이다. 특수한 고통에 대한 점증적인 의식과 함께, 그녀는 기도하면서 하나님께 분노하게 되었다. 왜 하나님은 성공하는 사람들의 편이셨는가? 이것이 성경이란 말인가!…점증하는 고통과 분노 속에서 그녀는 계속 수 주일에 걸쳐 하나님께 도움을 요청하였다. 마침내 도움이 왔다. 어느날 그녀가 시편을 시작할 때, 이전에 결코 들어본 적이 없는 것을 시편 72편 속에서 실제로 들을 수 있었다.

> 기름부음 받은 자가 궁핍한 자들이 부를 때 그들을 건지시며,
> 가난한 자와 무력한 자들을 건지시며,
> 약한 자와 궁핍한 자를 동정하시며,
> 가난한 자들의 삶을 구원하시도다.
> 억압과 강포에서 그들은 구속받았으며,
> 그들의 피가 귀중하도다.[25]

그녀는 마침내 하나님께서 말씀하시는 것을 들을 수 있었다. "네가 무슨 말을 듣든지, 나는 힘센 자들 편이 아니다. 나는 특별한 방법으로, 사회가 멸시하는 자들, 억압받는 자들, 노인들, 가난한 자들, 힘없는 자들의 하나님이다. 누가 뭐라고 말하든 간에, 너는 내 형상으로 조성되었다. 나는 네가 온전케 되기를 원한다. 나는 네가 번성하기를 원한다. 네가 싸울 때, 너는 너의 뒤에 있는 나와 함께 싸우는 것이다." 이 시점에서 그녀는 기도 속에서 예수에 대해 상고하기 시작했으며 그가 어떤 종류의 사람들과 연관맺었으며 누구를 위해 죽으셨는지를 곰곰이 생각하였다. 이는 진정한 전환점이었다. 그때까지 그녀는 자신이 심지어 기독교인으로 남아있을 수 있을지 알지 못하고 있었다. 처음으로 그녀는 교회에서 일할 수 있는 자신의 능력에 대해 확신을 느꼈다.

성경의 어떤 부분을 어떻게 기도함으로써 나에게 그것이 이

러한 방식으로 말하는 것을 들을 수 있게 될 것인가? 압바와 암마들은 특수한 기술을 추천하지 않는다.[26] 하지만, 우선 나는 비록 성서가 나와는 무척 다른 시간, 장소, 및 문화에서 유래되지만, 하나님께서는 그것이 현재의 나에게 말하도록 의도하신다는 것을 알기 시작한다. 내가 기도할 때, 나는 성경이 과거의 일에 관해 의도된 것이 아니라, 이 순간의 하나님의 백성을 위한 것임을 알게 된다. 나는 가능한 어떤 방식으로든지 성경에 귀기울이는데, 이는 과거나 미래의 사건에 대한 문자적인 묘사를 위해서가 아니라, 나에게 지금 바로 그 일부가 되라고 요청하는, 하나님과 하나님의 백성의 이야기들, 은유들, 및 이미지(형상)들을 위해서인 것이다.[27] 5세기의 『마카리우스의 설교』의 저자는 이러한 경청에 대해 각별히 아름다운 고대의 보기 하나를 제시하고 있다.

> 그 때에 주께서 영혼들을 지옥과 어두움의 나락에서 자유케 하셨으며, 지옥에 내려가셔서 놀라운 일을 행하셨다는 말을 들을 때, 이것이 당신에게 아무런 개인적인 의미도 없는 것으로 생각하지 말라. 진실로 인간존재는 악을 기꺼이 택하고 받아들일 수 있다. 죽음은 아담의 자녀들을 사로잡고 있으며 그들의 생각들은 암흑 속에 갇혀 있다. 또한 당신이 무덤에 관해 말하는 것을 들을 때 그 당장, 보이는 것들만을 생각하지 말라. 왜냐하면 당신의 마음이 곧 무덤이기 때문이다. 악의 군주와 그 사자들이 거기에 그들의 보금자리를 짓고 사탄의 세력들이 당신의 마음 속에 돌아다닐 소로와 대로들을 지을 때,…당신은 지옥이 아니며 또한…하나님에 대하여 죽어 버린 무덤이 아닌가?
> 왜냐하면 거기서 사탄은 위조된 은화들을 찍어냈기 때

문이다. 그러한 영혼 속에 그는 쓴(苦) 씨들을 뿌렸다. 그는 낡은 누룩으로 그것을 부풀렸다. 그곳은 검은 진흙탕 샘이 흐르는 곳이다. 그러나 주님은 그를 구하는 자들의 영혼 속에 내려오신다. 그는 지옥같은 마음의 깊은 데로 가셔서 거기서 죽음에게 이렇게 명하신다. "나를 찾는 저 사로잡힌 영혼들, 네가 강제로 묶어 놓은 자들을 풀어주어라." 따라서, 그는 영혼을 덮고 있는 무거운 돌들을 부수신다. 그는 무덤들을 여신다. 그는 진실로 죽은 자를 생명으로 일으키시며 그 사로잡힌 영혼을 어두운 감옥 밖으로 인도해 내신다.[28]

나는 또한 성경의 말씀들이 죽음이 아니라 생명을 가져오기 위해 존재한다는 기대 속에서 기도한다. 이는 내가 거기서 낙담시키거나 하나님으로부터, 다른 사람들로부터, 혹은 나 자신으로부터 소외됨을 느끼게 만드는 어떤 것과 만날 때, 이것은 하나님의 의도가 아니라는 것을 안다는 뜻이다. 많은 사람들이(남자건 여자건) 그러한 낙담과 분리를 체험하는 것은 압도적으로, 성경에서 남성적인 언어를 듣는 경우인데, 그것은 흔히 하나님과 그의 백성은 다 배타적으로 남성적이라는 것을 가정하는 듯한 언어이다.

하나님께서 우리의 온전함을 원하신다는 사실은, 우리로 하여금 우리에게 반대되는 것처럼 보이는 저 성경 구절들을 제쳐놓게 하는 원칙이다. 성서가 현재의 우리를 위한 하나님의 말씀이므로, 그것이 고대의 낯선 근동문화로부터 나와 우리에게 온다는 사실을 기억하는 것이 또한 중요하다. 이는 성서의 많은 곳에서 우리가 모순들을 발견한다는 것을 뜻한다. 성서는 우리를 자유, 온전함, 및 새 창조로 부르는 반면, 또한 고대 문화의 관습을 받아들이고 있는데, 그것은 하나님의 생명의 말씀에 반(反)

하여 여성의 종속 뿐만 아니라 노예됨을 포함하고 있다. 만일 우리가 성서 전체를 현재 있는 그대로 받아들일 수 없다면, 무엇을 받아들여야 할지 어떻게 알게 되는가? 예수는 그 자신의 관계들 속에서 이렇게 말씀하시면서 살아가셨다: "나는 너희에게 생명을 가져다 주려고 왔다."[29] 하나님은 우리의 영이 깨어지거나 우리가 맹목적으로 아무 것에나 순종하기를 원하시지 않는다. 성경을 기도하는 것은 내 생명을 위한 것이다. 이는, 만일 내가 바울이 하나님의 백성을 "형제들"이라고 칭할 때 거기서 소외되는 것처럼 느낀다면, 기도 속에서 "또한 자매들"이라고 덧붙이는 것을 뜻한다. 나는 시편 1편에서 "…하는 남자(영어로 man)는 복이 있나니"라고 기도할 때, 그것을 "…하는 사람(person)은 복이 있나니"로 바꾸고, 그것에 관해 아무런 양심의 두려움도 품지 않는다.

하나님을 위한 이름은 어떠한가? 우리 대부분은 기도에서 매우 제한된 숫자의 "종교적인" 이름들과 이미지들을 하나님을 위해 사용하는 데 고착되어 있으며—보기를 들면 아버지, 주, 구세주, 전능하신 분 등—이는 우리가 아이 때 이후로 하나님을 알아온 몇가지 방식들 이상으로 하나님을 알 수 있는 우리의 능력을 축소하고 있다. 몇몇 경우에, 만일 아이로서 또는 심지어 성인으로서 우리가 하나님을 우리 삶에서 우리에게 상처입힌 중요한 권위적 인물들과 연관시킨다면, 그 이름들을 사용하면서 하나님께 기도하는 것은 우리에게 상해를 입힐 수 있다. 그것은 다른 더 참된 방식으로 하나님을 알 수 있는 우리의 능력을 제한할 뿐만 아니라, 하나님께서 우리를 위해 의도하시는 치유의 사랑으로부터 우리를 멀리한다. 우리가 상처를 입고 있음을 아는 경우에, 우리는 우리의 개인적인 기도에서, 아무리 전통이 거룩한 것이라 해도 저 이름들을 피하는 것이다.

동시에, 매일 성경을 기도함에서, 우리는 성서의 하나님, 무한히 복합적이고 많은 면모를 지녔으며, 신비하시고, 동시에 친밀하게 사랑하시는 하나님을 알게 되기 위해 힘쓴다. 우리는 어떤 하나님이 우리를 위한 "생명수"로 묘사될 수 있을지에 관해 묵상한다. 우리는 호세아가 하나님을 온유하신 아버지로서, 즉 아기 이스라엘에게 걸음마를 가르치는 것을 부끄럽게 생각하지 않으신 아버지로 묘사할 때, 진실로 우리의 하나님이 누구이신지를 깊이 들으려고 노력한다. 우리는 우리에 관해 그처럼 관심이 많으셔서 우리의 이름을 그의 손바닥 위에 기록해야 하는 그 분을 알려고 요구한다.

우리가 이 모든 것을 배우는 동안, 우리는 또한 마음 속에, 많은 초대교회 저자들이 위하여 싸웠던 다음과 같은 진리의 중요성을 이해하기 시작한다. 즉 하나님은 무한히 다함 없는 분이셔서 성경이 하나님께 제공하는 어느 이름도, 심지어 그 모든 이름을 다 합하여도 결코 최종적으로 하나님을 정의할 수 없다는 것이다. 우리가 하나님을 우리의 평화, 반석, 어머니, 지혜, 생명수, 아버지, 세상의 조성자, 영, 벗, 치료자, 위로자, 구속자, 큰 새 등 (어떤 이름으로) 불러 기도드릴지라도,[30] 이 모든 이름은 결국 임시적인 것이다. 우리가 사랑하게 되는, 우리의 빛, 우리의 생명, 우리의 기쁨이신 하나님은 우리 너머에 계신 분이다.[31]

이 모든 것은 결국 내 자신의 사적인 기호(嗜好)의 문제일까? 압바와 암마들은 심지어 기도에서도 성경의 해석이 항상 공유된다는 것을 우리에게 상기시킨다. 아타나시우스와 『마카리우스의 설교』의 저자가 기도 속에서 성경이 우리 자신의 것이 되도록 허락할 것을 권고하기 때문에, 우리는 그들 역시 각 사람이 어떤 환경들 속에서든지 오직 성령의 도움을 받으면서 성경을 동등하게 해석할 수 있다고 생각한 것으로 믿으려는 유혹을 받을지도 모른다. 이는 초대교회의 어느 누구의 입장도 아니다. 성서는 교회의 책이다. 그것은 그리스도의 몸 전체를 세우기 위해서 교회에 주어졌으며, 교회 안에서 보존되어 왔다. 전적으로 사적인 성경 해석은, 기독교 공동체 안에서 삶으로 실현되지 않고 하나님의 더 넓은 세계 안에서 타인들에 대한 사랑으로 표현되지 않은, 전적으로 사적인 하나님과의 관계만큼이나, 우리의 4세기 기독교 선조들에게 불가능한 것이었다. 『금언집』 속에 나오는 한 좋은 이야기가, 어떤 형제가 성경의 한 어려운 구절에 대한 해석을 해주십사고 하나님께 구했을 때 일어난 일을 예증하고 있다.

> 그들은 한 노인에 대해 말했는데, 그는 70주간을 계속 금식하며, 오직 한 주(週)에 한번 식사를 했다. 그는 하나님께 성경의 한 본문의 의미를 여쭈었으나 하나님은 그에게 계시해주지 않았다. 그래서 그는 자신에게 이렇게 말했다. "이제 나는 그처럼 열심히 노력했는데, 아무 유익도 얻지 못했다. 내 형제에게 가서 물어 보아야겠다." 그가 나가려고 막 문을 닫으려는데, 주의 천사가 그에게로 보내심을 받았다. 그 천사가 말했다. "너의 70주의 금식은 너를 하나님께로 가까이 가게 하지 못했다. 그러나 이제 네가 겸비케 되어 네 형제에게로 가기 때문에, 나는 너에게 그 본문의 의미를 보여주기 위해 보냄을 받은 것이다." 그리고 그는 그가 물어본 바를 그에게 설명해 준 후, 떠나갔다.[32]

끝으로, 우리는 성서가 비밀 메시지들로 된 책이 아니라는 것을 기억해야 한다. 성서는 우리의 마음과 우리의 삶 모두를 위한 하나님의 말씀이지만, 상당히 많은 경우에 스스로 설명하고 있지는 않다. 만일 우리가 성경을 이해하는 데 결코 도움이 필요하지 않다고 믿는다면, 위의 이야기에서 형제가 가졌던 같은 오만으로 인해 고통받게 된다. 만일 그것이 할 수 있는 대로 우리에게 생명을 주는 것이 되려면, 우리는 그것에 관해 가능한 모든 것을 알 필요가 있다. "형제 자매에게 물어보러 가는 것"은, 우리의 기독교적 삶에서 우리 시대에 가용한 자원을 함께 끌어내는 것과 우리가 함께 나눈 자원들에 의해서 풍부하게 되는 우리의 기도에게로 오직 돌아가는 것을 뜻한다.

4. 기도에서의 고요함

하나님과의 계속적인 대화는 기도의 매우 중요한 부분이다. 우리가 하나님과 삶을 함께하려 한다면, 우리 마음 속에 가지고 있는 바를, 그것이 "적합하든지" 아니든지 상관없이, 드러내어 기꺼이 하나님께 말해야 하며, 우리가 자신과 하나님의 백성과 그의 세계를 위해 무엇을 원하며 필요로 하는지 요청해야 한다. 하나님과의 대화는 여러가지 모양을 취할 수 있다. 그것은 많은 말의 형태로 되어야 하는 것은 아니다. 중보기도 중에 어떤 사람의 얼굴 형상을 떠올리거나, 그저 단순히 하나님께 "저는 당신이 저를 이러한 상황에 처하게 하셔서 화가 납니다"라고 말하는 것으로도 매우 흔히 충분하다고 하겠다. 대화는 일기를 쓴다든지 이미지들을 기록하는 형태를 취할 수 있다. 그러나 참된 대화는 한 사람 혹은 심지어 두 사람이 계속 이야기하는 데 있지 않다. 흔히 우리는 어떠한 참된 대화도 침묵을 필요로 한다는 것을 망각한다.

우리가 침묵을 위한 공간을 많이 제공해주는 문화 속에서 살고 있지 않다는 것은 당연한 이야기이다. 많은 가정에서 라디오, 텔레비전, 혹은 스테레오가 끊임없이 켜져 있다. 우리는 소리와 "무엇인가 유용한 일을 하고 있는 것"을 연계시키는 것 같다. 우리는 만일 자신의 고요 속에 오직 홀로 남겨진다면 무엇을 느끼고 생각하게 될지 두려워하고 있다. 심지어 우리의 예배도 이와 같다. 우리는 하나님과 그리고 우리 각자 서로의 현존 속에 있기 위한 공간을 남겨둠이 없이, 그저 한 부분에서 다른 부분으로 옮겨간다. 고대 이집트 광야의 교부, 교모들에게도 침묵은 역시 지극히 어려운 것이었다. 사실 그것이 너무 어려워서,

> 삼년 동안 입에 돌을 물고 살고서야 마침내 침묵을 지키는 것을 배울 수 있었다는 압바 아가톤의 이야기가 전해진다.[33]

고요는 수도사의 삶과 기도에 있어서 본질적인 것이었다. 우리의 고요가 그들의 것만큼 체계적이고 광범위한 것일 수는 없지만, 나는 고요가 우리 자신의 매일 기도에 있어서 매우 중요한 위치를 차지한다고 믿는다.

우리는 세 가지 다른 방식으로 수도사들과 함께 고요하게 기도할 수 있다. 첫째는 이미 성경에 대한 논의에서 다룬 바 있는 것이다. 만일 우리가 하나님께서 말씀하시는 것을 듣고자 한다면, 하나님의 음성을 듣게 될 일차적인 길은 성서의 말씀들 속에 있다. 만일 성경을 기도하려 한다면, 우리 생각에 성경이 말하는 바를 우리 자신과 하나님에게 말하기 보다는, 그 말씀들에 귀기울이고, 이어서 그 현존 속에 고요히 앉아서 그것이 우리 내면의 깊은 곳에서 살아나도록 해야 한다. 이 고요가 단 몇 분간이든 혹은 훨씬 더 긴 시간이든 간에, 나는 그것이 항상 성경

을 기도하는 데 꼭 필요한 부분이라고 믿는다.

고대 광야의 기도에서 침묵의 다른 한 종류는 "형상없는 기도," 혹은 "순수한 기도"였다. 그 가장 엄격한 형태에서 그것은 4C 스승인 에바그리우스 폰티쿠스와 연관되어 있었다.[34] 에바그리우스에게서 이러한 종류의 기도는 여러 해 계속되는 훈련의 마지막에야 도달되었는데, 그 오랜 기간 동안에 정욕들을 제어하는 것을 배우고 충만히 사랑하는 사람이 되는 것이다. 에바그리우스가 말하는 바에 의하면, "순수한 기도"는 어떤 방식으로도 하나님을 시각적으로 구상화하거나 개념화함이 없이 하나님의 임재 속에 있는 것을 결과로 가져온다. 동시에 마음은 일상 생활의 모든 다른 생각들을 비워야 한다. 그러므로, 에바그리우스는 그의 제자들에게 말한다.

> 너희가 모두 물질적인 일들에 빠져서 끊임없는 염려들로 동요된다면, 순전하게 기도할 수 없게 될 것이다. 왜냐하면 기도는 개념들의 거부이기 때문이다.[35]

이런 점에서 에바그리우스의 순수한 기도는 선(禪) 명상과 비슷하다. 이사야서에서 하나님은 "내 길들은 너희 길들과 다르며 내 생각들은 너희 생각들과 다르다"라고 말씀하신다. 다른 기도들에서는 수도사들이 우리의 일상 생활에서의 하나님의 친밀성을 체험했던 반면에, 이러한 종류의 기도의 요점은 하나님의 그렇지 않은 바를 인식함으로써 하나님을 아는 일종의 부정적 인식이었다. 이렇게 함으로써 수도사는 모든 피조물들에 대해서 전적으로 "타자(他者)됨"의 사랑 속에 계신 하나님을 친밀하게 인식하게 될 수 있었다.

순수한 기도는, 우리들 대부분은 말할 것도 없고 고대 세계의 대부분의 수도사들을 위한 것은 아니었다. 하지만 그 현대적 관련들 중의 하나는 흔히 "집중하는"[36] 기도라고 불리우는 것인데, 우리 시대의 많은 기독교인들에게 도움이 되는 것으로 입증되었다. 이 기도 형태의 기초는 "주여, 자비를 베푸소서"[37]와 같은 짧은 기도어구를 사용하는 것으로서, 숨을 들어마시고 내쉬는 시간 동안 반복하는 것이다. 그러는 동안에 기도하는 사람은 단순히 하나님의 임재 속에 앉아서, 자아와 하나님에 대한 모든 기대를 떠나가게 하는 것이다. 이때, 자아가 누구인지 혹은 누구여야 하는지, 심지어는 하나님이 누구신지 혹은 누구이셔야 하는지에 관한 모든 기대로부터 자유하게 된다. 에바그리우스의 순수한 기도의 경우에서처럼, 이것은 부정에 의해 하나님을 아는 것을 배우는 방식이다. 즉, 하나님은 어떤 분이 아니신지를 배움으로써 하나님을 알게 되는 방식이다. "의무들"에 매우 속박되어 있거나, 하나님을 사랑하는 분 또는 치유하는 분으로서 보다는 심판자로서 훨씬 더 많이 인식하는 사람들에게, 이러한 종류의 기도는 매우 자유케 하는 것일 수 있다.

반면에, 집중하는 기도는 다소 형식적이다. 어떤 사람들에게 그것은 그들의 기도의 기본적인 요소인 반면, 다른 많은 사람들에겐 불가능하게 여겨진다. 그러나 이에 관련해서 거의 모든 사람들이 그들의 매일 기도의 부분으로서 깊이 양육적인 것으로 느끼는, 하나님의 현존에 거하는 훨씬 더 비형식적인 방식이 있다. 비록 수도원적 용어가 전혀 아니지만, 나는 이를 식탁의 기도라고 생각하고 싶다. 친구나 배우자와 말하면서 시간을 보내는 것은 좋은 일이다. 우리가 가장 사랑하는 사람들과 가지는 진실로 친밀한 관계들의 극히 중요한 부분은 전혀 이야기하는 것을 포함하지 않는다. 식탁기도는 우리가 이미 다른 방식들로 삶을 함께하고 있는 아내(남편)나 좋은 친구와 함께 식탁에서 보내는 시간처럼 하나님과 함께 보내는 시간이다. 우리는 이처럼 기도할 때, 단순히 고요 속에서 앉아 있는다. 때로 그것은 평화로우며, 때로 산만해지고, 때로 우리로 잠들게도 하지만, 항상 그것은 함께 나누는 시간인 것이다. 이처럼 하나님과 함께 보내는 시간은 듣는 것이 아니다. 그것은 주의를 요하지 않는다. 그것은 서로의 사랑에 가득한 임재 속에 앉아 있는 것이며, 어떤 다른 일이 일어나고 있든 간에 함께 있는 것이 기쁜 것이다. 우리가 어떻게 달리 기도하든지 간에, 나는 이 매일의 고요한 시간, 우리가 그 속에서 아무 것도 하나님께 기대하지 않고 아무 것도 요청하지 않는 시간이 모든 기독교인들의 기도에 생명을 가져온다고 믿는다.

5. 종교적 체험

이제 매일의 기도 실천에서 또하나 다른 종류의 논제로 돌이키도록 하자. 비록 많은 숫자의 기독교인들의 경우는 결코 아니지만, 기도의 훈련을 택하는 많은 사람들은 일상적인 생활 밖에 속하는 체험을 하는 자신들을 발견한다. 하나님의 임재의 강렬한 체험, 인상깊은 꿈, 기도 중에 생생하게 경험하는 말들이나 이미지들, 예기치 못한 정서적인 반응, 어디에서 오는지 알 수 없는 것처럼 보이는 급작스러운 통찰 등, 이 모든 것이 이 범주에 속한다. 초대의 수도원 스승들 역시 이러한 체험들을 누렸으며, 그것들을 어떻게 받아들일까 하는 점은 광야에서 격론의 대상이었다.

한편, 다음과 같은 경고들이 『금언집』 중에 가득히 나오는데, 모든 종교적 체험을 불신하라는 취지이다.

그들은 또다른 노인에 대해, 그가 독방에서 유혹을 겪고 있는 동안 악마들을 얼굴을 맞대고 보았는데 그들을 멸시하였다는 이야기를 했다. 악마는 자신이 지는 것을 보고는, 그에게 와서 자신을 나타내 보이면서, "내가 그리스도이다"라고 말했다. 그 노인은 그를 바라보고 눈을 감았다. 악마가 말했다. "내가 그리스도인데, 왜 너는 눈을 감았느냐?" 노인은 대답했다. "나는 이승에서 그리스도를 보지 않고 저승에서 볼 것이다." 그러자 악마는 그 말을 듣고 사라졌다.[38]

압바와 암마들은 결코 하나님으로부터 오지 않은 "종교적 체험들," 즉 위의 말씀에서처럼 하나님에 대한 거짓된 환상들 뿐만 아니라, 성경에 대한 거짓된 통찰과 거짓된 양심의 고통들 등을 체험할 수 있는 인간의 능력을 예리하게 의식하고 있었다.[39] 만일 수도인들이 이 경험들을 진지하게 받아들였다면, 그것들은 허다한 방식으로, 즉 그들을 자살이나 살인을 하도록 조장하는 것과 같은 식으로 해로울 수 있었을 것이다. 하지만 가장 통상적인 염려는, 그 체험이 수도사로 하여금, 하나님께서 그를 특수한 계시를 위해 분리시켜서 공동체의 나머지 사람들보다 더 우월하며 더 이상 그들을 필요로 하지 않는 것처럼 믿도록 권장할 것이라는 점이었다.[40]

그러나 참으로 하나님께로부터 오는 것으로 여겼던 체험조차도 압바와 암마들은 경계하였다. 이는 그것을 받은 자들이 그로 인해 자신들이 그들의 형제 자매보다 하나님과 더 참되고 특별한 관계를 맺고 있다고 생각하거나 그들이 진리를 더 많이 안다고 생각하게될 위험을 항상 수반하고 있었기 때문이다. 그래서 우리는 『금언집』 속에서, 하나님의 거짓된 계시 뿐만 아니라 참된 계시로부터 결과되는 수도사들의 파멸,[41] 그리고 어떤 종류의 종교체험도 구하지 말라고 경고하는 일반적인 분위기를 예증하고 있는 이야기들을 발견한다.

반면에, 수도원 문헌은 또한 참되고 극히 가치있는 종교체험에 대한 서술들로 가득차 있다. 이들 중 어떤 것들은 특정한 상황에 대한 통찰을 제공하는 꿈들이나 환상들이다.[42] 다른 것들은, 도로테오스가 영구적으로 그의 두려움들로부터 자유케 되었던 때처럼 참으로 생을 변화시키는 것이었다.[43] 또다른 것들은 스승들이 묘사할 수 없거나 하기 원하지 않는 하나님과의 몰아적 합일을 다루는 듯하다.[44]

이 모든 것으로부터 우리는 우리 자신의 기도를 위해 몇가지를 배울 수 있다. 무엇보다도, 압바들과 암마들은 우리에게 결코 단순히 종교체험을 액면 그대로 받아들이지 말라고 가르친다. 첫째로, 우리는 그것이 하나님에게서인지 아닌지를 진지하게 질문해야 한다. 둘째로, 그것은 상고되고 평가되어야 하는데, 어떤 경우에는 매우 오랜 시간에 걸쳐 그렇게 해야 한다. 단순히 그것을 경험하는 것으로는 충분하지 않다. 만일 그것이 하나님에게서 온 것이라면, 그것은 우리가 누구인지 또한 어떻게 우리가 매일의 생활속에서 사랑하는가의 문제에 통합되어야 한다. 그렇지 않으면, 비록 그것이 하나님께로부터 왔다고 해도 상실될 것이다.

만일 우리가 어떤 강력한 종교적 체험을 했다면, 우리는 그것이 단지 강렬하다고 해서 반드시 하나님께로부터 온 것은 아니라는 사실을 언제나 기억할 필요가 있다. 다양한 종류의 외적, 내적 스트레스와 욕망들 밑에서, 마음은 온갖 종류의 것들을 산출할 수 있다. 수도사들에게는 각 체험의 진실이 시험되어야 했으며, 그 일차적인 고대의 시험은 사랑이었다. 이 경험이 우리를 특별히 선택된 것처럼 느끼게 하거나 그로 인해 공동체 안팎의 다른 사람들에 대해서 우월하다든지 책임이 없는 것 같은 느낌을 가지게 만드는가? 그것은 삶에서 사랑보다 더 높은 목표들이—명예나 자기성취나 복수처럼—있다고 상정하는가? 그것은 다른 사람들을 판단하도록, 하나님의 백성에 속할 자격이 있는 사람은 누구이고 없는 사람은 누구라고 말하도록 우리를 인도하는가? 만일 기독교적 삶의 목표가 사랑이라면, 사랑을 파괴하는 것은, 그 정의(定義)에 의하면, 하나님에게서 비롯된 것이 아닌 것이다.

혹은 이 경험이 우리에게 우리 자신과 다른 사람들 혹은 하나님에 대하여 사랑을 더 조장하는 통찰을 주는가? 그것은 우리에게 우리 자신이나 다른 사람들에 대한 힘이나 동정심을 주는가? 그 통찰들은 오랜 시기에 걸쳐 계속 유효한가, 아니면 단순히 하나의 감성적인 고조로서, 사라져 없어져버릴 뿐만 아니라 우리로 하여금 또하나의 다른 것을 구하도록 만드는가? 그것을 우리 자신 속에 통합시키는 것은 우리가 보고 느끼고 생각하는 방식들을 변화시키는가?

중년이 된 내 친구 중 하나가 어느 사순절 때의 그의 기도 훈련에 관해 나에게 말하였다. 그는 항상 그의 모친과 마찰이 있어왔지만, 최근의 한 방문이 그에게 그 자신을 위해서는 아니지만 모친을 위해 그녀와 평화를 이루는 것이 필요하다는 확신을 가지게 하였다. 그는 사순절 기간 동안에, 그의 최초의 기억들을 통과하여 그들의 반목의 몇몇 원천들에 도달하려고 시도하는 데 기도를 사용하려고 결심했다. 첫 주가 지나는 동안에, 그는 자신의 아이 시절에 대한 진정한 증오심을 느꼈으며, 그의 모친과의 전쟁이 그것과 연관되어 있음을 인식하였다. 이 증오를 직면할 도움을 위해 수주간 동안 기도한 후에, 그는 어느날

제3장 기도에 이르는 길 127

아침 그의 마음 속에 하나의 매우 강력한 이미지를 발견했다. 즉 그는 물 속에서 수영을 하고 있었는데, 그때 그가 자기 자신이라고 알고 있는 한 작은 아이가 그의 밑에서 위로 헤엄쳐 와서 그의 몸에 그 손과 발을 감았다. 그는 자기가 갑자기 이 아이에 대한 사랑으로 가득하게 되었으며 그 아이를 보살피고 돌볼 수 있다는 확신이 생겼다고 내게 말했다. 그의 말에 의하면, 그때 이후로 어렸을 때의 자신에 대한 증오가 영구적으로 해소되었다는 것이다.

하지만, 그의 기도의 원래의 계기는 그의 모친과의 관계의 치유를 향한 것이었다. 비록 그 원천적 경험이 하나님의 선물이었으나, 하나님은 우리를 위해 우리의 생각을 대신 해주시는 것은 아니다. 그의 경험의 의미에 대한 반성과 그것을 통한 기도를 수년간 한 후에, 그의 모친과의 관계는 치유되었다. 그의 경험이 참으로 하나님의 은사였다는 확실한 표시는 그것에 대한 반성이 아직도 그에게 하나님, 타인, 및 하나님의 세계에 대한 사랑을 배우는 데 있어서 새로운 통찰들과 도움을 주고 있다는 사실이다.

우리의 기도를 위해 필요한 하나의 최종적인 수도원적 통찰이 있다. 압바 시소에스(Sisoes)는 이렇게 말했다.

> 하나님을 구하라. 그리고 그가 거하시는 곳을 구하지 말라.[45]

종교적 체험을 구하는 것은 큰 유혹이다. 수도원 스승들은, 하지만 이것이 항상 실수라는 것을 확신하였다. 한편, 하나님에 대한 열망을 종교적 체험에 대한 욕구로 대신하는 것은 단순히 너무 쉬운 것이다. 어떤 체험이 아무리 강력하다고 해도, 하나님은 체험이 아닌 것이다. 어떤 사람이 종교적 체험을 하는 여부는 아마 성격과 기질의 문제일 것이다. 수도인들이 믿기에, 어느 누구도 하나님과의 진실한 관계를 가지기 위하여 종교적 체험을 필요로 하지 않는다. 기도는 하나님과 함께하는 삶이다. 우리가 가장 필요로 하는 것은, 우리가 사랑하기를 배우고 있는 하나님과 일상적인, 심지어 단조롭게 거듭되는 평범한 방식으로, 함께 사는 것을 배우는 것이다.

6. 꾸준함과 용기

기도는 일생 전체에 걸친, 하나님과 함께하는 삶이다. 이 함께 하는 삶 속에서 우리는 하나님의 형상의 분량으로, 우리가 의도되었던 바 하나님의 동반자로 성장하는 것이다. 그밖의 어떤 다른 일을 우리가 하든지 혹은 어떤 다른 존재가 되든지 간에, 이러한 성장이 일어나기 위하여, 우리는 이와 관련된 근본적인 수도원적 덕들인 꾸준함(지속성)과 용기를 필요로 한다. 우리는 기도를 하나의 투쟁으로, 심지어 "마지막 숨을 쉬기까지 싸우는 전쟁"으로서,[46] 그 속에서 우리가 보지 않으면 좋을 우리 자신의 부분들을 대면하게 되고, 손실된 바들을 받아들이고, 치유를 위해 하나님 및 우리 자신과 씨름하는 것이라고 말한 바 있다. 하지만, 기도의 가장 힘든 투쟁들 중의 하나는, 하나님께서 우리와 대면하여 서서 우리를 고통스러운 치유와 성장으로 부르실 때가 아니라 하나님께서 계시지 않는 것같이 여겨질 때에 흔히 찾아온다.

내 친구 중의 하나는 1, 2년 전에 집에서 그의 딸과의 관계에서 비롯된 것과 병행하여 일터에서 비롯된 어려운 상황에 연관된 극심한 우울증을 겪고 있었다. 몇 개월간 계속된 그 시기 동안에 그는 하나님께서 그가 기도할 때 전혀 계시지 않는 것처럼 느껴져서 결국 하나님이 그가 앉아서 기도할 때 고의적으로 물러나시는 것 같았다는 것이다. 심지어 매일 의자에 앉는 것조차 그에게는 일종의 고문과 같았다. 그가 이미 많은 고통을 당하고 있었으므로, 더 이상 기도할 수 없다고 결정하고 기도를 중단하려는 유혹이 매우 강했다. 하지만 그는 압바들과 암마들에게 잘 훈련된 사람이었으며, 그들이 그에게 가르친 바를 신뢰하였다. 그는 계속 "자신에 반대하여 나아갔으며"[47] 마침내 하나님의 부재 속에서조차 하나님께서 그에게 이렇게 말하는 것을 듣게 되었다. "지난 수년 동안에 나는 너를 붙들어 주었으며 네가 마음 속에 지니고 있는 어릴 때의 상처들로부터 너를 보호해 왔다. 나는 너의 온전함을 원하며, 그래서 지금 네가 저 상처들을 위한 참된 치유를 구하도록 너로부터 물러서 있는 것이다. 나는 물러서 있지만, 너와 함께 있다." 나의 친구의 말에 의하면, 기이한 것은 한번 그가 하나님의 부재의 의미를 인식하게 되자, 의자에 기도하려고 앉는 것이 그후로도 상당기간 쉬워지지는 않았지만, 그 자신의 치유를 향하여 능동적인 단계들을 밟기 시작했다는 것이다. 점차로, 하나님의 부재에 대한 감각을 가지고도, 그는 이제 그의 삶 전체가 기도가 되었음을 인식하였다. 부활절에 그의 시련은 끝났다. 그의 우울증의 치유가 시작되었으며, 그의 매일 기도는 새롭고 행복한 전환을 맞았던 것이다.

　기도에서의 "성공"은 최종적으로 우리가 어떻게 느끼는가, 심지어 우리가 하나님의 임재를 느끼는지의 여부와도 상관없다. 바로 지금 우리의 기도 속에서 이루어지고 있는 바는 우리 일생의 더 큰 기도의 작은 일부에 불과한 것이다. 기도는 하나님과 함께하는 삶이기 때문에, 우리는 우리의 기도가 우리가 소원하는 대로 제어할 수 있는 우리 자신의 것이라는 생각을 단념해야 한다. 우리는 꾸준하고 용감해야 하며, 하나님을 충분히 신뢰함으로써 우리의 기도가 어떤 형태를 취하든지 간에 하나님께서 항상 우리가 모르는 방식들로 우리 안에서 역사하신다는 것을 믿어야 한다. 시편과 씨름하던 그 여자나 우울증과 씨름하던 그 남자는 그들의 매일 기도의 실천을 중단하려는 심각한 유혹을 받았다. 둘 다 모두 같은 실패들을 느꼈다. 한 사람은 하나님께서 적대적이라고 느꼈다. 한 사람은 하나님께서 계시지 않다고 느꼈다. 암마 신클레티카(Syncletica)는 이와 같은 때에 다른 수도원에 가려는 유혹을 느끼는 수도사에 대하여 말했다.

> "만일 네 자신이 한 수도원에 있는 것을 발견한다면 또 하나의 다른 곳에 가지 말아라. 왜냐하면 그 일은 너를 크게 해칠 것이기 때문이다. 어미새가 품고 있는 알들을 버리면 그 알들이 부화되지 못하듯이, 수도사나 수녀가 한 곳에서 다른 곳으로 갈 때 냉냉하게 되며 그들의 신앙이 죽게 된다."[48]

우리의 기도에서도 마찬가지이다. 때때로 우리가 하나님을 향하여 가장 많이 성장하는 것은, 기도하기 쉬운 때가 아니라, 혼돈, 혼란, 고통, 혹은 심지어 권태의 시기들에서인 것이다. 그때 우리 기도를 중단하는 것은 알들을 차갑게 되도록 버려두는 것이 된다.

삶은 항상 변하고 있기 때문에, 기도 역시 언제나 변하고 있다. 닛사의 그레고리는 이 근본적 현실의 진리를 확신하고 있었기 때문에, 영원 자체 속에서의 기독교인의 삶을, 하나님의 사랑과 생명으로 계속 끝없이 변화되어가는 성장으로 묘사하였다.[49]

기도는 생명을 위한 것이다. 기도는 기도하는 사람에게 분리된 세계를 제공하기 보다는 오히려 그 반대를 주는 것이다. 기도는 우리를 사랑으로 인도한다. 기도와 사랑은 "영적인" 것과 "매일의" 것 사이의 경계선들을 제거한다. 또는 달리 말한다면, 도로테오스의 원을 기억하라. 만일 우리가 살고 있는 평상적인 세계가 원의 밖이고 하나님이 원의 중심에 계신다면, 우리를 중심과 연합시키는 것은 사랑이며, 기도는 사랑의 정황을 제공하며, 사랑을 가능하게 해준다. 따라서, 다음의 세 장에서 우리는 사랑과 기도 속에서의 우리의 성장에 관해 이야기할 것이다. 제 4 장에서 우리는 하나님 안에서 우리의 참 모습을 주장하는 것을 배우는 일이 어떻게 사랑에 필요한지를 보게될 것이다. 제 5 장은 이웃 사랑에 필요한 덕들에 대한 논의가 될 것이며, 제 6 장은 기도와 하나님에 대한 사랑에 관해 살펴볼 것이다.

제 4 장
"오직 나 자신과 하나님"

제 4 장

"오직 나 자신과 하나님"

만일 기도의 삶이 또한 하나님과 서로를 향해 사랑 가운데 움직여 가는 삶이라면, 고대의 수도인들은 그 사랑을 행하는 자아가 없는 곳에 사랑도 있을 수 없다는 것을 알고 있었다. 광야의 압바들과 암마들은 하나님과 이웃에 대한 사랑이 기독교적 기도생활의 출발점일 뿐만 아니라 목표라는 것을 확신하였다. 기독교인들로서 우리의 삶 자체는 이 진리에 대한 우리의 이해에 의존하고 있다.

> [압바 안토니는] 이렇게 말했다. "우리의 삶과 우리의 죽음은 우리의 이웃과 함께한다. 만일 우리가 형제[자매]를 얻으면 하나님을 얻는 것이지만, 만일 우리가 형제[자매]를 중상하면, 그리스도에 대해 죄짓는 것이다."[1]

역설적으로, 타인들과 하나님에 대한 이러한 사랑이 기독교적 삶의 전체라는 바로 그 이유 때문에, 우리는 초대 수도원 가르침의 핵심에 다음과 같은 진술이 있음을 발견한다:

> 압바 알로니우스(Alonius)는 이렇게 말했다. "만일 사람이 그의 마음 속에 세상에는 오직 나 자신과 하나님만 존재한다고 말하지 않는다면, 그는 평화를 얻지 못할 것이다."[2]

이 진술에서 알로니우스는 먼저 우리 자신을 위해 저 사랑을 행하는 자아를 주장하는 법을 배우는 기독교적 과제에 들어가지 않고는 타인들을 사랑하는 법을 배우는 일을 시작할 수조차 없다고 우리에게 말한다. 이 장에서 우리는 왜 그리고 어떻게 압바들과 암마들이 이것이 진실임을 알았는지를 보게 될 것이다.

1. 왜 나는 자아를 필요로 하는가?

많은 현대의 기독교인들에게, 사랑하는 것은, 예수께서 타인들을 위해서 그의 삶을 버리셨듯이 기독교인들도 그들의 매일의 삶에서 타인들을 위해 그들의 자아를 버려야 한다는 것을 뜻한다.

매우 중요한 의미들에서 이것은 진실이다. 모든 사랑은, 심지어 확연히 기독교적이지 않은 사랑조차, 자기를 주는 것을 요구한다. 그들의 아기들을 사랑하는 부모들은 아기들의 요구에 맞춰주기 위하여 고요하고 방해받지 않는 잠을 바라는 자신의 요구를 기꺼이 제쳐놓아야 한다. 일주일 내내 일하거나 주말의 시간을 외떨어진 호수에서 홀로 낚시를 하며 보내는 데 익숙해 있는 사람은 결혼할 경우, 그의 아내를 사랑하며 그녀와 삶을 함께 나누기 원한다면 그의 삶에서 몇가지 실제적 변화를 겪어야 할 필요가 있을 것이다. 학생들을 사랑하는 스승들은, 그들의 성격이 하루에 열 시간을 연구를 하면서 서재에 홀로 갇혀 보내도록 촉구한다고 하더라도, 저 학생들을 위해 쓸 수 있는 시간을 발견해야 할 것이다.

참된 기독교적 사랑이 이처럼 자기 희생적인 성격을 가지기 때문에 기독교인들은 전혀 자아를 가져서는 안된다고 생각하려는 유혹을 받게 되는 점에 이르러 곤란이 생기게 된다. 대신에 기독교인들은 자신을 그들이 사랑하는 사람들을 위해 넘치게 주어야 하며, 마치 모래 위에 붓는 물처럼 자신을 그들이 사랑하고 섬기는 자들을 위해 쏟아부어야 한다는 것이다. 이것은 효과가 없는 생각이다.

목회에 들어서는 사람들은, 타인에 대한 사랑이 자아를 포기하는 것을 요구하며 그들의 회중들이 그것을 더 강화시킨다는 이러한 믿음에 특히 약하다. 목회자들은 놀라울 정도로, 매일 휴식을 취하고 가족들과 함께하는 데 시간을 보낸다는 생각에 반대하며, 나아가서 기도와 연구에서 하나님과 함께 시간을 보내는 일에 훨씬 덜 힘을 쏟는다. 그들의 시간을 요구하는 수많은 사람에 둘러싸여, 그들은 이기적인 것과 합법적인 필요들을 충족시키는 것 사이를 구분할 수 없게 된다. 불행하게도 그들과 그들의 회중 양자 모두가 지쳐버리는 일이 속히 들이닥칠 때 이러한 혼란에 대해 높은 대가를 치르게 된다. 신학교를 나온지 2년이 된 목회자가 겉으로는 멀쩡한데 빈 껍데기만 남은 사람처럼 되어서 어느 사람이나 어느 일에도 응답할 수 없게 된 일처럼 낙심되는 일도 없다.

우리(미국) 문화는 참된 기독교 여성들이 그들의 남편, 가족,

친구 및 교회의 필요들과 소원들을 위해 전적으로 자신을 포기해야 한다는 믿음을 강화시킨다. 많은 여자들이 잘못된 결혼을 벗어던지는 것을 정당화할 수 없다고 생각한다. 다른 여성들은 가정에서 가족에 대한 사심없는 사랑을 입증하기 위하여 가계의 의무들을 다하는 데 그들의 시간을 다 바침으로 계속 기진맥진하게 된다. 또다른 여성들은 끊임없이 자신을, 다른 사람들을 위해 해야 하는 일들에 지나치게 맡김으로써, 스스로 부과한 짐 아래에서 자신이 무너지는 것을 발견하며, 비현실적인 약속들을 수행해 나갈 수 없게 될 때와 같은 어려운 상황들에 처하여 다른 이들을 낙담시킨다.

고대 수도원 사람들은 사랑을 하는 자아가 없을 경우에 타인에 대한 사랑이 있을 수 없으며, 하나님에 대한 사랑은 훨씬 더 그렇다는 사실을 알고 있었다—혹은, 오히려, 배워야만 했다. 그들은 자유롭게 그 자아의 요구들을 무시하거나 그것을 다른 사람에게 넘겨줘 버린다는 것이 불가능함을 배웠다. 그들은, 그 자아를 던져 버리거나 예속되도록 팔아버리거나 무시하면서, 그들이 가장 신실하게 사랑하기 원하는 이들을 여전히 사랑할 수는 없었던 것이다. 그들이 이를 깨달은 이유는 인간이 바로 그렇게 만들어져 있음을 알았기 때문이다. 우리 자아는 하나님께서 주신 것이다. 그것은 하나님의 형상대로 만들어졌다. 그 참 모습(正體)은 하나님 안에 있으며, 그가 가지는 일차적 관계는 하나님과의 관계이다. 이것이 왜 압바 알로니우스(Alonius)가 다음과 같이 말했는지를 설명해 준다:

> "만일 사람이 그 마음 속에 세상에는 오직 나 자신과 하나님만 존재한다고 말하지 않는다면, 그는 평화를 얻지 못할 것이다."

내 친구 하나는 어려운 방식을 통해 수도원적 가르침의 진리를 배웠다. 그녀의 두 자녀가 어렸을 때, 가정이 여러모로 어려웠으므로 그녀는 아이들을 집에서 돌보았을 뿐만 아니라 또한 일해서 그들을 부양하였다. 그녀의 아이 중 큰 아이는 엄마가 어쩔 수 없이 자주 지쳐버리는 것을 원망했으며, 만일 엄마가 그를 더 사랑한다면 덜 피로해 보이고 그와 시간을 더 보낼 수 있으리라고 믿었다. 그녀의 죄책감은 그녀에게, 아이의 불행이 그녀가 그를 위해 더 희생하지 못한 것 때문에 비롯된다고 말했으며, 그래서 그녀는 온갖 힘을 다해, 이성을 거스릴 정도로 "더 잘하려고" 했다. 그러나, 그녀의 그러한 새로운 노력들은 도움이 되지 않았다. 그 아들이 십대 후반이 되었을 때, 그는 엄마를 징벌할 완벽한 방식을 고안해 내었다. 그는 오토바이를 샀는데, 그의 어머니는 2년 동안 공포와 분노, 그리고 더욱더 죄책감에 사로잡혀 살게 되었다. 만일 그가 즉시 사고로 죽지 않으면, 일생 동안 자신을 불구로 만들 것이라고 그녀는 확신했다. 정신적 고뇌 속에서 그녀는, 수년에 걸쳐 그녀가 잘못한 모든 것 뿐만 아니라 그를 위해 해주지 못한 모든 것을 생각해 보았다. 그녀는 "더 좋은 엄마"가 되지 못했다는 생각에 사로잡혔으며 문제없는 자녀를 둔 엄마들 앞에서 수치를 느꼈다. 그녀는 그에게 오토바이를 포기하라고 간청했으나, 아무 소용이 없었다.

　마침내, 그녀는 더 이상 어떻게 할 수 없게 되었다. 이 시점까지 그녀의 매일 기도 속에서 그녀는 하나님께 자신이 더 좋은 엄마가 되도록 도와달라고 간구해 왔으나, 아무 것도 더 좋아진 것이 없었다. 갑자기 그녀는 자신에게 기독교적 사랑에 관한 기본적인 무엇인가가 결여되었음을 볼 수 있었다. 이제 그녀는 실로 그것이 무엇인지를 발견하고자 하나님과 씨름하였다. 서서히 그녀는 그녀 자신의 참 모습이 어떤 것인지를 볼 수 있게 되었다. 즉, 좋은 엄마가 되려는 그녀의 소원은 자녀들을 위해 자신을 쏟아붓는다는 생각들에 연결되어 있음을 깨달았다. 그녀는 엄마됨에서 자신의 아이덴티티(참 모습)를 찾으려고 애쓰는 가운데 자신은 그녀 자신 뿐만 아니라 아들도 잃어버렸다는 사실을, 고뇌와 분노 중에, 볼 수 있게 되었다. 그녀는 그녀의 참 모습이 오직 하나님께 있으며, 어떤 형태로든 선하게 되는 데 있지 않음을 발견하였다. 사랑은 그녀의 아들이 무슨 생각을 하든 간에 그녀 자신을 그에게 주어버리는 것은 아니었다. 감정적으로 그녀는 그를 놔버렸고, 자신을 죽게 하거나 불구되게 하는 것은 그의 결정이지 그녀의 결정은 아니라는 사실을 마음에 확정하였다. 무거운 우울증의 세력은 그녀로부터 떠나갔으며, 그녀는 평온을 찾기 시작했다.

    세 주일 후에, 아무런 의논도 없이 아들은 오토바이를 팔았다. 그는 자신을 위해 더 안전한 탈 것을 찾았을 뿐만 아니라, 그의 삶의 다른 영역들에서도 행동이 훨씬 덜 자기파괴적인 모습을 가지게 되었다. 그러나, 이는 그가 그의 어머니와 화해하게 되었음을 뜻하지 않는다. 진실로, 이제 이십대가 된 그는, 더 이상 그가 어머니를 조종할 수 없게 되었을 때 그녀가 그를 "포기한" 사실을 용서하지 않을 것이다. 그럼에도 불구하고 그는 마침내 대부분의 삶의 영역에서 자신의 인생에 대한 책임을 지게 되었다. 여러 개월에 걸쳐 기도 속에서 이 과정 전체를 숙고해 보면서, 그녀는 마침내 그녀 자신을 아들을 위해 쏟아부어 주어야 한다는 그녀의 확신이 실제로는 그의 참된 필요들을 보는 것을 방해했음을 이해하게 되었다. 아들에게는 그와 마주 서서 이렇게 말할 어머니가 필요했던 것이다:"내가 너를 사랑하기 때문에, 나는 내가 한 인격으로서 가치있는 존재인지의 여부를 네가 내게 말하도록 허락하지 않겠다. 오직 하나님께서만 그것을 하실 수 있기 때문이야. 내가 너를 사랑하기 때문에, 너는 네 자신의 삶에 대해 책임을 져야 하며, 그것이 너로 하여금 나를 미워하게 하더라도 그렇게 해야 한다."

초대 수도원적 견지에서, 자아 없이 살려고 애쓰는 것은 정욕이다. 그러한 시도에서 나오는 바 우리가 누구인지에 대한 왜곡은 우리 자신과 타인들에게 많은 상처의 원천이 된다. 이 상처들은 우리가 현실적으로 서로를, 또한 세계와 하나님을 보고 반응하여 행위할 수 없게 함으로써, 우리가 사랑하는 것을 막는다.

이 상처들은 우리의 참 모습(정체성)을 하나님 안에서 주장하지 못하는, 흔히 서로 관련된 많은 연속되는 실패들에 의해 더 복합적인 것이 되어버린다. 몇가지를 더 검토하는 데 시간을 좀더 쓰는 것이 유익하겠지만, 다만 세가지만 살펴보려 한다. 즉, 우리 자아의 가치가 타인들의 인정이나 좋아함에 의해 결정된다는 느낌, 타인들에게 우리 스스로를 제어하지 못하는 일을 가지고 비난하는 것, 그리고 완전주의.[3]

2. 인정의 욕구

내 친구는, 왜 아들에 대한 그녀의 자기 희생적인 사랑이 그를 도와주지 못하는가 이해하려고 씨름하면서, 좋은 엄마가 되려는 그녀 자신의 욕구 자체가 해를 끼친다는 것을 보게 되었다. 그녀가 좋은 엄마가 될 수 있다고 그가 믿지 않는 한, 그녀가 그렇게 될 수 있다는 것을 그녀는 실로 믿지 않았다. 그가 그녀를 인정하지 않았기 때문에, 그녀는 한 인간으로서 실패한 것처럼 느꼈던 것이다. 다른 사람들의 우리에 대한 반응과는 별개로, 이러한 아이덴티티를 파악하는 능력과 무능력이 우리의 삶의 각 시점에서 우리에게 영향을 미친다. 개인적인 차원에서, 사람들은 그들의 배우자, 자신 및 그들의 자녀들을 파괴하고 있는 결혼에서 떠날 수 없음을 발견한다. 그것은 만일 다른 사람들이 그들을 "못된 사람들"로 본다면 자신들을 잃게 되리라는 불안 때문인 것이다. 흔히 우리는 어떤 사람의 좋은 의견을 잃은 것을 발견하면 단순히 자신이 무력해지는 것을 느낀다. 공적으로 인정받으려는 욕구는 상호에게 진실을 말하지 못하게 하거나 그렇지 않으면 확신에 따라 행동하지 못하게 할 수 있다. 민권 운동은, 기꺼이 그 땅의 바로 그 법률들에 대항하여 그로 인해 나쁜 사람들이라는 말도 기꺼이 들으려고 한 사람들이 없이는 결코 발생할 수 없었을 것이다. 우리 교회들은, 인정받으려는 욕구에 마비되어 자신의 회중에 반대하여 서거나 그들의 도덕적인 지도자들이 될 수 없게 된 목회자들 때문에, 놀라울 정도로 고통을 받고 있다.

자신이 타인들과 맺는 관계가 하나님과 맺는 관계에 밀접히 연결되어 있음을 이해한 수도원 사람들은, 그들 자신의 가치가 타인들의 좋거나 나쁜 의견에서 비롯된다는 신념에 빠져들 수 있다는 점에서 극히 상처받기 쉬웠다. 그들의 훈련의 근본적인 부분은 수도인의 정체성이 다른 사람들의 인정에 의해 구성되거나 다른 사람들의 멸시나 인정의 결여로 인해 감소되지 않는다는 것을 배우는 데 목표를 두었다. 수도인들은 기독교인의 정체성(참 모습)이 하나님 안에 놓여있는 것이지, 다른 이들이 그들의 금욕 훈련, 지혜, 혹은 선함을 경모하는지의 여부 혹은 그들이 다른 이들의 기대들에 부응하지 못하기 때문에 그 다른 이들이 상처를 입는지의 여부에 놓여있지 않다는 것을 인식할 필요가 있었다.

이러한 목적으로 압바들과 암마들은 거듭해서 그들의 제자들

에게 자신을 다른 사람들의 의견에 관해서 죽은 것으로 여기라고 말하였다:

> 한 형제가 이집트인 압바 마카리우스를 보러 와서, "압바여, 제게 구원받을 한 말씀을 주십시오"라고 말했다. 그러자 노인은 "공동묘지에 가서 죽은 사람들을 마구 욕해 보아라"고 말했다. 그 형제는 거기에 가서, 그들에게 욕을 퍼붓고 돌들을 던졌다. 그리고 그는 돌아와서 노인에게 그 일에 관해 말했다. 노인은 그에게 "그들이 네게 무어라고 말하지 않더냐?"고 말했다. 그는 "아니오"라고 대답했다. 노인은 "내일 다시 가서 그들을 칭찬해 보아라"고 말했다. 그래서 그 형제는 가서 그들을 칭찬하면서, 그들을 "사도들, 성자들, 의인들"이라고 불렀다. 그는 노인에게 돌아와 그에게 "제가 그들을 칭찬했습니다"라고 말했다. 그러자 노인은 "그들이 네게 무어라고 대답하지 않더냐?"라고 그에게 물었다. 그 형제는 아니라고 말했다. 노인은 그에게 이렇게 말했다:"너는 네가 어떻게 그들을 모욕해도 그들이 응답하지 않았음을 알았고, 네가 어떻게 그들을 칭찬해도 그들이 말하지 않았음을 알았다. 마찬가지로 만일 네가 구원받기 원하면 그와 똑같이 행해야 하며 죽은 사람이 되어야 한다. 죽은 사람처럼, 사람들의 조롱이나 칭찬에 개의치 말라. 그러면 너는 구원받을 수 있을 것이다."[4]

마카리우스의 제안에 명백히 함축된 뜻은, 우리 자신의 궁극적인 정체성이 다른 사람들이 우리를 평가하는 데 연결되어 있지 않다는 것을 우리가 알 수 있게 되지 않는 한, 우리 자신을 잃게 되리라는 것이다.

3. 완전주의

완전주의는 자아에 대한 또다른 위협이다. 인정받으려는 욕구 속에서 우리는 타인들에게 우리 자신에게 가치를 주거나 거부할 권리를 부여하는 한편, 완전주의의 정욕은 우리의 참된 가치가 하나님에게서 오는 것이 아니라 우리가 행하는 바와 어떻게 그것을 행하는지로부터 오기 때문에 우리의 자아를 공로로 얻어야만 한다는 신념에서 유래되는 것이다. 광야에서의 완전주의의 한 표현은, 초심자들이 압바들이나 암마들의 조언에서 벗어나 더욱 자주 기도하려는 생각을 흔히 느끼게 되는 강박관념 같은 것이었다. 하나님에 대한 그들의 가치가 적어도 부분적으로 그들 자신의 기도하려는 노력들로부터 오지 않는다는 것을 믿을 수 없었기 때문에, 그들은 잠자야 할 시간인 한밤중에 여러 번 깨어 기도했던 것이다. 결과적으로 그들은 곧 기진맥진하게 되어서 수도생활을 전적으로 떠나게 되었다. 흔히 완전주의적 수도사는, 금욕 훈련들의 요점은 구원을 공로로 얻는 것이라기보다는 사랑의 증가라는 사실을 잊었던 것이다. 그 결과로, 그는 더욱더 가혹하고 실제로는 자신을 패배시키는 실천들에 빠져드는 유혹을 받았던 것이다.

> 교부들 중의 하나가 독방에 관해 이야기하면서, 언젠가 거기에 돗자리[천들 대신에 긁히는 밧줄로 만든]를 걸쳐 입은, 열심이 지나친 노인이 있었다고 말했다. 그 사람은 압바 암모나스를 찾아 갔는데, 돗자리를 입고 있는 것을 본 암모나스는 그에게 "이것은 당신에게 아무 소용도 없소"라고 말하였다.

그러나 그 노인은 암모나스가 그의 완전주의에 관해서 무엇을 말하고 있는지조차 들을 수 없었으며, 더 나아가서 그에게 어떻게 자신의 금욕생활을 증가시킬 수 있는지 물어봄으로써 문제를 더 혼란케 만들었다.

"세가지 생각이 나를 사로잡고 있는데, 내가 광야에서 방황할 것인가, 혹은 아무도 나를 모르는 이방 땅에 갈 것인가, 혹은 독방에 자신을 몰아넣고 누구에게도 문을 열어주지 않고 오직 이틀째마다 음식을 먹을 것인가 하는 것입니다." 압바 암모나스가 대답했다. "이 세가지 중 어떤 것도 바르지 않소. 오히려, 독방에 앉아서 매일 조금씩 먹으며 마음 속에 세리가 품었던 세계를 항상 지닌다면, 구원받을 수 있을 것이오."[5]

현대적인 옷을 입을 경우, 완전주의의 정욕은 어떤 모습을 띨 것인가? 그것은 상당히 많은 외양을 통해 나타난다. 만일 우리가 더 기도하고, 더 많이 또는 더 낫게 사랑하고, 우리의 헌신을 지속하기 위해 더 힘껏 노력하고, 아무리 영혼을 파괴하는 것일지라도 더 심하게 일한다면 우리가 "더 나은" 사람이 되리라고 믿는 것은 완전주의이다. 우리만큼 열심히 일해야 되지 않는 사람들에 관해 판단하는 입장을 취하는 것도 완전주의이다. 실패가 두려워서 계획한 일들을 미루거나, 하지 못하는 것은 일종의 완전주의이다. 우리의 생활 속에서 그것이 철저하고 획기적이지 못할 경우에는 변화를 만들지 못하는 것도 일종의 완전주의적인, 전체 아니면 무(無)라는 식의 사고에서 흔히 유래된다. 그 가장 고통스럽고 널리 퍼진 형태들 중의 하나에서, 완전주의는 우리의 삶의 모든 영역에서 상상된 실패들에 관한 끊임없는 죄책감의 상태 속에 우리를 가둘 수 있다. 완전주의는 그 모든 형태에서, 우리로 하여금 바로 우리의 삶 자체에 대한 우리의 권리가, 그 무엇이든 우리에게 중요한 일에서 우리가 성공할지의 여부에 결속되어 있다고 느끼도록 만드는 정욕인 것이다. 이러한 극단적인 집착은 돌이켜 우리가 진실로 다른 사람들에게 사랑을 돌이킬 수 없도록 방해한다.

4. 나 자신을 희생자로 명명하는 것

우리가 하나님 안에서 우리의 참 모습을 찾는 데 흔히 실패하면서 부딪히게 되는 위의 곤란들에 밀접히 관계되어 있는 문제는, 우리 스스로를 우리가 사랑하고 섬기고자 뜻하는 사람들의 희생자로 확인하는 것이다. 이것 역시 수도원적 문제였다.[6] 우리는 여기서 이전에 보았던 이야기로 되돌아가 볼 수 있다.

> 한 형제가 공동체에서 불안해 하면서 자주 화를 내곤 했다. 그래서 그는 이렇게 말했다. "나는 가서 다른 곳에서 혼자 살겠어. 그러면 누구에게 말하거나 들을 수 없게 될테니까, 고요하게 되고, 내 강렬한 분노가 그칠꺼야." 그는 나가서 한 동굴에서 혼자 살았다. 그러던 어느날 항아리에 물을 채워 놓아두었는데 갑자기 그것이 넘어지는 일이 일어났다. 다시 물을 채워두었는데 또다시 항아리가 넘어졌다. 이러한 일이 세번이나 일어났다. 그러자 그는 격분하여 항아리를 홱 집어던져 깨뜨려버렸다. 제 정신으로 돌아온 그는 분노의 악마가 자신을 조롱했음을 알았고, 이렇게 말했다… "공동체로 돌아가야겠다. 어디서 살든지 간에, 노력과 인내, 그리고 무엇보다도 하나님

의 도우심이 필요하구나."

　거듭해서 압바들과 암마들은 그들의 제자들에게, 그들 자신이 스스로의 실수들과 잘못들에 책임을 지는 방식들을 찾아봄으로써, 그와 같이 망쳐놓은 일들에 대한 책임을 지고 그리하여 그들의 삶에 변화들을 가져올 수 있게 하라고 가르친다. 완전주의는 그 모든 다양한 형태에서, 다른 사람들 또는 심지어 하나님에게, 우리가 되고자 원하는 사람이 되지 못하는 잘못을 드러나게 또는 미묘하게 비난하는 것을 특징으로 한다. 우리 자신을 희생자로 삼거나 우리의 형편에 대한 대부분의 비난을 우리 자신 밖에 두는 이러한 정욕으로부터 고통을 받으면서, 우리는 또한 우리에게 일어나는 일에 영향을 미칠 수 있는 자신의 능력을 스스로에게서 제거하게 된다. 그 드러난 형태들에서, 우리가 스스로를 희생자적 마음상태에 사로잡히게 만드는 것은 다음과 같은 명백한 것이다. "만일 내가 네게 결혼하지 않았다면, 의사가 되었을 텐데." 혹은 "나는 이 수업을 택할 수 없어. 그러면 내 남편이 화를 낼 테니까." 혹은 "교회 사람들은 만일 내가 이 직업을 그만두면 무책임한 놈이라고 생각할꺼야." 등등.
　그러나 덜 명백한 형태들에서, 습관적으로 우리 자신의 참 모습을 주장하지 못하는 우리의 무능력에 대한 비난을 우리 자신의 밖에서 찾는 것은, 그것이 흔히 기독교적 사랑이라는 외양 아래에서 행해지기 때문에 더욱더 파괴적이며 더 직시하기 어려운 것이 된다. "나는 오늘 일을 그만두고 병원에 가서 스미스 부인을 심방할꺼야. 그녀는 쉽게 감정이 상하거든"이라고 한 목회자가 말한다. 영혼을 파괴하는 관계와 씨름하고 있는 한 애인이나 부부 중의 한 사람은 "나는 이 관계에서, 나라는 사람이 내가 되고자 하며 그렇게 되어야 마땅하다고 믿는 모든 것을 훼

파하고 있음을 알고 있어. 하지만 그는 나를 필요로 하며, 내가 만일 그를 떠나면, 그를 죽게 만들꺼야"라고 말한다. 끊임없이 그녀 자신의 연구를 제껴놓으면서 항상 긴급하게 의논할 꺼리를 가져오는 한 만성적인 문제 학생에게 이야기하는 한 여선생은, "내 학생은 그처럼 나쁜 인생을 살아왔으며, 그에게 주의를 기울여줄 어떤 다른 사람도 없지 않은가. 내가 어떻게 그를 만나기를 거절할 수 있겠어?"라고 말할지도 모른다. 얼마 안가서, 그들이 사랑에서 비롯되는 행동을 하고자 의도하는 곳에서 그들은 분노와 죄책으로 가득차게 된다.

  사랑은, 적어도 처음에는, 이 사람들 각자에게 동기를 주었으나, 그것이 전부는 아닌 것이다. 그들 각자는 사랑하는 일이 자아의 욕구들에 대한 주장을 전혀 포기하는 것 외에는 다른 선택을 남기지 않는다고 믿기 원한다. 그들은 자신을 주장하기 시작하는 능력이, 그들이 섬기는 사람들에게 자신들의 요구들을 인정하고 그 요구들을 돌보는 일을 허락받는 데 의존하고 있다고 믿는다. 그들은 정욕으로부터 고통을 받고 있는 것이다. 그들은 이런 일이 홀로 일어나지 않을 것이라는 사실을 보지 못한다. 그들은 자신을 포기하는 것을 선택하였다. 그들은 진실하고 관대한 사랑이 존재하려면 없어서는 안될, 자아를 다시 주장하는 일을 선택해야만 될 것이다.

5. 우리 자신을 하나님 안에서 주장하기 시작함

  "세상에는 나 자신과 하나님만 존재한다"고 말하는 것과, 그 말대로 살아나가려고 시도하는 것은 별개의 일이다. 세상 사람들, 직업들, 그리고 조직들이 매일 우리에게 "너는 나에게 속해 있다"라고 말하는 경우에, 어떻게 우리가 그렇게 할 수 있겠는가? 우리 자신의 가장 깊은 감정들, 습관들, 그리고 행동 양식들이 우리를 거슬러 작용할 때, 그것은 과연 가능할까?

그 과제가 어렵다는 것은 사실이다. 우리는 자아를 주장하는 것이 무엇을 뜻하는지를 일찍이 다양한 장소에서 잘 배워왔다: 즉 우리 인생의 권위있는 사람들이—부모와 조부모와 주일학교 선생님들—우리에게 말해준 바와 우리에게 가르쳐준 모범, 우리가 다른 아이들에게서 들은 것들, 하나님이 어떤 분이심에 틀림없다고 생각하는 바, 그리고 그가 우리에게 무엇을 요구하시는지 등에 관해 우리 스스로 구상해낸 것들. 우리가 배운 것 중 어떤 것들은 복음에 맞으며 우리에게 생명을 준다. 그 가운데 "이기심" 또는 "자기 중심성"의 악들에 관계되는 많은 것들은 전혀 복음에 맞지 않으며 우리에게 상처를 준다. 이 기독교적인 어린 시절의 "진리들"의 내면적 권세에서 헤어나지 못하는 우리의 바로 그 무능력은, 우리에게 그것들이 다른 어떤 사람들에게는 참되지 않을지 모르지만 우리에게는 참됨에 틀림없다고 확신시킨다. 책 몇권을 읽고 지적으로 우리의 현실 상황에 대한 이해에 도달했다고 해서 그것이 우리를 우리의 상처들로부터 구제할 수는 없는 것이다.

우리의 곤란들은, 우리가 어쨌든 단순히 우리의 정체성(참 모습)을 하나님 안에서 주장하기로 결심해야 한다고 믿으며 그렇게 할 때, 증가된다. 지성적인 결정을 내린 후, 우리는 우리의 감정들 및 우리의 사고와 행동 양식들이 하룻밤 사이에 당연히 그 결정에 순응하게 될 것을 기대한다. 그렇지 않다는 것을 발견할 때, 우리는 낙심하고 포기하게 된다. 우리는 죄책과 절망으로 괴롭힘을 당한다.

우리는 다시 한번, 기독교적 삶의 본질적인 목표와 그 출발점

사이의 혼란 속에 빠졌다. 수도원 사람들은 기독교인의 생활에서 거의 항상, 우리의 머리로 배우는 것과 우리의 마음으로 배우는 것 사이에 진정한 간격이 존재한다고 상정한다. 제 2 장에서 우리는 압바들과 암마들이 하나님과 이웃에 대한 사랑이 기독교적 삶의 전체 요점이라고 믿었지만, 이렇게 사랑하는 것을 배우는 것도 전 생애에 걸친 일임을 마찬가지로 확신했다는 것을 주목한 바 있다.

같은 방식으로, 우리가 기독교인이 되기 시작할 수 있기 전에 우리의 참 모습을 하나님 안에서 이미 주장했어야 한다면, 어느 누구도 기독교인이 되지 못할 것이다. 그것은 우리 생애 전체에 걸친 일의 계속적인 부분인 것이다. 하나님 안에서 우리의 실존을 발견해야 할 필요를 인정하는 것은 기독교적 삶의 시작, 중간, 그리고 마지막에 속하는 것이다. 그 과제가 얼마나 크게 보이는가에 의해 사기가 저하되는 대신에, 우리는 점점 더 하나님 안에서 우리의 참 모습을 발견하여 그것을 살아나갈 수 있게 되는 것이 기독교적 삶에 있어서 성장의 근본적인 부분이라는 것을 알 필요가 있다.

우리는 즉각적인 변형에 대한 영웅적인 이미지들을 포기하는 데 노력해야 하며, 비록 우리가 결국에는 직업이나 결혼 혹은 아이를 키우는 일 등처럼 우리의 삶에 관한 주된 결정을 목표로 하고 있다고 해도, 매일매일의 삶에 입각해서 한번에 조금씩 우리의 참 모습을 주장하는 것을 배움으로써 더 광범위한 결정들을 내리는 준비를 해야 된다는 것을 인정해야 한다. 앞에서 나온 이야기들 가운데서 어떤 형제가 그저 누워 낮잠을 즐기는 시간에 그 누웠던 자리를 매일 일굼으로써 자신이 맡은 분량의 땅을 깨끗이 정리하라는 말을 들었던 것은 기도에 관한 주제에서 그랬듯이 여기에서도 적용된다.

우리는 자아를 가질 필요가 있다고 확신하게 됨으로써 시작한다. 나아가서 우리는 자아를 가지는 선택을 하고, 그후에 최선을 다해서 그 선택에 따라 행동해 본다. 그렇지만 이 과정 전체가 마치 신발끈을 매는 것을 배우는 것과 같은 우리 자신의 노력의 문제가 아니라는 사실을 기억하는 것이 중요하다. 『마카리우스의 설교』의 저자는 그의 주의깊은 청중에게, 만약 사람이 실천하면 그것이 어렵다고 해도 하나님께서 마침내 그에게 은혜를 주셔서 내적 자아가 변형되도록 하실 것이라고 약속하고 있다.

> 이처럼 사람이 내키지 않는 마음을 가지고 노력하는 일들을 언젠가는 기꺼이, 자신을 항상 선에 익숙하게 만들며 주를 기억하고 그를 항상 큰 사랑 속에서 기다리면서, 행할 수 있을 것이다.[7]

이 과정에서 우리는 매일매일 계속되는 성령의 도움을 얻게 되는데, 그는 우리를 위로하시고, 믿어주시고, 우리의 기도 속에서 및 다른 사람들을 통해서 우리에게 통찰을 허락하신다. 그 밖에도 그는 우리가 현재는 우리에게 멀리 있어서 불가능하게 여겨질지도 모르는 바를 행하도록, 또한 그런 존재가 되도록 힘을 부여하신다.

6. 우리 자신을 위해 기도하는 것

그렇다면, 우리의 참 모습을 하나님 안에서 찾기 시작하는 데 우리에게 필요한 것은 무엇인가?

한 형제가 압바 안토니에게 "나를 위해 기도해주세요"라고 말했다. 노인은 그에게 말했다. "만일 네 자신이 스스로 노력하지 않고 하나님께 기도하지 않는다면 나는 네게 어떤 자비도 베풀지 않을 것이며 하나님 역시 마찬가지이실 것이다."[8]

하나님은 우리의 참 모습이라는 사실을 우리에게 강요하시지 않는다. 우리는 그것을 구하고 요청하는 "노력을 해야" 한다. 우리는 우리 자신을 위해 기도함으로써 하나님 안에서 우리의 참 모습을 주장하는 이 과정을 시작한다.

우리 자신을 위해 기도하는 것은 흔히, 자신을 주장하는 데 곤란을 겪는 사람들에게는 쉬운 일이 아니다. 우리가 제 3 장에서 논의했듯이, 이는 자신들이 그 일을 위한 시간을 쓸 권리를 가지고 있다는 생각에 익숙하지 못한 사람들에게 특히 해당될 수 있다. 또다른 사람들은 그들 주위의 사람들 및 더 넓은 세계의 요구들에 직면하여, 자신을 위해 기도하는 것이 이기적이라고 믿는다. 그러나 초심자들만이 이처럼 자신을 위해 기도하는 일로 씨름하는 것은 아니다. 심지어 자신을 위해 기도하기가 지극히 어려운 시기들을 견디어내는 매일의 기도의 오랜 경험을 가지고 있는 이들에게도 그것은 흔히 있는 일이다. 다음과 같은 대화가 아가톤과 그의 제자들 사이에서 벌어졌다는 것은 이유 없이 되어진 일이 아닌 것이다.

형제들이…"모든 선행 중에서 가장 많은 노력을 요구하는 덕은 무엇입니까?"라고 그에게 물었다. 그는 이렇게 대답했다. "나를 용서해다오. 하지만 나는 하나님께 기도드리는 데 필요한 노력보다 더 큰 수고는 존재하지 않는다고 생각한다. 왜냐하면 한 사람이 기도하고자 할 때마다, 마귀들이 그를 방해하고자 하기 때문이야. 왜냐하면 그들은 그의 여행을 방해할 수 있는 유일한 길은 그로 하여금 기도로부터 돌이키도록 하는 것임을 알고 있기 때문이다. 어떤 사람이 어떠한 선행을 시도하든지 간에 그가 그 일에 견인(堅忍)한다면, 쉬임을 얻을 것이다. 그러나 기도는 마지막 숨을 쉴 때까지 계속되는 싸움인 것이다."[9]

수도원 스승들은 이 문제에 관해 군건하였다. 그것이 어렵다고 해도, 우리는 우리 자신을 위해 기도해야만 되는 것이다.

우리 자신을 위해 기도하는 것은 많은 단면들을 가지고 있다. 그 가장 단순한 면에서, 만일 우리가 특정하게 하나님의 은총을 필요로 하는 영역들을 우리 자신 속에서 볼 수 있다면, 하나님께 직접 요청하는 것이 도움이 될 것이다. 이는 반드시 우리 자신을 위해 하나님께 길게 이야기하는 것을 뜻하지 않는다. 여기서 우리는 "우리가 어떻게 기도해야 합니까?"라는 질문을 받았을 때 마카리우스가 준 충고를 주목할 수 있다.

"긴 말을 만들 필요가 전혀 없지. 손을 뻗고 '주여, 당신 뜻대로, 당신이 아시는 대로, 자비를 베푸소서'라고 말하는 것으로 족하니라. 그리고 만약 갈등이 더욱 격해지면 '주여, 도와주소서!'라고 말해라. 하나님께서는 우리가 무엇을 필요로 하는지 아주 잘 알고 계시며 우리에게 그의 자비를 보여주시거든."[9]

혹은 우리는 이렇게 요청할 수 있다:"나를 도우사, 내 자신이 자유로운 시간을 필요로 함을 인정하는 것을 거부할 때 자신을 포기하는 것에 저항하게 하시고, 그것을 주장하는 용기를 주소서."

만일 우리가 자아를 필요로 하거나 그러한 자격이 있는지를 그래도 확신할 수 없다면, 혹은 만일 우리가 그렇게 확신이 되지만, 그러한 자아의 주장이 그처럼 명백한 것처럼 여겨지지 않을 때, 우리의 기도는 단순하지 않을 것이다. 이러할 경우에, 성경을 기도하는 것이 매우 귀중하다.

7. 성경

성경은 하나님의 백성에게 주시는 그의 특별한 선물이며, 생명의 은사로 의도된 것이다. 만일 우리가 열린 마음으로 매일 성경을 기도한다면, 그것은 우리에게 하나님 안에서 자아를 누리는 것에 관하여 가르침을 주게 될 것이다. 우리가 이전 장(章)에서 들었듯이, 압바 포에멘은 느리지만 꾸준한, 성경의 치유 능력에 대한 큰 믿음을 가지고 있었는데, 한번은 이렇게 말하였다.

> "물의 본성은 부드럽고, 돌의 본성은 단단하다. 그러나 만일 돌위에 병을 매달아 놓고 그 물을 한방울씩 떨어뜨리면, 돌을 닳아 없앤다. 하나님의 말씀도 그와 같다. 하나님의 말씀은 부드럽고 우리의 마음은 단단하지만, 하나님의 말씀을 자주 듣는 자는 하나님을 두려워하는 경외를 향해 마음을 여는 것이다."[11]

오랜 기간에 걸쳐 성경의 말씀들과 형상들을 듣고 반복하는 것 바로 그 자체가 기독교인으로서의 우리의 이해를 형성하는 강력한 능력을 가지고 있다는 것은 초대 수도인들의 근본적인 확신이었다.

우리가 성경과 만나는 것은, 그러나 단순히 수동적인 과정일 수는 없다. 자유케 하고 빛을 주는 말씀들을 말하는 것을 듣고자 결심해야 한다. 이 목적을 위해 우리는, 성경이 우리에게 파괴가 아니라 생명의 원천이 되기를 의도한다는 것을 듣고 믿는 데 도움을 달라고 하나님께 요청함으로써, 우리의 기도를 시작한다. 그런 다음 우리는 주의깊게 읽고, 우리의 머리 뿐만 아니라 우리의 마음 속에서 하나님께서 성경을 통해서 우리의 참 모습을 하나님 안에서 주장하는 일에 관해서 우리에게 말씀하시는 바를 능동적으로 경청하는 일을 하게 된다. 이와 똑같이 중요한 것은, 우리가 하루를 지내면서 우리가 읽은 바에 관해 생각하면서, 끈기있게 "이 구절이 하나님 안에서의 나의 참 모습에 관해 내게 말하는 것이 무엇인가?"라고 물어야 한다는 것이다.

성경 자체는 우리의 끈질김을 권장하는 많은 은유를 제공하고 있다. 야곱은 하나님의 축복을 얻기 위해 밤새도록 천사와 씨름하였으며, 그의 끈질긴 노력을 통해 하나님은 그를 축복하셨다.[12] 누가복음은 그의 독자들에게 "계속 기도하며 결코 낙심하지 말 것"을 권고하려는 바로 그 목적으로, 타락한 재판관과 논쟁하여 정의가 행해지도록 애쓴 결과 마침내 그 호소가 받아들여짐을 보았던 한 과부의 이야기를 예수께서 들려주셨다고 말한다.[13] 예수는 복음서들 속에서, 마음을 다해 치유받기를 원하며 끈질기게 구했던 다양한 병자들을 치유하시고 있는 것으로 거듭 묘사된다. 우리가 성경 및 하나님과 진지하게 투쟁하면서 하나님 안에서 우리의 참된 모습을 주장하는 일에 끈질기게 노력할 때, 우리는 하나님께서 우리가 마침내 그렇게 되리라고 약속하셨음을 알게 된다. 그때 우리는 아르세니우스와 함께 다음의 사실이 참되다는 것을 발견할 것이다.

> "만일 우리가 하나님을 구하면, 그는 자신을 우리에게 보여주실 것이요, 만일 우리가 하나님을 간직하면, 그는 우리에게 가까이 남아 계실 것이다."[14]

성경은 우리의 자아를 하나님 안에서 찾는 데 대해서 무엇을 말하고 있는가? 창조 설화들은 인간의 역사에 연대기적으로 처음에 무엇이 왔는가를 우리에게 말해주기 위하여 성서의 처음에 위치하고 있는 것이 아니다. 그들이 거기 있는 것은 듣는 자들에게 이렇게 말하려는 것이다: "너는 특별한 방식으로 하나님께 가치있는 존재이다. 너는 하나님의 형상이다. 즉 하나님께서는 너를 그에게 속하도록 만드셨다. 하나님은 네가 자신의 친구가 되기를 기꺼이 원하신다.[15] 이를 위해 너는 돌이켜 하나님을 선택하는 자아를 가져야 한다. 하나님의 관점에서 볼 때 인간 존재가 되는 것은 좋은 일이다. 너는 하나님께서 먼저 네가 그렇게 되기 원하시는 존재가 되도록 네게 주신 바를 결코 포기해서는 안된다. 하나님은 너를 그처럼 사랑하사 네 이름이 그의 손바닥에 씌여지도록 하셨다."[16]

이것이 예수 자신의 가르침의 출발점인 것이다. 어리석은 부자의 이야기는 우리가 이 자아를 주장하지 않는다면 다른 모든 것을 잃게 된다는 것을 예증하고 있다. 그의 정력은 부를 셈하는 데 탕진되었을 뿐이다: " '내 영혼아, 너는 앞으로 수년 동안 쓰기 위해 저장된 수많은 좋은 것들을 가지고 있다. 마음을 편하게 가지고, 먹고 마시고 즐겨라.' 그러나 하나님은 그에게 말씀하셨다. '어리석은 자야! 바로 오늘밤 네 영혼을 내가 요구할 것이다. 그때 이 너의 모든 소유가 누구의 것이 되겠는가?'"[17]

　다른 사람들의 기대들에 의해 자아가 결정되게 하지 않으려는 요구는 예수 자신의 행동에 매우 주된 것이었다. 물론 가장 근본적인 것은, 모든 사람이 기대하고 있었던 군인으로서의 다윗적인 메시야와 같은 류가 되는 것을 거부하신 것이었다. 매일매일 우리가 복음서들에서 만나는 예수는, 그 자신의 가족이 가졌던 소원, 즉 그 사역을 포기하고 그들과 함께 집에 돌아가며 미친 사람처럼 행동하는 것을 중지하는 것이 마땅하다는 그들의 기대들에 그가 따르기 원하는 소원의 타당성을 받아들이기를 거부하시고 있다.[18] 예수는 유대교 율법의 교사로서 죄인들과 함께 먹는 자신의 불경함에 관해 염려하시지 않았다. 그는 스승이 되는 것이 무엇을 의미하는가에 대하여 그 나름대로의 이해를 가지고 계셨다. 손마른 사람을 안식일에 고치신 예수의 행위와,[19] 그의 발 앞에 엎드려 울면서 향유를 부었던 긴 머리의 여인을 시몬의 집에서 용납하신 사회적으로 예의에 벗어난 행위는,[20] 예수의 가르침을 예증해 주는 두 설화를 구성하고 있다.

　예수는 사람들에게, 삶에서의 그들의 역할을 그저 받아들여서 주어진 기존 질서에 행복해 하지 말라고 말씀하셨다. 사회적, 종교적 및 문화적 기대들의 지배로부터 이처럼 자아를 다시 주장해야 할 필요성은 예수의 가르침의 근본적인 부분이었다. 그는 다른 사람들을 불러서, "착하게" 되어 그들의 세계에서 기대되고 인정되는 바를 행해야 할 요구에 등을 돌리도록 명하셨다. 그는 과격한 메시지를 설교하셨던 것이다:

　　"내가 세상에 화평을 주러 온 줄로 생각지 말라. 화평이 아니요 검을 주러 왔노라. 내가 온 것은 아들이 그 아비와, 딸이 어미와, 며느리가 시어미와 불화하게 하려 함이니, 사람의 원수가 자기 집안 식구리라."[21]

따라서 그는 마리아가 자신과 이야기를 나누는 것을 칭찬하셨고, 마리아가 그녀에게 사회적으로 기대되었던 바(예수께서 식사하러 오셨을 때)를 행하고 있었는지에 대해 염려하는 마르다를 꾸짖으셨다.[22] 우리는 예수께서 다른 사람들을 부르셔서, 참 모습을 하나님 안에서 주장하지 못하도록 막고 있는 것을 뒤로 두고 떠나라고 거듭 명하심을 듣게 된다. 우리는 예수께서 하신 많은 직접적인 초청들을 알고 있다: 즉 개별적으로 사도들을 부르신 것, 우물에서 만나셨던 사마리아 여인에 대한 초청, 삭개오를 부르셔서 나무에서 내려와 영접하게 하신 것, 예수의 원수가 되는 것을 선택한 여러 서기관들과 바리새인들에 대한 초청.

예수는 사람들의 가치가 그들이 바르게 행하는 바 전체에서 유래된다고 결코 제의하시지 않으며, 그들이 만일 완전하지 않으면 덜 가치있는 존재가 된다고도 제의하시지 않는다. 진실로, 그 반대가 참되다. 복음서들에 나오는 가장 서글픈 이야기들 중의 하나는 부자 청년에 관한 것이다.[23] 그가 자신의 소유를 포기할 수 없었던 것은 사실이다. 그러나 그와 똑같이 심각했던 문제는, 그가 현재의 그로 된 것이 엄밀히 말해서 완전히 "율법을 지킴으로써"였다고 믿었던 그 믿음을 포기할 수 없었다는 것이다. 탕자의 비유에 나오는 두 형제의 이야기는 예수께서 사람들의 가치를 그 선함에 따라 판단하기를 거부하셨던 좋은 예가 된다.[24] 그 이야기 속의 아버지는 집에 머물면서 일했던 "착한" 아들을, 집을 나갔던 "나쁜" 아들을 사랑하고 가치있게 여긴 그 이상으로 평가하지 않았던 것이다.

모든 것을 예수를 좇기 위해 포기하지 않는 우리도 예수께서는 성경을 통해 부르셔서, 우리의 참 모습을 하나님 안에서 주장하라고 하신다. 그러나 그는 우리에게 경고하신다. 즉 그 주장에는 항상, 참된 자신 대신에 가족이나 교인, 회중이나 직장 상급자, 더 일반적인 사회적 의무들 등에 속하는 자아의 옛 형상을 뒤로 하고 떠나야 하는 일이 포함된다는 것이다. 옛 형상, 옛 자아를 떠나는 것은 때로 너무 고통스러워서 마치 죽음처럼 느껴질 수도 있다.

> "아무든지 나를 따라 오려거든 자기를 부인하고 나를 좇을 것이니라. 누구든지 제 목숨을 구원코자 하면 잃을 것이요, 누구든지 나를 위하여 제 목숨을 잃으면 구원하리라."[25]

끈질김 뿐만 아니라 용기가 이 과제를 위해 필요하다. 구약성서는 하나님의 백성들이 그들의 참 모습을 하나님 안에서 주장하라는 부르심에 응답하기 위해 필요로 했던 용기에 관한 이야기들로 가득차 있다. 창세기에서 우리는 70세 된 아브라함이 하나님의 부르심과 약속 즉, "너는 너의 본토 친척 아비 집을 떠나 내가 네게 지시할 땅으로 가라. 내가 너로 큰 민족을 이루리라"[26]는 말씀에 즉각적으로 응답하는 것을 보게 된다. 출애굽기에서 우리는 모세를 만나는데, 그는 살인자로서 애굽에서 도망하였으나, 이스라엘인들을 위해 가서 바로를 대면하라는 하나님의 부르심에 응답하는 용기를 발견하게 된다.[27] 예언서들 속에서도, 우리는 예언자들의 고통을 자주 듣게 되는데, 그들은 그들의 생명을 얻기 위해 그 생명을 버리라는 하나님의 요청을 받는다. 즉, 그들의 조국이 그들에게 가지는 기대들을 만족시키는 것과, 진리를 말함으로써 하나님 안에서 그들의 참 모습을 주장하는 것 사이에서 선택하라는 요청을 하나님께로부터 받는다.

압바 포에멘은 우리의 마음을 다듬어 형성하는, 성경의 꾸준하게 지속되는 힘을 묘사하기 위해, 똑똑 떨어지는 물에 바위가 닳아버리는 유비를 사용했다. 압바 마토이스(Mathois)는 이렇게 말했다.

"나는 빨리 마칠 수 있는 힘든 일보다는, 쉽지만 지속적인 일을 발견하기 원한다."[28]

우리에게서 성경을 기도하는 것은, 우리 자신을 하나님 안에서 찾는 것이 무엇을 의미하는지 우리가 구하는 바로 그러한 일인 것이다.

8. 기도와 자기이해

우리가 하나님 안에서 자아를 필요로 함을 깨닫는 것과, 어떻게 성경이 우리가 그 자아를 주장하는 것을 지지해 주고 격려해 주는지를 깊이있게 듣는 것이 우리 기도의 전체는 아니다. 우리가 자신 속을 들여다 보아서 어떻게 우리 자신의 행위들, 태도들, 기억들 및 습관들이 하나님에 대한 우리의 욕구를 거스려 작용하는지 볼 수 있게 되지 못한다면, 그러한 참 모습(아이덴티티)을 주장하는 데 진보를 이루지 못할 것이다. 이것이 바로 압바 포에멘이 다음과 같이 말했을 때 뜻했던 바이다.

"일어난 일을 이해하지 못함은 우리로 더 나은 어떤 것으로 나아가지 못하게 한다."[29]

내성(內省)은 이처럼 우리의 참 모습을 발견하는 과정에서 매우 중요한 부분인 것이다.

하나님께서 우리 안에서 역사하셨으며 지금 역사하고 계신 자리들을 찾는 것은 내성의 과제의 부분이 된다. 우리는 우리 자신의 역사(歷史)들을 반성해 보면서 그 안에서 하나님의 은혜에 의해 우리의 참된 자아가 결단할 수 있게 되었던 시간과 장소들을 발견한다. 즉 우리가 직업을 선택하고, 아이들을 키우고, 벗들과 관계를 맺는 것 등. 이 경우에 내성의 실천은, 하나님의 좋은 선물들에 대하여 하나님께 일종의 감사와 기쁨의 사랑 노래를 부르는 것이 된다.[30]

내성은 고통스러운 것이 될 수 있다. 이는 압바 아가톤이 "기도는 마지막 숨을 쉴 때까지의 전쟁이다"[31]라고 말하는 또하나의 이유이다. 내 친구 하나는 어느 날 아침에 시편 139편을 통해 기도하던 일을 회상했는데, 그 시편은 하나님께서 가장 친밀한 세부까지 "나를 감찰하시고 아시며" 그것도 내가 태어나기 전부터 그렇게 하셨다는 것을 인정하는 위대한 시편이다. 그가 그 시편을 마쳤을 때 그는 하나님께 자신에 관한 하나님의 지식을 자기와 함께 나누실 것을 요구했다. 그러나 그 말이 그의 입에서 나오자마자, 그의 말에 의하면, 그는 공포와 두려움으로 가득하게 되었다. 자신에 대한 하나님의 지식을, 그는 원하지 않았던 것이다. 어떻게 그런 일을 알게 되는 것을 견디어 낼 수 있겠는가? 그후로 그가 그 기도를 다시 드릴 수 있게 되기까지는 오랜 시간이 걸렸다.

우리 자신들 속에서 이러한 자기파괴적인 모형들을 찾을 때 어떻게 그것들을 발견하게 되는가? 만일 우리가 기꺼이 우리 자신에게 인정한다면, 우리는 그중 몇가지는 이미 알고 있다고 하겠다. 다른 것들은, 만일 우리가 정직하고 또 참으로 그것들을 찾고 싶어 한다면 쉽게 찾아낼 수 있다. 이러한 목적으로 에바그리우스는, 하루 내내 우리의 마음과 행동의 상태를 추적하는, 우리 자신에 대한 면밀한 관찰자들이 될 것을 권면하였다.[32]

하지만, 정욕의 본성 바로 그 자체의 일부는 눈멀게 하는 능력인 것이다. 정욕이 있는 곳에는 통상적으로 일종의 자기기만의 형태가 존재하는데, 이는 도로테오스가 "우리의 상상 속에 누워 있는 것"이라고 부르는 바이다. 알콜 중독자는 음주행위를 자신에게 잘 변명해버리는 특성을 보여준다. 탐욕으로 고통을 겪는 사람은, 기온이 영하로 내려갈 때에도 집을 따뜻이 데우는 데 돈을 쓰지 않을 것이다. 그 이유는 비상시를 위해 아끼고 있기 때문이라는 것이다—실상 이 비상시는 그가 이미 처해 있는 것보다 결코 더 나쁜 상태는 될 수 없다. 같은 방식으로, 하나님 안에서 참 모습을 주장하려고 고투하는 사람은 그가 그 아이덴티티를 포기해 버리는 데 결탁하게 되는 방식들을 변명하기 쉽다. 자신의 교회 회중에게서 인정받지 못하는 것을 직면할 수 없는 목회자는 자신에게 이렇게 말할 것이다. "사랑은, 내 가족이 기대하고 있는 하루 휴식을 포기케 하고 병원에 존스 부인을 심방하러 가도록 나에게 요구한다."

그러나 실질적인 자기기만이 존재하지 않는 경우에도 우리는 흔히, 우리 자신 속에 존재하면서 우리의 곤란들에 도움을 주는 것들을 볼 수가 없다. 초대의 수도사들에게는 그들의 정욕을 보고 이해하는 것을 도와줄 압바와 암마, 그리고 동료들이 있었다. 우리 모두 역시 도움을 필요로 한다. 그 중 몇 가지는 주변 사람들, 심지어 적의가 있는 사람들이 우리에게 말해주는 진리를 경청하고 그것을 진지하게 우리의 기도의 정황 속에서 숙고함으로써 얻을 수 있는 것이다. 즉 "너는 항상 일하고 있어," "너 자신을 그렇게 심각하게 여기지 말아라," "너는 항상 나를 비난하고 있어" 등과 같은 말들이다. 우리를 알고, 우리와 가치들을 함께 나누고, 그들이 이해하는 대로 진실을 말해주는 기독교적인 벗들은 더욱더 가치있는 것이다.

우리로 하여금 우리 자신과 하나님을 주장하지 못하도록 막는 몇몇 정욕들은 성실한 내성(內省)과 친구들과의 대화의 도움을 가지고서도 도달할 수 없는 것처럼 보인다. 이 정욕들의 뿌리들은 너무 멀리 과거 속에, 우리를 상하게 하고 속박하는 사건들과 기억들 속에 자리잡고 있다. 이러한 경우에는 심리학자들, 목회 상담자들, 혹은 정신과 의사들이 큰 도움이 될 수 있다. 놀랍게도, 우리 자신을 이해하는 데 도움이 되는 그들의 간접적인 방식들 가운데 그들은 종종 고대의 스승들과 아주 비슷한 기능을 하기도 한다. 그들은, 하나님의 치료에 맡겨야 할 필요가 있는 우리 자신 속에 있는 바로 그 장소들을 발견하는 데 도움을 줄 수 있을 뿐만 아니라, 또한 우리가 어떻게 이 치료와 우리의 참 모습을 주장하는 일에서 실제로 도움이 되는 행동을 할 수 있을지를 이해하는 데 도움을 줄 수 있다.

9. 기도와 일관되게 행동하려고 노력하는 것

안토니가 자신에게 기도를 요청해온 사람에게 거절하면서 한 말을 회상해보자.

"만일 당신이 스스로 노력하지 않고 하나님께 기도하지 않는다면, 나는 당신에게 어떤 자비도 베풀지 않을 것이며, 하나님께서도 베푸시지 않을 것이오."[33]

우리는 하나님 안에서 우리의 참된 모습을 찾기 원하는 것이 얼마나 중요한지를 이미 보았다. 소원은 희망의 시작이다. 그것은 매우 고통스럽고 어려울 수 있지만, 희망은 흔히 현실이 되기 위해서 우리의 감정들에 반(反)해서도 실행되어야 할 필요가 있다. 희망의 연습으로서, 우리는 하루 내내 우리의 참 모습을 하나님 안에서 누리는 것이 구체적으로 그리고 실제로 무슨 의미가 있는지를 능동적으로 상상력을 기울여 숙고하는 일을 시작할 수 있다.

다른 방식들로도 우리의 기도와 삶을 서로 조화있게 만드는 일을 의식적으로 시작하는 것은 기도의 한 부분이다. 우리의 삶과 우리의 기도가 하나의 전체를 이루어야 한다는 것은 초대 수도생활의 기본적인 원칙이었다. 우리가 전(前)장에서 보았듯이 수단(Sudan) 출신의 위대한 흑인 압바였던 모세(Moses)는 이를 매우 단순하게 표현하였다.

> 만일 사람의 행위들이 그의 기도와 조화를 이루지 않는다면, 그는 헛되이 수고하는 것이다. 그 형제가 물었다. "실천과 기도 사이의 이와 같은 조화는 무엇입니까?" 그 노인이 말했다. "우리는 더 이상 우리가 기도하는 바에 반(反)하는 저 일들을 해서는 안된다."[34]

모세는 마땅히 이렇게 덧붙일 수 있었을 것이다:"또한 우리는 우리가 위해서 기도하는 것들과 조화되는 일들을 행해야 한다." 우리의 기도와 조화되며 기도를 지지하고 완성하는 이러한 일들을 행하거나 피하는 것은, 우리의 기도가 우리의 삶 속에서 열매를 맺도록 "노력하는 일"로 구성되어 있다.

우리의 기도와 일관성있도록 하는 데는 어떤 종류의 일들이 필요할까? 매일 할 일의 한 부분으로서, 우리는 하나님 안에서의 우리 자신의 참 모습을 파괴하는 데 내적으로 공모하지 않을 것을 확연히 결단할 필요가 있다. 우리는 삶의 어떤 영역에서 우리 자신의 부적합을 발견할 경우에 우리 자신을 징벌하는 것을 그만두어야 한다. 우리 중에서 위협하는 것에 잘 응답하는 사람은 별로 없다. 우리 대부분은 오로지 위축되어 낙담할 뿐이다. 이것은 우리가 우리 자신을 찾는 것을 추구할 때 우리의 기도 속에서 하나님께 요청하고 있는 바와는 정반대되는 일이다.[35]

우리는 또한 우리를 상하게 하는 어떤 일들과 대면할 때 자포자기하는 것보다는 그것들을 이용하여 새로운 자세들을 배우는 일을 실천하도록 결단할 수 있다. 우리가 보았듯이, 다른 사람들의 인정을 요구하는 것은 항상 초심자 수도사들에게 주된 유혹이었다. 그들에게 주어진 한결같은 충고는 모욕을 구하는 것이었다.

> 압바 이사야는 "초심자들에게 모욕처럼 유용한 것은 없다. 모욕들을 견디는 초심자는 매일 물을 준 나무와 같다"고 말했다.[36]

우리 중에 실로 모욕을 구하기 원하는 사람은 별로 없지만, 많은 이들이 그들 자신이 부적합하다는 생각을 강화하는 데 사용하는 경향이 있는 상처를 주는 말을 듣는 경우를, 내면적으로 자신의 정체성을 위해 싸우는 실천에 대신 적용하는 것이 유용하다는 것을 발견하였다. 놀랍게도, 우리가 이러한 모험을 기꺼이 할 때, 고통으로 시작되는 그러한 경우가 자신의 참 모습을 규정하는 힘을 지각하는 것으로 마쳐질 수 있다.

우리는 또한, 하나님 안에서의 우리의 정체성과 통합성을 파괴하는 외적인 방식들과 결탁하는 것을 포기하도록 노력할 필요가 있다. 이는 훨씬 더 힘들고 고통스러운 일이다. 그것은 우리의 영혼을 도적질하고 있는 직업을 그만두는 일을 포함할지도 모른다. 때로 그것은 다른 사람의 우리에 대한 모욕적인 지배를 멈추게 하는 일을 초래한다. 이는 한 관계를 끝나게 하든가 그 형태를 심각히 바꾸는 것을 의미할 수도 있다.

그러한 심각한 행동을 취하게 될 필요가 바로 초대의 수도인들을 광야로 몰아넣었던 일차적인 이유였다. 그렇지만, 광야에서조차 수도사들은, 다음과 같은 이야기에서 보듯이, 그와 같은 결단들을 계속해서 행해야 했던 것이다. 이 이야기를 이해하기 위해서, 이집트의 광야에서는 한 제자가 압바나 암마에게 바치는 순종과 충성이 거의 절대적인 것이었음을 기억해야 할 것이다.

한 형제가 압바 포에멘에게 이렇게 물어보았다. "저는 제 압바 옆에 사는 것으로 말미암아 저의 영혼을 잃고 있습니다. 제가 계속 그와 함께 살아야 되겠습니까?" 노인은 그가 그것을 해로운 것으로 여기고 있음과 거기 머물러야 할지까지도 묻는 것을 보고 놀랐다. 그래서 그는 "네가 원한다면 머물러 있거라"하고 말했다. 그 형제는 그를 떠나가서 거기 계속 머물렀다. 또다시 그가 와서 "저는 제 영혼을 잃고 있습니다"라고 말했다. 그러나 노인은 그에게 떠나라고 말하지 않았다. 그는 세번째 찾아와서 "저는 참으로 거기 더 이상 머무를 수 없습니다"라고 말했다. 그러자 압바 포에멘은 "이제 너는 네 자신을 구원하고 있으니, 떠나라. 그리고 더 이상 그와 함께 머물러 있지 말아라"고 말했다. 덧붙여 말하기를, "어떤 사람이 자신의 영혼을 잃어버릴 위험에 처해 있음을 볼 때, 그는 충고를 구할 필요가 없다"고 했다.[37]

그 제자의 자아 바로 그 자체를 위험에 몰아넣고 있었던 바는 그 이야기에서 중요하지 않다. 아마 그 압바는 너무 방임적이어서 그 제자가 잡담으로 삶을 낭비하도록 놔두었을지도 모른다. 또는 너무 판단하는 편이어서 그 제자가 불안과 절망으로 소진되었는지도 모를 일이다. 여기서 중요한 것은 그 이야기가 주는 교훈이다. 즉 자아에 대한 보살핌은 심지어 압바에 대한 순종보다 더 우선한다는 것이다.

그러나 더 흔히, 이러한 변화들은 지진과 같이 엄청난 것은 아니다. 용기와 지속성을 위한 기도를 하면서, 우리는 우리 자신의 감정들에 반(反)해서, 우리의 참 모습을 지지하는 우리 자신을 위한 작은 결정들을 내리는 일을 시작할 수 있다. 교회에서 우리에게 도움을 요청해 왔을 때, 우리로 하여금 죄책감을 느끼게 할지라도 우리 자신을 위한 시간이 필요하다면 그것을 거절할 수 있다. 비록 무언가 유용한 것을 행해야 한다고 느낄지라도, 기도의 훈련을 도야하는 데 힘쓸 수 있다. 우리가 사소한 방식들로 오용당할 때, 우리는 그러한 학대를 우리가 마땅히 받을 만한 것으로 받아들이기를 거부할 수 있다. 우리는 우리 자신의 완전주의에 거슬러 의도적으로, 우리가 "올바로" 행해지기를 원했던 경우에 항상 해왔던 바를 다른 사람들이 하도록 할 수 있다.

10. 목표는 사랑이다

나의 오랜 친구 중 하나는 삼십년 가까이 결혼생활을 해왔다. 이 기간 중 대부분을 그 시어머니와 고통스러운 관계를 지속해 왔는데, 그 시어머니는 습관적으로 내 친구에게 그녀가 얼마나 형편없는 아내요 엄마인지에 관해 이야기하곤 했다. 몇년 전에 내 친구는 그 노모를 피함으로써 그 고통과 모욕과 분노에 대처하기로 결심했다. 그래서 그녀는 의도적으로 방문을 안했으며, 방문할 때는 자신이 감정적으로 대화에 개입되지 않도록 했다. 그러는 동안에도 그 시어머니는 계속해서 기회가 있을 때마다 말로써 그녀를 학대하였다.

　최근에 시아버지가 사망했고, 수년만에 처음으로 시어머니가 그녀를 방문하였다. 학대는 다시 늘상 하던대로 시작되었다. 그러나 이번은 달랐다. 지극히 고통스럽게 확대된 대화에서 내 친구는 시어머니에게, 더 이상 이런 식으로 말하도록 허락하지 않을 것이며 또 왜 그러는지 그 이유를 말하였다. 최초로 다른 사람이 그녀에게 대드는 것을 겪는 충격이 있은 후에, 그 노모는 자신이 행해왔던 바를 보게 되었고 그녀 자신의 고독이라는 견지에서 그녀가 지불해온 대가를 보게 되었다. 이제 그 두 여자의 관계는 다르게 되었다. 내 친구는 더 이상 그같은 학대에 종속되지 않을 뿐만 아니라, 그녀의 시어머니를 사랑할 수 있게 되었다. 처음으로 그녀는 그녀 나름대로 존재할 수 있게 되었고 시어머니를 위한 일들을 할 수 있게 되었다. 시어머니는 이제 그녀를 매우 필요로 하고 고마워하게 되었다.

　우리가 하나님 안에서 우리의 참 모습을 구할 때, 우리는 결국 건강하고 자신있는 자아, 충만하게 실현된 자아, 혹은 심지어 선한 품격을 찾고 있는 것이 아니다. 역설적으로, "세상에 오직 나 자신과 하나님 밖에 없다"고 말하는 것을 배우는 데에서 나오는 것은, 자아가 그 자신만을 위해 존재하지 않는다는 것을 깊이 인식하는 것이다.

　알로니우스(Alonius)의 금언의 결론은 우리가 "평화를 얻기"를 구해야 한다는 것이다. 확실히 그는 매일의 삶의 고뇌가 지나가는 동안 하나님의 손 안에서 고요하게 쉬는, "마음의 평화" 이상의 어떤 것을 의미하고 있다. 수도생활에 관해 압바 포에멘은 이렇게 말했다.

> "비록 우리가 새 하늘과 새 땅을 만든다고 해도, 우리는 염려로부터 자유하여 살 수는 없을 것이다."[38]

평화는 우리를 다른 사람들로부터 단절하지 않으며, 어느 정도의 외적 혼돈으로부터의 자유에 의존하지도 않는다. 포에멘의 또하나의 이야기가 이를 잘 예증하고 있다.

> 압바 포에멘의 형제들이 그에게 말했다. "이곳을 떠납시다. 왜냐하면 이곳의 수도원들은 우리를 근심케 하며 우리는 우리의 영혼을 잃고 있기 때문입니다. 심지어 울어대는 꼬마들까지도 우리가 내면적 평화를 누리는 것을 허락하지 않습니다." 압바 포에멘이 그들에게 말했다. "너희가 여기로부터 떠나가기 원하는 것이 천사들의 음성들 때문이냐?"[39]

평화는 마음의 깊은 태도이다. 그것은 올바르려는 욕구를 해방시켜줄 수 있는 능력이며, 어떤 논제에서 우리의 올바름 혹은 그릇됨이 전적으로 우리나 우리의 이웃에 대한 하나님의 사랑과 무관하다는 인식에 입각한 능력이다. 우리의 자아를 하나님 안에서 주장하는 일과 함께 오는 평화는 가장 겸손한 장소들에서 매일의 방식들로 우리가 다른 사람들을 사랑할 수 있는 능력의 기초이다. 다시 한번 포에멘은 이렇게 말한다.

> 한 형제가 시장에 가면서 압바 포에멘에게 물었다. "당

신은 제가 어떻게 행동하는 것이 좋으리라고 충고하시렵니까?" 노인은 그에게 말했다. "너를 위협하여 윽박지르려고 하는 어떤 사람하고든지 친구가 되며 네가 만든 물건을 평화 속에서 팔아라."[40]

평화는 종국적으로 하나님께서 우리에게 주시는 은사이지만, 그것은 세상의 화해를 위해 함께 나누어야 할 은사인 것이다.

제 5 장

"우리의 삶과 죽음은
우리의 이웃과 함께한다"

제 5 장

"우리의 삶과 죽음은 우리의 이웃과 함께한다"

압바 안토니는 이렇게 말했다.

"우리의 생사(生死)는 우리의 이웃과 함께한다. 만일 우리가 우리의 형제를 얻으면 하나님을 얻는 것이지만, 만일 우리가 우리의 형제를 욕되게 하면, 그리스도에 대해서 범죄한 것이다."[1]

우리의 가장 심원한 목적들과 하나님에 대한 가장 깊은 동경들의 성취는, 우리가 그중에서 살고 있는 바 하나님 자신의 형상들(이웃)에 대한 우리의 사랑으로부터 결코 분리될 수 없다. 우리는 다른 사람들을 위한 요구로부터 우리를 독립시킬 하나의 자기성취를 위해서가 아니라 사랑하기 위해서, 하나님 안에서 우리 자신을 찾는 것이다.

다시 한번 도로테오스가 그린 도표를 상기해 보라. 그것은 세계를 표상하는 원과 인간의 삶을 의미하는 선들인데, 이는 원의 밖으로부터 하나님 자신인 중심을 향해 그려진다. 이 도표에 의해 도로테오스는 하나님과 이웃에 대한 사랑이 서로 관련되는 방식을 그의 수도사들에게 예증해주었다. 즉 인간의 삶이 선의 반경들을 따라 움직임으로써 하나님께로 간다면, 어느 누구도 동시에 이웃에게 더 가까이 다가가지 않고는 이 여행을 할 수 없다는 것이 분명해진다.

도로테오스의 도표는 이 사랑의 모델이 깊은 상관성의 모델임을 가정한다. 그의 원 속에서는 하나의 선 혹은 삶이 다른 하나의 선 또는 삶보다 더 중요한 것일 수 없다. 어떤 선도 다른 선을 지배함으로써 원 안에서 그 자리를 얻지 못한다. 그러나 우리가 기독교 공동체들 속에서조차 상관성의 모델들에 따라 사는 데 별로 익숙해 있지 않기 때문에, 사랑 안에서의 성장은 자동적인 것이 아니다. 수도사들에 의하면, 사랑의 방법들을 배우는 것은, 우리가 항상 기독교적인 것은 아닌 우리의 문화 속에서 사물의 기존 방식이라고 믿게 되었거나 혹은 아마도 심지어 하나님께서 현실로서 원하시는 방식이라고 믿게 된, 지배와 굴종과 수동성과 폭력의 깊은 모형들에 대한 배움을 해체하는 일인 것이다. 수도원 스승들이 우리에게 제시하는 기독교적 덕들은 경쟁심, 조야한 개인주의, 시기심, 다른 사람에 대한 잘못을 인정하려 하지 않는 일종의 교만, 그리고 상해를 입히고서라도 얻으려는 욕구 등과 진실로 대립하고 있다.

이는 왜 안토니가 또한 다음과 같이 말했는지를 잘 보여준다.

"쇠 한 덩이를 망치로 두들기는 사람은 누구든지 처음에 그것으로 무엇을 만들까―낫을 만들까 아니면 칼이나 도끼를 만들까 결정을 내린다. 이처럼 우리는 우리가 어떤

제5장 우리의 삶과 죽음은 우리의 이웃과 함께한다   175

종류의 덕을 조형하기 원하는지를 결정해야 한다. 만일 그렇지 않으면 우리의 수고는 헛될 것이다."[2]

  사랑 안에서 자라기 위해서, 기독교인들은 어떤 종류의 사랑의 모형들로 성장하기 원하는지에 대해 선택해야 한다. 이 모형들을―수도사들은 덕이라고 부른다―검토하는 것과 어떻게 우리가 그 모형들(덕들)을 향해 살아갈지가 이 장의 주제이다.

  그러나, 우리의 주제에 들어가면서, 우리는 율법사가 예수께 물었던 질문을 이렇게 풀어서 해석해야 할 것이다. "내가 사랑 안에서 함께 성장하려고 하는 내 이웃은 누구입니까?" 고대의 수도사들은 물론 온 세상이 그들의 이웃들이라고 믿었다. 안토니는 감동적인 어조로 하나님께서 종국적으로 모든 백성을 함께 모아 일치와 사랑으로 회복시키시는 일에 관해 말한다.[3] 우리가 고대 세계에 수도사들을 어디에서 만나든지 간에―황제들에게 충고하든지,[4] 이교의 사제들에게 말하든지,[5] 목자로서 도적들을 보살피든지, 혹은 결혼 안하고 임신한 농촌의 소녀들을 보살피든지 간에[6]―우리는 그들이 자신과는 매우 다른 사람들에게 자비, 용서, 치유, 자선, 충고 및 기타의 도움을 제공하고 있는 것을 발견한다. 수도사들은, 그러나, 그들이 세상의 화해를 향해 줄 수 있는 첫 도움이 그들 자신의 공동체들 속에서 사랑 안에 살며 사랑의 모델을 이루는 것을 배우는 것이라고 확신했다. 동시에 그들은, 만일 그들이 우선 서로 사랑하는 것을 시작하지 않는다면, 그들 자신의 공동체들 밖에 있는 사람들을 향해서 사랑 안에서 행위할 수 있을 것이라고 믿지 않았다. 이러한 이유 때문에, 다음의 글들 속에서 우리는 우정, 결혼, 가정, 그리고 교회 등의 친밀한 기독교 공동체들 속에서 사랑 안에 성장하는 데 필요한 덕들을 강조하려 한다.

1. 성장의 과정

수도원 스승들에 의하면, 사랑하기를 원하는 것이 우리를 사랑하는 사람들로 만들지는 않는다. 그러한 소원은 아마, 우리를 돌이켜 삶의 다른 과정에 세워놓으며, 우리가 이전에 볼 수 없었던 바를 이해할 수 있게 만드는 데는 아주 좋은 효과가 있을지도 모른다. 그것은 심지어 우리의 마음을 그후 상당히 오랫동안 우리 주위의 사람들에 대한 애정으로 채울지도 모른다.

그러나, 사랑은 단순히 타인들을 향해 가지는 따뜻한 감정들 이상인 것이다. 그것은 매일의 삶에 입각해서 행동하고, 보고, 다른 사람들의 말을 듣는 등의 전체적 패턴(pattern)들과 습관들을 포함하는 하나의 태도인 것이다.[7] 초대의 수도사들에게 이러한 사랑의 구체적, 특수적인 매일의 패턴(모형)들과 습관들을 취하는 것은 덕이라고 불리웠는데, 그것은 어떻게 사랑할지를 배우는 일의 근본적인 일부인 것이다.

이는 빨리 이루어지는 과정이 아니다. 우리 조상들은 어떤 이유에서이든지 간에 하나님께서 우리의 사고, 감정 및 행위의 전체 패턴을 즉시 한번에 뿌리뽑지 않으신다고 확신했다. 또한 우리는 단순히 이제부터 우리가 충만하게 사랑하게 될 것이라고 결정하는 것도 아니다. 아이였을 때 타인들에 의해서 받았든지 혹은 우리 자신에 의해서 받았든지 간에, 우리가 입은 사랑할 수 있는 능력에 대한 상처들은 즉시 한번에 치유될 수 없다. 하나님은 우리에게, 어떻게 하나님과 서로를 사랑하는지 배우는 일을 우리의 생애 전체에 걸친 과제로 허락하셨다.

그들의 삶 전체가 한번의 회심 체험에 의해 갑자기 일변했다고 주장하는 사람들은 어떠한가? 사실상, 어느 누구도 알콜 중독자들, 마약 중독자들 및 습관적인 중독증적 행동에 사로잡힌 이들이, 가장 확실하게 때로 그들 자신이 단일한 순간에 그들의 파괴적 중독증들에서 자유케 된 것을 발견한다는 사실을 부인하지 않을 것이다. 이 사건들은 우리를 치유하시는 하나님의 좋은 은사들 중에 속한 것으로서 확실히 축하되어야 한다. 그럼에도 불구하고 압바들과 암마들은 우리에게 두가지 경고를 준다. 첫째로, 우리는 하나의 행위의 패턴을 극복한 것이, 그것이 알콜 중독처럼 심각한 것이라고 할지라도, 우리를 사랑하는 사람이 되도록 만들 것이라고 믿는 덫에 결코 빠져서는 안된다. 하나님의 치유하시는 은총의 영향 아래에서조차, 다른 사람들에 대해 고의적으로 사려없는 사람이 자동적으로 사려깊게 되지는 않는 것이다. 둘째로, 만일 우리가 그러한 즉각적인 치유가 하나님이 우리를 대하시는 가장 통상적이고 일상적인 역사의 방식이라고 생각하는 덫에 빠진다면, 그것은 우리가 만일 오직 바른 방식으로 요청하거나 바른 일을 행할 수 있다면, 하나님께서도 우리를 파괴적인 분노에서 자유케 하시거나, 용서할 수 있게 만드시거나, 우리로 하여금 우리 주위의 사람들의 필요들에 예민하게 만드실 것이라고 기대하는, 불가능하고 불필요한 짐 아래 우리 자신을 처하게 하는 것이 된다.

   기도에 관한 제 3 장과 우리의 참 모습을 하나님 안에서 주장하는 데 관한 제 4 장에서 이미 보았듯이, 우리는 이 영역들에서 우리의 성장이 거의 항상 느릴 뿐만 아니라, 이 점진적인 과정이 하나님께서 우리와 함께 일하시기로 선택하시는 방식임을 진실로 믿고 이해할 필요가 있다.

> 한 형제가 독방에 살았으며 그의 고독 속에서 고민하게 되었다. 그는 페르메(Pherme)의 테오도르(Theodore) 압바에게 그것에 관해 말하러 갔다. 노인은 그에게 말했다.

"가라, 네 열망들 속에서 더 겸손하여라. 너 자신을 순종 아래 두고 다른 사람들과 함께 살아라." 후에, 그는 노인에게 돌아와서 말했다. "저는 다른 사람들과는 어떤 평화도 찾지 못하겠습니다." 노인은 그에게 말했다. "만일 네가 혼자서도 또한 다른 사람들과도 평화롭지 못하다면, 왜 수도사가 되었느냐? 시련들을 겪으려는 것이 아닌가? 몇년이나 네가 수도복을 입고 있었는지 내게 말해 보아라." 그가 대답했다. "팔년 동안입니다." 그러자 노인은 그에게 말했다. "나는 칠십년 동안 수도복을 입었는데 어느 한 날도 평화를 찾지 못했다. 너는 팔년 만에 평화를 얻기를 기대하는가?" 이 말에 그 형제는 힘을 얻고 떠나갔다.[8]

우리는 기독교인들이 되지 않았는가? 이 완만함이라는 사실은 낙심시키는 것이 되어서는 안된다. 그것은 좋은 소식인 것이다. 그것은 우리에게 우리의 완전주의와 함께, 우리가 행하지 않았으며 아직도 행할 수 없는 모든 것에 관한 영속적인 죄책감을 제쳐놓으라고 말한다.

2. 사랑의 패턴(pattern)들

내가 알기로는 광야의 어느 누구도, 에바그리우스가 정욕의 목록을 만들었던 것과 같은 방식으로 덕의 체계적 목록을 만들려고 시도하지 않았다.[9] 그렇게 해야 할 이유가 없었던 것이다. 결국 덕들은 우리가 좇아야 할 율법들이 아니라, 세상에서 사랑과 그 표현들을 가능케 하는 존재, 느낌, 봄, 행위 및 반응의 서로 관계된 방식들인 것이다. 따라서 우리는 광야에서 어떤 스승들이 수도사들에게 동시에 많은 덕들을 획득하는 데 노력하라고 권고한 것을 발견하고 놀라지 않는다.[10] 다른 스승들은 모든 나머지를 포함하는 하나의 주(主)된 덕을 구했는데,[11] 이는 다음과 같이 말한 페르메의 테오도르 같은 경우이다.

"멸시하지 않는 것 외의 다른 덕은 없다."[12]

여기에서 우리는 모든 수도원 덕들을 다 논의할 수 없으며, 따라서 나는 사랑의 방식들을 배우려고 힘쓰고 있는 현대 기독교인에게 가장 도움이 된다고 믿는 것들을 제시하려고 하였다. 그렇다고 해도, 우리의 수도원 스승들은 정욕들처럼 덕들도 밀접히 서로 관련되어 있다고 믿었다. 사람이 결코 단 하나만의 정욕을 겪지는 않듯이, 오직 하나의 덕만을 소유할 수는 없다. 이는 왜 우리가 하나의 덕의 패턴들에 대한 이야기가 거의 항상 또다른 것에 대한 이야기와 겹치는 것을 보게 되는지를 설명해 준다. 즉 판단하지 않는 것은 겸손없이는 불가능하다; 겸손은 자문(諮問)없이는 불가능하다; 자문은 용서에 의존한다; 용서는 결코 분별에서 독립된 것이 아니다. 인간적 존재 방식들은 결코 가지런한 것이 못되며, 이는 오직 마땅히 그러해야 할 바대로인 것이다.

3. 기 도

기도는 수도사들이 우리에게 가르치려는 모든 덕 중의 첫번째이다. 형제들이 한번은 압바 아가톤에게 물었다.

> "모든 선행 중에서 가장 큰 노력을 요하는 덕은 무엇입니까?" 그는 대답했다. "내 생각에는, 용서하거나, 하나님께 기도하는 것보다 더 큰 노동은 없다네."[13]

아마 기도를 덕으로 생각하는 것이 이상하게 보일지도 모른다. 그렇지만, 수도원적 견지에서 덕은 행위 뿐만 아니라 존재, 봄, 느낌, 그리고 생각의 전체 방식임을 기억하라. 우리가 보게 될 것이지만, 수도사들에게 기도하는 일은 사랑의 패턴들에서의 성장으로부터 결코 분리되지 않는다. 기도는 특별한 방식으로 우리가 자신을 하나님의 은혜를 받을 수 있도록 만드는 장소인데, 이 은혜는 우리가 덕들을 이해하는 것을 도와주며, 그것들을 우리 자신을 위해 취하고, 그것들을 통틀어 생각하며, 우리 안에 그것들과 관계되는 바를 숙고하며, 구체적인 방식들로 그것들을 살아 나가도록 시도하는 용기를 우리에게 주는 데 도움이 된다. 우리가 이미 보았듯이, 기도의 실천은 그 자체로 존재의 한 방식인 것이다.

기도는, 아무리 그것이 어떤 의미에서 사적이고 개인적이라 해도, 하나님의 백성들 안에서 함께 사는 삶의 근본적인 기초이다. 우리가 암마들과 압바들의 이야기들에 귀기울일 때, 우리는 우리의 스승들이 서로를 위해 또한 그들의 공동체 밖에 있는 자들을 위해 기도할 뿐만 아니라 계속해서 서로의 기도를 요청하는 것을 발견한다. 광야는 하루 종일, 온 밤까지도, 서로의 안전, 지지, 치유, 용서, 격려, 이해, 그리고 회심을 위한 계속적인 기도로 교차되었다. 우리의 공동체들 속에서 계속되는 기도의 움직임은 서로 및 하나님께서 우리에게 위탁하시는 세상에 대한 사랑 속에서 우리의 삶이 성장하는 데 근본적인 것이다.

4. 겸손

겸손은 모든 수도원적 덕들 중에서 그 다음으로 가장 기본적인 것이며, 기독교인의 탁월한 표시이다.

> 압바 마카리우스가 어느날 종려 잎사귀를 몇개 가지고 늪지에서 그의 독방으로 돌아오고 있었을 때, 큰 낫을 가진 마귀를 길에서 만났다. 마귀는 마음껏 그를 쳤으나 아무 소용이 없었다. 그래서 그에게 말했다. "마카리우스야, 내가 너에게 아무 힘도 못쓰게 만드는 너의 권능은 무엇이냐? 네가 하는 모든 것을 나 역시 한다. 네가 금식하면 나도 하고, 네가 철야를 지킨다지만 나는 전혀 자지 않는다. 한 가지에서만 너는 나를 패배시킨다." 압바 마카리우스가 그것이 무엇이냐고 물었다. 그는 이렇게 말했다. "너의 겸손이다. 그것 때문에 나는 너에 대항해서 아무 것도 할 수 없다."[14]

겸손은 무엇인가? 몇가지 중요한 면에서 그것은 모든 다른 덕들을 포함하는 주(主)된 덕이다.[15] 그것은, 우리가 쉽게 생각하듯이, 낮은 자기존중과 문앞에 놓인 신발털이개식의 사고를 고의적으로 육성하는 것이 아니다. 오히려, 수도원 스승들에게 있어서 겸손한 것은, 우리 모두가 하나님의 사랑받는 자녀이며 각 사람의 가치가 우리 자신으로부터가 아니라 하나님께로부터 온다는 것을 인식함을 의미하였다. 이것이 참되기 때문에, 겸손한 사람은, 다른 사람들을 판단하거나 멸시하는 것은 기독교인이라면 누구든 해서는 안될 일이라는 것을 안다.

겸손한 사람은, 한편, 그가 잘못하는 일에 대해서, 멸시당한다는 느낌없이 타인들에 대한 책임을 받아들일 수 있는 사람이다.

다른 한편, 그는 칭찬이나 감사를 받아들이면서도 특별히 고양되거나 그의 성취로 인해 다른 사람들을 지배하려고 하지 않는 사람이다.

마찬가지로, 겸손한 사람은 모든 인간의 연약함에 관해 현실주의적이기 때문에, 다른 사람들이 심지어 형편없는 실수들을 범할 때 정도에 지나치게 충격을 받거나 실망하지 않는다. 함께 사는 문제에 도달할 때, 겸손은 완전주의의 반대이다. 그것은 사태가 어떻게 되어야 하느냐에 대한 비현실주의적인 기대들을 포기하고, 대신에 인생이 진실로 어떤 것인가에 대한 분명한 비전(vision)을 취한다. 돌이켜서, 이는 그것을 소유한 자들로 하여금 그들이 깊이 사랑하기 원하는 사람들을 보고 사랑할 수 있도록 해준다.

겸손의 가장 의미깊은 품격들 중의 하나는 우리가 어떻게 같이 사느냐에 관한 작은 세부 사항들이 사랑하는 데 매우 중요하다는 것을 인식하는 것이다. 때로 우리는 사람들이 "집에서는 네 자신의 마음대로 할 수 있다"라고 말하는 것을 듣게 되는데, 이 말은 좋지 않은 기분상태를 정당화하거나 "오직 가족"인 아내나 남편, 그리고 자녀에게 무례하고 비판적이 되는 데 사용된다. 겸손은 우리가 알지 못하는 이들 뿐만 아니라 가깝고 친밀한 이들의 감정들에 대해 항상 주의를 기울이는 것이다. 겸손은, 사랑이 번성하고 성장하기 위해서, 우리가 삶을 함께하는 사람들에게 특별히 예의를 실천해야 한다는 것을 아는 것이다.

나에게 한 친구가 있는데 그녀는 기독교적인 취지를 지닌 공동체에서 수년동안 그녀의 남편과 자녀들과 함께 살았다. 내가 후에 그녀에게 왜 거기를 떠났느냐고 묻자, 진지한 기독교적 우정의 본질이 저녁식탁에서 마음을 트고 깊고 감동적인 대화들을 나누는 것이라고 믿었으나 그녀외의 어느 누구도 결코 쓰레

제5장 우리의 삶과 죽음은 우리의 이웃과 함께한다   183

기를 내다버리는 데 주의를 쏟지 않았던 사람들과 함께 사는 데 지쳤다고 그녀는 말했다. 나는 아직도 "나는 쓰레기를 내다버리는 것이 기독교적 사랑의 행위라고 생각했다!"고 말하는 그녀의 음성을 듣는 것 같다. 서로에게 좋은 동반자로 시작한 많은 남녀가, 그중 하나가 가정의 매일의 잔일들을 함께 나누는 것보다 더 중요한 일이 있다고 결정하면서, 이 점에 대해 실패하게 된다. 흔히 그 하나는 다른 하나가 이 변변찮은 세부적인 일들을 함께 나누는 데 그처럼 중요성을 부여하는 것과 같은 "째째함"에 충격을 받는다. 결혼만이 이러한 문제가 일어나는 사랑의 공동체가 아니다. 교회들 중에서 불평등하게 나누는 일에서 비롯되는 바로 이러한 점에 관한 깊은 원망을 보는 것은 흔히 있는 일이다.[16] 다음과 같은, 광야에서 비롯된 재미있는 이야기는 그것이 고대의 수도 공동체에서도 마찬가지로 문제였음을 우리에게 보여준다.

압바 난쟁이 요한에 대한 이야기인데, 어느날 그가 그의 형에게 말했다. "나는 일하지 않고 끊임없이 하나님께 예배를 드리는 천사들처럼 모든 염려로부터 자유롭고 싶어요." 그래서 그는 웃옷을 벗고 광야로 가버렸다. 한 주일 후에 그는 형에게 돌아왔다. 그가 문을 두드리자, 그는 문을 열기 전에 그의 형이 "누구냐?"라고 말하는 것을 들었다. 그는 말했다. "나는 요한이에요. 당신의 동생이에요." 그러나 그가 대답했다. "요한은 천사가 되었고, 이제는 더 이상 인간들 중에 있지 않은데." 요한은 그에게 빌며 말했다. "나예요." 그러나 그의 형은 그를 들어오게 해주지 않고, 거기서 아침이 될 때까지 고민하며 있도록 놔두었다. 그후 문을 열면서 형은 말했다. "너는 사람이니까 다시 먹기 위해 일해야 한다." 그러자 요한

은 그 앞에 엎드려서, "나를 용서해 주세요."라고 말했다.[17]

겸손의 또하나의 특징은 순수성을 기독교적 삶의 주된 목표로서 포기하는 것이다. "알려진 죄인들"과 관계해야 할지에 관해 결정함에서, 많은 기독교인들은 비난받지 않으려고 힘쓰는 데 많은 시간을 보낸다. 타인들에게 어떤 선을 행하려는 사람들은, 자선에 대한 그들 자신의 동기들이 의존하기에 충분히 순수한지에 관해 걱정한다.

> 한 형제가 압바 포에멘에게 말했다. "만일 내가 내 형제에게 빵 조금 혹은 어떤 다른 것을 주면, 마귀들이 그것은 오직 사람들을 기쁘게 하기 위해 행한 것이라고 말하면서 이 선물들의 가치를 손상시킨답니다." 노인은 그에게 말했다. "비록 그것이 사람들을 기쁘게 하기 위한 것이라도, 우리는 형제에게 그가 필요로 하는 것을 주어야 한다."[18]

겸손은 실제의 사람들의 실제의 필요들에 초점을 맞추기 위해 이와 같은 걱정들을 포기한다.

어떻게 우리는 겸손의 덕을 추구하는가? 우리는 기도에서 겸손의 참된 본성에 대해 묵상함으로써 시작할 수 있다. 성경의 사용은 특히 도움이 된다. 예를 들면 하나님의 현존 속에서 그리스도 안에서의 하나님 자신의 겸손을 찬양하는 빌립보서의 위대한 찬송의 의미를 숙고해보라.[19] 그 겸손이 어떻게 가장 "하찮은" 자들과 보통 사람들에 대한 예수의 관심 속에서 드러났는지에 관해 생각해 보라. 비난받지 않는 것과 같은, 그 자신의 명성을 견지하는 데 관심이 없으셨음을 숙고해보라. 어떻게 다른 사람들과 관계맺느냐에 관한 당신 자신의 기대들이 겸손의 패턴들과 모순되는 경우를 당신 자신에게 물어보라. 하나님께 도움을 요청하라. 그리고 나서 우리가 기도하는 바에 반(反)해서 행동하지 말라는 수도원적 충고를 기억하라.

5. 분 별

분별은 사랑하려는 욕구에서 우리의 기독교적 지성을 실천하는 덕이다.

> 압바 포에멘은 압바 암모나스가 이렇게 말했다고 했다. "어떤 사람이 그의 시간 전체를 도끼를 운반하는 데 보내면서도 나무를 자르는 데 성공하지 못할 수 있다. 반면 나무를 넘어뜨리는 경험을 가진 사람은 몇번 안치고도 나무를 쓰러뜨린다. 그 도끼는 분별이라고 그는 말했다."[20]

많은 사람들에게 이는 매우 어려운 것이다. 그들은, 기독교인들이 해야 하거나 하지 말아야 하는 바에 대한 목록을 가진 다음, 그 규칙을 모든 경우에 적용하는 길을 선호할 것이다. 단순성의 추구는 기독교적 사랑에 이르는 길이 아니다.

항상 우리는 우리의 원칙들을 견지하는 것이 다른 사람들에게 어떤 효과를 미칠 것인지, 그리고 우리가 진실로 우리의 원칙들에 관해서 굽히지 못하기 때문에 오는 결과들에 대해 책임을 지기 원하는지를 숙고해야 한다. 이런 점에서 우리는 다음과 같은 수도원적 충고의 충격적인 한 단편을 대하게 된다. 어느날 압바 알로니우스는 이렇게 질문을 받았다.

> "어떻게 제가 혀를 제어함으로써 더 이상 거짓말을 하지 않을 수 있겠습니까?" 압바 알로니우스는 그에게 말했다. "만일 네가 거짓말을 하지 않는다면, 네 자신을 위해 많은 죄를 예비하는 것이 된다." "어떻게 그렇습니까?" 하고 그가 말했다. 노인은 그에게 말했다. "두 사람이 네 목전에서 살인을 범하고 그들 중 하나가 너의 독방으로 도망했다고 상정해 보라. 그를 찾는 관원이 너에게 '당신은 살인자를 보았습니까?'라고 묻는다. 만일 네가 거짓말을 하지 않으면 너는 그 사람을 죽음에 넘겨주게 될 것이다. 네가 그를 하나님께 무조건 내맡기는 것이 더 좋나니, 왜냐하면 그는 모든 것을 아시기 때문이다."[21]

이 경우에 그 살인자를 경찰에게 넘겨주는 것은 그를 즉시 처형받게 넘겨주는 것이었다. 그러나, 광야교부들에 의하면, 오직 하나님만이 그러한 결정을 내리실 수 있다.

또한 이집트의 광야로부터 유래되는 다음의 경우를 살펴보라.

> 한 형제가 압바 포에멘을 보러 와서 그에게 말했다. "저는 제 밭에 씨를 뿌려서 거기에서 거두는 것을 구제하는 데 씁니다." 노인은 그에게 말했다. "그것 참 좋은 일이다." 그러자 그는 열심을 가지고 떠나갔으며 그의 구제를 더하였다. 이 말을 듣고 압바 아눕(Anoub)은 압바 포에멘에게 말했다. "당신은 그렇게 그 형제에게 말하고도 하나님을 두려워하지 않습니까?" 노인은 침묵을 지켰다. 이틀 후에 압바 포에멘은 그 형제가 오는 것을 보고 압

바 아눕이 있는 데서 그에게 말했다. "전날에 네가 무엇을 내게 말했는가? 나는 주의해서 듣지 않았는데." 그 형제는 말했다. "저는 밭에 씨를 뿌려 거기에서 얻는 것을 구제하는 데 준다고 말했습니다." 압바 포에멘은 그에게 말했다. "나는 네가 세상에 있는 네 형제에 대해 말하고 있다고 생각했다. 만일 이렇게 하고 있는 사람이 너라면, 그것은 수도사에게 맞지 않다." 이 말을 듣고 그 형제는 슬퍼져서 말했다. "저는 다른 일은 아무 것도 알지 못하며 밭에 씨뿌리는 일을 할 수 밖에 없습니다." 그가 가버렸을 때 압바 아눕은 엎드려서 "나를 용서해 주시오"라고 말했다. 압바 포에멘이 말했다. "처음부터 나 역시 그것이 수도사가 할 일이 아닌 줄 알았지만, 내가 그렇게 말했던 것은 나 자신을 그의 생각에 적응시켜서 그에게 그의 구제를 더할 수 있는 용기를 주려 했던 것이오. 이제 그는 비탄에 잠겨서 가버렸지만 이전같이 계속할 것이오.[22]

압바 아눕이 그 농부 수도사에게 준 포에멘의 원래 충고에 대해 품었던 고민은 어떤 행위가 수도사들에게 적합한지와 적합하지 않은지에 관한 그의 확신들로부터 유래되었다. 포에멘은 그 대신에 만일 사랑이 그가 살고자 했던 삶의 목표라면 그는 원칙들에 따라 살기만을 기대하지는 말아야 한다는 것을 그에게 가르쳤다. 사랑은 한 이념을 견지하는 데 관한 것이 아니다. 하나님은 우리를 서로 다르게 만드셨으며 우리를 서로 다르게 다루신다. 이는 분별을 실행하는 것은 부분적으로 항상 우리가 함께 살고 있는 사람들의 말을 주의깊고 친밀하게 귀기울이는 일을 결과로 한다는 것을 의미한다. 하나 이상의 자녀를 둔 부모는, 원칙의 입장에서 모든 자녀를 똑같이 다루려고 하는 것이 경모

할 만한 것일지 모르지만 실제의 사실은 한 아이에게 좋은 것이 다른 한 아이에게는 심각하게 해가 될지도 모른다는 것을 알고 있다. 자녀들은 성품, 능력, 관심, 보는 방식, 정력, 그리고 지능에 있어서 서로 다르며, 사랑은 이 차이들을 고려해야 하는 것이다.

결혼의 공동체로부터 우리의 세계의 공동체에 이르기까지, 만일 우리가 참으로 압바들과 암마들이 우리로 하여금 볼 수 있게 도와주는 그러한 종류의 사랑 속에서 함께 살려고 원한다면, 우리는 분별의 덕을 향해 성장해야할 필요가 있다. 항상 특정한 사랑의 요구들이 무엇인지를 결정하는 데 의도적으로 우리의 최선을 다하는 것과 별개로, 우리는 예수께서 치유하시기 원했던 사람들, 즉 우물가의 여인에서부터 제자들이 쫓아낼 수 없었던 마귀에게 그의 아들이 사로잡혔던 사람에 이르기까지 그들에 대한 예수님의 주의깊은 경청을 숙고할 수 있다. 우리의 기도 속에서 우리는 하나님께 우리가 앞으로 있을 모든 상황에 대한 대답들을 미리 알 수 있을 필요가 없다는데 대한 신뢰를 요청할 수 있다. 우리는 또한 다른 사람들에 대한 우리의 기대들 속에서 현실주의적일 수 있게 되는 데 도움을 요청할 수 있다.

6. 자문(諮問)

수도사들은 (우리가 도로테오스의 원에서 기대하는 바처럼) 기독교적 삶의 처음부터 끝까지 우리가 양육, 성장, 격려, 통찰 및 반대에서 동료 기독교인들에게 깊이 의존하고 있다는 것을 가정하였다. 우리는 끊임없이 다른 사람들에게 도움을 요청하고 또한 받을 것을 기대해야 한다. 자문은 우리로 하여금 그렇게 할 수 있게 해주는 덕이다.
　자문(의논)의 원래 정황은 압바나 암마와 제자들 사이 및 제자들 서로간의 관계에 입각한 것이었다. 제자는 그의 모든 생각들을, 그 자신을 이해하고 진보를 이루기 위해, 스승에게 드러내도록 기대되었다.

> 한 형제에 대해, 그가 참람함에 대항하여 싸워야 했으며 그것을 인정하기를 부끄러워 했다는 이야기가 있었다. 그는 어떤 위대한 노인들이 살고 있다고 들은 곳으로 그들을 보러 갔는데, 그의 마음을 그들에게 열어보이려 했지만 그곳에 도착했을 때 자신의 유혹을 인정하기가 부끄러웠다. 그래서 그는 계속 더 가서 압바 포에멘을 만났다. 노인은 그가 염려하는 것을 보았으며, 그가 그에게 무엇이 잘못되었는지 말하지 않는 것을 유감스럽게 여겼다. 그래서 하루는 그를 앞에 세워놓고 말했다. "오랫동안 너는 여기 와서 내게 무엇이 너를 괴롭히는지 말하려 했지만, 여기 오면 그것에 관해 내게 말하려 하지 않는구나…나의 아들아, 이제 내게 그것이 무엇인지 전부 말해보아라." 그는 그에게 말했다. "마귀가 나를 대항해서 싸우면서 하나님을 참람되게 말하도록 만드는데 저는 그것을 말하기가 부끄럽습니다." 그리하여 그는 그에게 그 모든 것을 이야기했고 즉시 놓임을 받았다.[23]

　스승이 거의 항상 가져다주어야 했던 격려하는 충고와 통찰과는 별개로, 단순히 말로 짐을 스승과 함께 나누는 데에 어떤 치유가 있었다.
　비록 한 사람이 그의 스승과 특별한 관계에 있었다고 해도, 수도자는 통찰과 충고를 위해 똑같이 다른 형제 자매들에게도 의존해야 한다는 것을 알고 있었다. 한 형제에게 기꺼이 도움을 구하러 가기 전까지는 성경을 이해할 수 없었던 늙은 수도사를 상기해 보라.[24] 우리는 기독교적 덕들을 가장 근본적인 방식으로 서로로부터 배운다. 그러한 배움은 선택적인 것이 아니다. 즉 우리의 구원이 그것에 의존하고 있다.

> 어떤 사람이 압바 파에시우스에게 물었다. "내 영혼이 무감각하고 하나님을 두려워 하지 않기 때문에, 내 영혼에 대해 무엇을 제가 해야 되겠습니까?" 그는 그에게 말했다. "가라, 그래서 하나님을 경외하는 사람과 합류해서 그의 옆에 살아라. 그가 또한 하나님을 경외하는 것을 네게 가르쳐줄 것이다."[25]

자문을 가지고, 우리는 또한 서로의 짐들을 지고 우리 짐들이 우리의 형제 자매에 의해 기도 속에서 감당되도록 하는 것을 배운다. 한두해 전에 나의 친구 하나가 어떤 매우 심각한 상처들을 준 그녀의 어머니를 용서하기 위해 고투하고 있었다. 그녀는 진실로 그녀의 어머니를 용서하고 싶지 않았을 뿐만 아니라 심지어 그녀를 위해 기도할 수조차 없었다. 내 친구는 성도의 교통을 매우 진지하게 여겼으며, 그래서 나와 몇몇 다른 친구들에게 그녀 대신 얼마 동안 그녀의 어머니를 위해 기도해달라고 요청했고, 그동안 그녀 자신은 기도할 수 있는 길을 찾으려고 힘썼다. 다른 사람들의 기도에 의지하면서, 그녀는 마침내 스스로 기도하여 치유를 발견할 수 있게 되었다.

독립과 전적인 자족은 공동체 안에서의 사랑의 덕들이 아닌 것이다. 가자의 도로테오스는 이에 대해 확신했으며, 따라서 실제로 이렇게 말했다.

> 만일 어떤 일을 행하는 것이 내 의무라면, 나는 그것을 내 이웃의 충고와 함께 행하는 편을 택한다. 비록 내가 그와 의견이 일치되지 않고 그것이 잘못되더라도 말이다. 즉 내 자신의 의견에 인도받아서 그것이 바로 되도록 하기 보다는, 잘못되더라도 이웃과 함께 행한다는 것이다.[26]

비록 우리가 도로테오스에 전적으로 동조하기를 원하지 않을지라도, 그의 충고는 결혼과 교회에서 유익한 것이다. 결혼에서 함께하는 결정들, 우리의 교회에 있어서 위원회의 작업, 의견의 일치에 의해 일들을 하는 것 등, 이 모두는 시간이 걸리고, 비효율성과 잘못 다루기 쉬운 약점을 드러낸다. 그러나 기독교적 사랑의 공동체에서, 그 반대를 위한 어떤 자리도 존재하지 않는다: 즉 "당신이 어떤 것을 바로 행하기 원하면, 네 자신 홀로 그것을 행하라"는 것 말이다.

이러한 상호적인 자문의 맥락 내에서 우리는 또한 현대의 기독교적 청중에게 이상하게 들리는 다른 충고를 듣게 된다. 압바 야고보는 "친절한 접대를 베푸는 것보다 받는 것이 더 낫다"고 말했다.[27] 많은 사람들이 어느 누구에게도 의존하지 않도록 길러졌다. 의존하지 않는다는 것은 어느 누구에게도 그 무엇도 신세질 필요가 없다는 것, 어떤 다른 사람도 우리에 대해 도덕적인 우위에 두지 않는 것을 상정한다. 의지하지 않는다는 것은 기독교적 덕이 아니다.

의지하는 문제와 별개로, 우리는 사랑을 오직 우리가 다른 사람들을 위해 행하는 어떤 것이라고 생각하지 말아야 한다. 우리는 사랑이 상호적인 것이 되기 위해 우리 자신을 받는 데 열려 있도록 만들어야 한다는 것을 잊어서는 안된다.

어떤 노인들이 함께 식사를 하면서 스케티스에서 즐기고 있었는데, 그들 중에 압바 요한이 있었다. 한 존경할 만한 사제가 일어나서 음료를 제공하려 했으나, 압바 난쟁이 요한 외에 어느 누구도 그로부터 받지 않았다. 그들은 놀라서 그에게 말했다. "가장 나이어린 당신이 감히 사제에게 섬김을 받도록 자신을 허락하다니 어찌된 일이요?" 그러자 그가 그들에게 말했다. "제가 음료를 제공하려고 일어날 때, 저는 모든 사람이 그것을 받으면 기쁩니다. 왜냐하면 저는 제 상급을 받고 있기 때문입니다. 제가 그것을 받은 것은 그 이유 때문입니다. 즉 그 역시 그의 상급을 받으며 어느 누구도 그로부터 아무 것도 받으려 안하는 것을 봄으로써 슬퍼지지 않게 하려는 것이었습니다." 이 말을 들은 그들은 모두 그의 신중함에 대한 경이와 건덕(建德; 덕을 세움)으로 가득차게 되었다.[28]

선물들을 받는 것을 배우는 것은 주는 것 만큼이나 기독교적 사랑의 훈련인 것이다.

자문의 패턴들에서 성장하기 위해서 우리는 서로 지지해야 할 뿐만 아니라 서로에게 정직해야 한다. 우리의 결혼과 교회에서 함께 사는 삶의 특징이 되는, 사랑을 파괴하는 부정직의 한 형태는 우리의 상냥함이다. 우리의 상냥함 속에서 우리는, 지지하는 것이란 우리의 참된 생각들과 감정들을 불일치한 영역들에서 결코 말하지 않는 것을 뜻한다고 믿는다. 나는 결코 우리가 서로에게 잔인할 정도로 정직해야 한다고 권장하고 있는 것은 아니다. 정직은 결코 잔인할 필요가 없으며 바로 이 점에 관해 광야에서 비롯되는 권고적인 이야기들이 많이 있다.[29] 그러나 우리가 서로 사랑하려면, 우리가 사랑하는 사람들이 무엇을 실로 생각하는가를 알아야 할 필요가 있으며, 단지 우리가 그들이 생각한다고 생각하는 바를 아는 것으로는 안된다는 것이다. 우리가 서로 일치하지 않는 곳에서 우리는 통상적으로 서로간의 쓰라림을 결과시키는 감추어진 방식들로써 보다는 직접적인 방식들로 서로에 반대되도록 밀어볼 필요가 있다.

부정직한 상냥함은 우리의 기독교 공동체들에서 다른 형태로도 나타나는데 자문에 반대되도록 작용한다. 흔히 우리는 교회가, 우리의 사적인 삶의 더 어둡고 더 모호하거나 심지어 고통스러운 측면들을 함께 나누기에 적당한 장소가 아니라고 생각한다. 이리하여 우리는 거기서 우리의 자녀에 대한 분노, 부모를 잃은 데 대한 슬픔, 우리가 심각하게 병들어 있을 때의 고통과 죽음에 대한 공포, 혹은 직업을 잃는 데 대한 불안 등에 관해 말하는 것을 기대하지 않는다. 자주 우리는 다른 사람들에게 우리도 그들이 이러한 일들에 관해 말하기 원하지 않는다는 메시지를 전달한다. 밖에 있는 사람들과 흔히 우리 교회에서 자라난 우리의 자녀들은 이러한 절제된 침묵을 위선으로 체험할지도 모른다. 서로간의 사랑은 우리가 우리의 현실적인 삶을 함께 나누지 않는 곳에서는 충만하게 존재할 수 없다. 비록 그것이 심히 어려울 수 있을지라도, 우리가 공동의 사랑 속에서 성장하고자 한다면 이러한 자문(의논)하는 일을 함께 행하는 것을 기꺼이 배워야 할 것이다.

어떻게 우리가 이 덕을 향해 기도해야 할까? 우리는 하나님께 우리 자신 안에서 그것에 반대하여 역사하는 저 태도들과 행위들을 인식하는 데 도움을 달라고 요청할 수 있다. 우리는 다른 사람들로부터 도움을 필요로 하는 것이 약한 것이라는 확신으로부터 해방되도록 기도할 수 있다. 우리는 우리 자신의 영적 운명들을 절대적으로 지배해야 한다는 신념을 포기하는 인내와 겸손의 보충적인 덕을 위해 기도할 수 있다.

7. 우리 자신이 죄인임을 아는 것

가자의 도로테오스는 아담과 하와가 범한 가장 중대한 실수는 그들의 첫 실수 즉 그 과일을 먹은 것이 아니었다고 믿었다. 그것은 그들이 행한 바에 대해 책임을 지고 자신들의 잘못을 고백하기를 거부했다는 데 있었다. 하나님은 먼저 아담에게 와서,

"아담아, 네가 어디 있느냐?"라고 하셨다…—마치 그에게 날카롭게 "저를 용서해 주세요!"라고 말하라고 촉구하시듯이. 그러나 아무런 겸손의 표시도 없었다. 마음의 변화가 없었고, 오히려 그 반대였다. 그는 "당신이 내게 주신 아내가"—"내 아내"가 아님을 주목하라—"나를 속였나이다"라고 대답했다. 이는 마치 "이 일은 당신이 내 머리 위에 두신 재앙입니다"라고 말하는 것처럼 들린다. 이처럼, 내 형제들이여, 사람이 자신을 비난할 용기가 없을 때, 그는 하나님 자신을 비난하기를 주저하지 않는다. 그러자 하나님은 이브에게 오셔서 그녀에게 말하셨다. "왜 너는 내가 네게 준 계명을 지키지 않았느냐?" 이는 마치 "만일 네가 오직 '저를 용서해 주세요'라고 말하기만 하면"이라고 하시는 것처럼 들린다…또다시 한 마디 말도 없었다! "저를 용서해 주세요"라고 말하지 않았던 것이다. 그녀는 "뱀이 나를 속였어요!"라고 대답했을 뿐이다—마치 뱀이 잘못했다면 그것이 내게 무슨 상관이에요?라고 말하는듯이. 너희 사악한 이들아, 무슨 짓을 하고 있는 것이냐? 회개하며 무릎을 꿇고 너희의 잘못을

시인하고 너희의 벌거벗음을 긍휼히 여기라. 그러나 그 두 사람 모두, 엎드려 자신을 비난하지 않았고, 그들 중에서 겸손이 발견되지 않았다. 이제 이것이 어떻게 우리 자신의 상태를 예상하는 것이었을 뿐이었는지 보고 상고하라![30]

우리의 삶의 어떤 영역에서든지 진보는 하나님 앞에서 우리 자신에 대해 책임을 지는 것에 의존한다.[31]

하나님 앞에서 우리 자신에 대해 책임을 지는 것과 꼭같이 근본적인 것은 서로 앞에서 책임을 지는(응답하는) 것이다. 수도원 스승들에게 있어서 이웃을 사랑하는 삶은, 우리의 허물들을 보고 그것들을 서로에게 시인하고 사과하는 것을 배우는 데 의존하였다. 그렇지 않으면 우리의 함께하는 삶은 처참한 부담 아래에서 계속될 것이다.

> 압바 요한은 이렇게 말했다. "우리는 가벼운 짐, 말하자면 자기 비난을 한편으로 두고, 무거운 짐, 말하자면 자기 정당화의 짐을 스스로에게 부과했다."[32]

우리가 다른 사람과의 어떤 균열에서든지 우리 자신의 잘못된 부분을 발견하기 위해 자신을 진실하게 검토하고 나서도 잘못했다고 말하지 못할 때에, 우리와 우리가 상하게 한 자들 간에는 치유될 수 없는 상처들, 따라서 우리를 하나님과 서로로부터 분리시키는 상처들이 형성된다.

우리 중 많은 이들에게 이러한 인정(수긍)은 거의 불가능하게 여겨진다. 왜냐하면 우리가 잘못을 시인할 때 우리는 그것을 자존심의 상실 뿐만 아니라 자아의 상실로 체험하기 때문이다.

이리하여 우리는 사랑의 요구들이 우리로 하여금 정반대 방식으로 반응하게 할 때, 자기 의를 내세우면서 방어적으로 반응하기 쉽다. 우리가 전(前)장에서 보았듯이, 이러한 무시무시한 짐으로부터 자유케 되는 일은 우리 자신을 하나님 안에서 주장하면서 시작되는데, 즉 우리의 인간으로서의 가치가, 옳든 그르든 우리가 행하는 바에 의존하지 않고 오히려 하나님께서 우리에게 주시는 은사에 의존한다고 말하는 것이 무엇을 의미하는지 숙고하는 것이다.

이 덕의 반대가 되는 정욕은 '판단하기 좋아하는 것'이다. 그 다양한 모든 면에서 판단하기를 포기해야 될 필요성은 사랑의 공동체들 속에서 살아가는 데 대한 초기 수도원의 토론들에서 막대한 공간을 차지하고 있다. 우리의 조상들은, 우리 자신을 다른 사람들로부터 구별짓고 배타적이게 만드는 대가를 치르면서까지 우리 자신의 선함과 정체성을 주장하도록 부름받았다고 느끼는 다면적인 방식들에 대해 염려하고 있었다. 판단주의는 공동체를 파괴한다. 즉 그것은 판단을 하는 자들을 파괴하며, 수도원 스승들에게서 더욱더 심각하게 그러한 것이지만, 흔히 판단받는 자를 파괴한다(또한 확실히 공동체에서 배제시킨다). 작은 규모에서 판단주의는 결혼, 가족, 교회들을 파괴한다. 더 넓은 규모에서 그것은 인종주의, 성차별, 가난한 자를 무시하는 것, 민족적인 자기 의 등에 주된 연료를 제공한다. 판단주의는 이 이유 때문에 사랑의 균열로서 우리가 서로에게 범할 수 있는 죄만큼이나 심각한 것이다. 따라서 압바 테오도르는 항상 다음의 사실을 기억하라고 우리에게 경고한다.

"'간음하지 말라'고 말씀하신 분은 또한 '판단하지 말라'고 하셨다."[33]

때로 우리는 판단하는 것이 오직 하나님의 권리이기 때문에 판단해서는 안된다고 말하는 것을 듣는데, 이는 오직 하나님에게만, 다른 사람들로 하여금 그들의 죄에 대해 지불하게 만드는 즐거움이 허락된다고 우리에게 제의하는 듯이 보일지도 모른다. 사실 우리가 우리에 대한 하나님의 사랑에 관해 아는 바에 의하면, 부정적인 판단은 그것이 어떤 형태를 취하든 간에 오직 하나님께 고통을 초래할 수 있을 뿐이다.

> 어느날 압바 이삭은 한 수도원에 갔다. 그는 한 형제가 죄를 범하는 것을 보았으며 그를 정죄하였다. 그가 광야에 돌아왔을 때, 주의 천사가 와서 그의 독방 문 앞에 서서 이렇게 말했다. "나는 네가 들어가는 것을 허락하지 않겠다." 그러나 그는 완고하게 물었다. "무엇 때문에 그러는거요?" 그러자 천사가 대답했다. "하나님께서 나를 보내사 네가 정죄한 그 범죄한 형제를 어디에 던져버리기 원하는지 네게 물으라고 하셨다." 즉각적으로, 그는 회개하며 이렇게 말했다. "내가 범죄했으니 나를 용서해 주시오." 천사가 말했다. "일어나라, 하나님께서 너를 용서하셨다. 그러나 이제부터 하나님께서 판단하시기 전에 어떤 사람을 판단하지 않도록 조심하라."[34]

도로테오스는 압바 이삭의 바로 이 이야기에 대해 논평하면서 하나님께서 심지어 마음이 굳어진 살인자의 곤경에 대해서까지 우리가 기꺼이 행하고자 하는 바 보다 훨씬 더 많은 온유와 자비를 가지고 바라보신다는 것을 분명히 밝히고 있다. 개인적 역사, 환경, 내적 투쟁들을 충분히 잘 알아서 왜 그가 그러한 행위를 하는지를 이해할 수 있는 것은 오직 하나님뿐이시다.[35]

진실로, 만일 우리가 우리에 대한 하나님의 사랑을 닮으려 한다면, 우리의 판단주의를 포기해야 할 뿐만 아니라, 우리 자신의 온유함에 의해 다른 이들의 치유를 위한 공간을 만들어야 한다. 이와 같은 이유 때문에,

> 그들은 압바 대(大) 마카리우스에 관해 그가 기록된 바 처럼 땅 위에서 신이 되었다고 말했다. 그 이유는 하나님께서 세상을 보호하시는 것과 똑같이 압바 마카리우스는 그가 본 허물들을 마치 보지 않은 것처럼 덮어주었으며, 그가 들은 것들을 마치 듣지 않은 듯이 덮어주었기 때문이다.[36]

압바들과 암마들은 "판담함"이란 말로 무엇을 의미하였는가? 확실히 그들은 우리가 다음의 금언에서 보듯이, 판단과 심지어 계율을 행하지 않고서도 아이들을 기르거나 다른 사람들을 가르치는 책임을 감당할 수 있다고는 믿지 않았던 것이다.

> 압바 마카리우스는 어느날 타벤니시(Tabennisi)의 압바 파코미우스에게 갔다. 파코미우스는 그에게 물었다. "형제들이 규칙에 복종할 때, 그들을 고쳐주는 것이 바른가요?" 압바 마카리우스는 그에게 말했다. "당신에게 종속된 자들을 정의롭게 고쳐주고 판단하시오. 그러나 어떤 다른 사람도 판단하지 마시오."[37]

더 나아가서, 비록 수도사들은 판단자(심판자)로서 행위하는 것이 수도생활과 조화되지 않음을 확신했으나, 확실히 법제도의 종말을 지지하고 있지는 않았다.[38]
우리의 스승들의 첫 관심은 범죄자를 벌하고 공동체에서 제거하도록 고안된 판단의 공개적 행위들에 대한 것이었다. 그들

은 도덕적 혹은 교리적 순결이 모든 다른 것에 우선해야 한다는 자기의에 따른 신념과, 이에 부응하는 것으로, 선한 기독교인들은 하나님의 경찰이 되어야 한다는 신념을 반대하는 데 관심이 있었다. 나는 최근에 압바들과 암마들이 염려했던 일종의 경찰 행위의 고통스러운 일례에 대해 들은 적이 있다. 내가 살고 있는 데서 멀지 않은 한 교회에서 한 부모가 간음한 것으로 알려져서 교회를 떠나라는 요구를 받았을 뿐만 아니라, 죄없는 십대 자녀들도 청년 그룹의 임원직에서 제거되었던 것이다.

압바들과 암마들은 드러난 배척이 사랑의 공동체에서 삶을 나누는 것을 파괴하는 유일한 형태의 판단주의가 아니라는 것을 보았다. 작은 방식들에서 서로에 관하여 비판적이고 성가시게 하고 불평하는 것은 똑같이 파괴적일 수 있다.

> 한 형제가 압바 마토에스(Matoes)에게 물었다. "저는 어떻게 해야 합니까? 제 혀가 저를 고통스럽게 합니다. 제가 사람들 중에 갈 때마다 저는 그것을 통제할 수 없고, 그들이 행하고 있는 모든 선을 정죄하고 그들을 경멸합니다. 제가 어떻게 해야 합니까?" 노인은 대답했다. "만일 네가 자신을 다스릴 수 없다면 고독으로 도피하라. 왜냐하면 이는 병이기 때문이다. 형제들과 함께 거하는 자는 모나지 않고 원만하여, 자신을 모든 사람에게로 향하게 해야 한다."[39]

심지어 작은 방식들에서 계속 비판적인 것은 압바 마토에스가 말하는 것처럼 병이며, 그것을 받아들이는 편의 사람들 속에 병을 조성한다. 어떤 교회들은 특히 그 점에 취약한 것처럼 보이며, 후에 이 교회들을 떠나는 교인들은 그들의 체험들로 인해 독소를 머금은 반(反) 기독교적인 사람들이 될 수도 있다. 그렇지만 교회들이 이 문제의 유일한 원천은 아니다. 많은 결혼과 가족에서의 신뢰, 즐거움 및 사랑이 흔히 미묘한 판단주의에 의해 파괴되어 왔다. 이 교회와 가족에서 어른이 될 때까지 남게 된 사람들은 흔히 그것에 의해 심각하게 상처를 입은 채 나머지 삶을 살게 된다.

또하나의 더 사회적으로 받아들여지는 판단주의의 형태로서 사랑에 대해 똑같이 치명적인 것은 험담에 귀를 기울이고 전해주는 것인데, 압바들과 암마들은 거듭 "혀의 제어"에 대한 필요에 관해 경고하였다.[40] 한 비기독교인 친구가 한번은 내가 특히 한 편의 재미있는 소문을 전해주었을 때 기독교적 사랑에서의 매우 고통스러운 교훈을 내게 가르쳐주었다. "당신은 어떻게 다른 사람에 대해서 그런 말을 할 수 있어요?"라고 그녀는 말했다. "만일 그것이 진실이 아니라면 당신은 그 말로 그녀에게 상처를 입히는 것이오, 만일 그것이 진실이라면 당신은 그녀의 명성이 더 훼손될수록, 그녀가 자신의 행동을 고치기가 더 어려워질 것을 알지 못하나요?"

어떻게 우리가 최종적으로 우리의 판단주의에서 치료될 수 있을까? 압바 마토에스는 이렇게 말했다.

> 사람이 하나님께 가까이 갈수록, 더 자신을 죄인으로 본다. 이사야 예언자가 자신을 "부정한 입술의 사람"으로 선언한 것은 그가 하나님을 보았던 때였다.[41]

우리 자신을 죄인으로 보는 덕을 육성하는 것은 우리 마음 속의 판단주의의 상처들을 치료하는 주된 원천이다. 나 자신을 죄인으로 보는 것은 습관적으로 "나는 나쁜 사람이다"라고 말하는 것을 배우는 것을 뜻하지 않는다. 그와 같은 마음의 상태는 사실상 우리를 무력하고, 위험하게 공격에 열려있으며, 또한 다른 사람들로부터 단절되게 느끼도록 만듦으로써 사랑을 막는다. 오히려 내가 죄인이라는 것을 안다는 것은, 우리 모두가 무서운 일들을 하거나 적어도 할 수 있다는 인식을 진지하게 받아들임을 뜻한다. 수도원 스승들은, 우리의 인간적 잘못들이 사랑의 영역에서 우리 모두를 같은 배 안에 태운다는 것을 우리가 매우 깊은 수준에서 이해하지 못한다면 다른 사람들을 사랑하는 것이 불가능하다는 것을 아주 확신하였다.

이러한 덕의 패턴들을 배우는 것은 항상 쉬운 것은 아니지만 매우 중대한 것이다.

> 압바 포에멘은 말했다. "만일 사람이 사도가 '순결한(정한) 자에게는 모든 것이 순결하다'(딛 1:15)라고 말하는 바에 도달했다면, 그는 자신을 모든 피조물보다 못하게 본다." 형제가 말했다. "어떻게 제가 자신을 살인자보다 못하게 여길 수 있습니까?" 노인이 말했다. "사람이 실로 이 말씀을 파악했을 때, 그가 한 사람이 살인을 범하는 것을 본다면 '그는 오직 이 한가지 죄를 범했으나 나는 매일 죄들을 범한다'고 말한다."[42)]

8. 용 서

우리가 함께 사는 삶에서, 우리 모두가 죄인이라는 것을 아는 것과 함께 하는 사랑의 패턴들에 밀접히 연관되어 있는 것은 용서의 패턴들이다. 우리가 해결되지 않고 화해되지 않은 불만들을 지닐 때, 사랑은 충만히 존재할 수 없다. 이 진리는 매우 근본적인 것이어서 한 압바는 그것을 그의 교훈 전체로 삼았다.

> 압바 포에멘은…압바 이시도르(Isidore)에 대해 말하기를, 교회에서 형제들에게 설교할 때마다 그는 오직 한가지 즉 "너희 형제를 용서하라, 그럼으로써 너희도 용서받도록"이라고 말했다고 했다.[43]

우리 자신이 작은 일들에 대해 다른 사람들에게 불만을 품고 있든지 혹은 막대한 상해들에 대해 정당하게 보이는 용서못하는 짐들을 지니고 있음을 발견하든지 간에,[44] 우리가 용서못하고 지니고 다니는 바는 우리를 다른 사람들 뿐만 아니라 하나님으로부터 분리시키며, 따라서 우리 자신으로부터도 분리시킨다. 예수는 우리에게 "우리가 우리에게 죄지은 자들을 용서해주는 것처럼 우리 죄를 용서해 주소서"라고 기도할 것을 가르치신다. 이것은 내가 믿기에 하나의 위협이라기 보다는 우리가 어떤 존재인지에 관한 하나의 묘사이다. 즉 우리가 용서할 수 없는 곳에서 우리는 용서받을 수 없다는 것이다. 왜냐하면 우리는 자신을 하나님의 치유하시는 진리에 대해 닫혀지게 했기 때문이다.

왜 용서가 때로 그처럼 우리에게 어려운 것일까? 어떤 사람들에게, 용서하거나 용서를 보류하는 힘은 그들이 한 관계 속에서 가지는 유일한 수단이며, 따라서 용서하는 것은 마치 그 관계에서 힘을 포기하는 것을 뜻하는 것 같다. 다른 이들에게는, 용서하는 것이 약하고 자존심에 상해가 되는 것처럼 여겨지는 듯하다. 때로 사람들은 단순히 당황하게 된다. 그러나 자주, 용서할 수 없거나 용서하기를 원치 않는 것은 용서가 실제로 무엇인지에 관한 잘못된 생각들로부터 도출된다. 그러한 생각들 중 하나는, 만일 우리가 누군가를 용서하면 그 사람을 마땅히 좋아

제5장 우리의 삶과 죽음은 우리의 이웃과 함께한다 203

해야 한다는 것이다. 이 생각은 그렇지만 만일 당신이 기독교인이라면 기독교적 사랑은 좋은 감정들을 포함해서 항상 자발적으로 완전하게 흘러나와야 한다는 신념에 대한 또하나의 변이형태일 뿐이다. 사실 우리가 실제로 다른 사람을 용서하는 과정에 있는 동안 그 사람을 매우 싫어할지도 모른다는 것은 흔히 타당하다. 압바들 중에서 가장 엄격한 사람 중 하나인 에바그리우스 폰티쿠스조차 이렇게 말했다.

> 모든 형제를 같은 정도로 사랑하는 것은 불가능하다. 그러나 모든 사람과, 정욕을 초월하여, 말하자면 원망과 증오에서 자유한 방식으로 관계할 수 있다.[45]

어떤 사람들은 용서와 화해의 의미를, 자신에게 상처를 입힌 자가 똑같은 방식으로 다시 자신을 상처입힐 것이라는 사실을 충분히 알면서 상처를 받은 상황으로 돌아가는 것을 의미한다는 것 외에는 이해하지 못한다. 그들에게서 용서함은, 알콜 중독자나 폭행자인 남편이 적어도 열번씩이나 다시는 결코 그렇게 하지 않겠다고 약속했으나 이번에는 진실로 그것을 중단하리라는, 모든 증거에 반(反)하는 믿음을 가지려고 시도함을 뜻한다. 한마디로, 그들에게서 용서는 용서하는 자가 그의 현실감각을 제쳐놓고 고의적으로 자기기만의 행위를 수행할 것을 요구하는 것이다. 압바들과 암마들에게, 이러한 종류의 조작에 자신을 맡기는 것은 용서가 아니었다.

대신에, 내가 압바들과 암마들에 따라 이해하는 바로는, 용서는 극히 직선적인 것이다. 그것은 두가지 필수적인 요소를 갖고 있다. 첫째는 단순히 복수를 구하지 않는 것이다.

압바 포에멘은 말했다. "수도사는…악을 악으로 갚지 않는다."[46]

거듭거듭 압바들과 암마들은 이 점을 중요시한다. 용서는, 우리를 상하게 한 사람에게 하나님의 손에서든 우리의 손에서든, 이 세상에서든 다음 세상에서든, 해(害)가 닥치기를 바라는 소원을 포기하는 것을 의미한다. 대부분의 경우에, 보복을 바라는 마음을 포기하는 것은 쉽다. 누구든지 "너무 화내지 마라. 평정을 찾아라"는 말이 기독교적 구호가 아님을 알고 있다. 나의 매일 생활에서 만일 남편이 집에 오는 길에 가게에 들르는 것을 잊어버린다면, 나는 그가 배고픈 채로 잠자리에 들어가는 것을 봄으로써 그에게 벌을 주기 원하지는 않는다. 내 친구가 그 약속한 어떤 일을 하지 못한다 해도, 나는 어떤 다른 사람이 그녀에게 훈계함으로써 그녀를 낙담시키는 것을 원하지 않는다. 그렇지만 다른 경우들에 내가 싫어하는 사람이 나를 화나게 하거나 상처 입힐 때 그것에 대해 어떤 방식으로 대가를 지불하도록 하게 만들기를 원하지 않는 것은, 기도하는 동안과 기도 밖에서 어떤 진정한 노력을 요할지도 모른다. 몇몇 더 심각한 경우들에서는, 나아가서 악을 악으로 보복하지 않는 것은 적어도 소원에 있어서 거의 불가능하게 보일지 모른다.

둘째로, 용서는 상해를 입힌 사람의 평안을 실제로 및 진정으로 갈망하는 것을 뜻한다. 용서는 그 상처준 사람의 온전성을 소원하는 것을 포함한다. 많은 경우에, 예를 들면 마약이나 알콜중독, 또는 부부 서로나 자녀에 대한 학대 등의 경우, 이는 우리가 할 수 있는 대로 잘 분별의 덕을 사용함으로써 타인이나 우리 자신의 온전성을 파괴하고 가로막는 행동을 인식하고 그것에 협력하는 것을 거부하는 것을 의미한다. 『금언집』 중에 나오는 한 고통스러운 이야기는 바로 이러한 종류의 상황을 묘사한다. 한때 스케티스에 계속 물건을 훔쳐대는 한 형제가 있었다.

> 압바 아르세니우스는 그를 회심시키고 노인들에게 좀 평화를 주려고 자신의 독방으로 데려갔다. 그는 그에게 말했다. "네가 원하는 모든 것을 내가 너를 위해 마련해 줄 테니, 오직 훔치지만 말아라." 그래서 그는 그가 요구한 금, 동전, 옷 및 모든 것을 그에게 주었다. 그러나 그 형제는 다시 훔치기 시작했다. 노인들은 그가 그만두지 않는 것을 보고 그를 내쫓으면서 말했다. "만일 연약함으로 말미암아 죄를 범하는 형제가 있다면, 참아야 한다. 그러나 만일 그가 훔치면 그를 몰아내어라. 왜냐하면 그것은 그의 영혼에 상처를 입히며 이웃에 사는 모든 이들을 괴롭히기 때문이다."[47]

다른 사람의 평안을 원하는 것은 반드시 그가 원하는 바를 원하는 것은 아니다. 그것은 다른 이가 하나님께서 우리를 창조하신 목적인 사랑 안에서 살 수 있기를 원하는 것이다.

이러한 용서의 특징들을 예증하는 한 이야기가 내가 사는 도시에서 1990년에 일어났다. 그 해 초에 한 남자가 일을 마친 그 아내를 데려가려고 기차 정거장에서 기다리던 중에 그의 차를 훔치려고 하던 일단의 십대 청소년들에 의해 잔인하게 총을 맞고 살해되었다. 그들 모두는 아프리칸 흑인들이었다. 도시 전체가 이 살인 사건의 잔인성과 무자비함에 격분했다. 피고인 중 셋은 범죄에 참여한 것을 인정하고 비교적 짧은 징역 언도를 받았는데, 네번째 소년에게 불리한 증언을 하였다. 방아쇠를 당겼던 그 소년은 다른 많은 증인들에도 불구하고 결코 자신의 범죄를 인정하지 않았는데, 매우 긴 징역 언도를 받았다. 재판관은 살해당한 남자의 아내에게 모든 소년들이 언도를 받을 때 그들에게 말할 기회를 주었다. 총을 쏜 소년에게 그녀는 아무 말도 할 것이 없었다. 다음은 신문이 그녀가 다른 소년들에게 한 말을 보도한 내용이다.

> "나는 너희들의 범죄를 인정하는 데 많은 용기가 필요하다는 것을 말하고 싶다…[내 남편은] 다시 살아날 수 없다"고 그녀는 그들에게 조용하고 확신있는 어조로 말했다. 그러나 살인은, (그녀는 또 말하기를) "너희들의 나머지 삶에 걸림돌이 될 필요는 없다. 나는 너희가 이를 넘어 일어서서 하나님께서 너희를 사랑하시며 너희가 중요한 존재라는 것을 인식하기를 간절히 원한다. 너희는 좋은 사람이 될 수 있다. 나는 너희를 향해서 나쁜 마음을 가지고 있지 않다. 너희의 삶은 다르게 될 수 있다. 우리는 매일 우리의 젊은 흑인 남자들을 잃고 있다…너희를 위해, 너희의 어머니를 위해, 다른 삶을 살아라. 그것이 내가 너희에게 요청하는 것이다."[48]

자기 남편이 살해된 여인은 살해자인 소년들을 용서했다. 그녀는 그 소년들이 자신이 행한 바를 지불하기 위해 삶을 포기하기를 원하지 않았다. 대신에 그녀는 그들이 살인을 "넘어 일어서서," 좋은 사람들이 되고 그들의 삶을 다르게 만들고 인도적인 사랑의 공동체에 참여하기를 원했다. 인간의 삶의 목표는 사랑의 공동체이다. 암마들과 압바들은 만일 어떤 것이 다른 사람을 참으로 파괴로부터 돌이켜 사랑을 나누는 삶을 향하도록 해줄 수 있다면, 그것은 다름 아니라 곧 용서의 경험이라고 확신했다.

이 여인은 특별한 방식으로 가혹한 상처를 용서할 수 있었다. 그러나 우리 중 많은 이들은 우리의 삶을 망쳤기 때문에 용서할 수 없는 것처럼 여겨지는 상처들을 지니고 있다. 우리는 우리의 부모나 또는 우리가 신뢰하던 다른 어른들이 우리가 어린이였을 때 입힌 상처들, 이혼한 전 남편 혹은 아내가 진실로 우리가 해를 입는 것을 원했지 잘되는 것은 결코 원하지 않았던 그 과거의 결혼에서 입은 상처들, 우리의 자녀들이 우리에게 입힌 상처들, 아마 낯선 자들이 우리 혹은 우리가 사랑하는 사람들에게 범했던 범죄들 등으로부터 우리의 삶이 결코 바르게 회복될 수 없다고 느낄지도 모른다. 어쩐지 우리 자신 속에서 용서할 수 있는 부분에 도달하기란 불가능한 것처럼 보인다. 우리는 사랑하기 위해 용서해야 하는가?

그렇다. 우리는 용서가, 착한 사람들은 마땅히 그래야 되는 것이기 때문이 아니라, 우리 자신의 온전성과 우리와 함께 살고 있으면서 우리가 고통당하는 용서받지 못한 상처들의 반대편 끝에 있는 사람들의 온전성을 위해서 필요로 하는 바이기 때문에, 용서하는 것이다. 그러면 어떻게 우리가 용서할 수 있을까?

첫째로, 그리고 흔히 가장 어려운 일로서, 우리는 용서하기를 원해야 한다. 나는 우리가 용서할 수 있도록 도움을 구하여 기도할 때 흔히 우리가 진실로 그것을 원하지 않는다는 것을 인식하지 못하기 때문에 도움을 받을 수 없다고 믿는다. 어떤 종류의 상처들이 낫기 위해서 우리는 매우 긴 시간을, 아마도 수개월이나 수년을 단순히 용서하기를 원하도록 기도하는 데 보낼 필요가 있다. 비록 우리가 심하게 낙심했다고 느낄지라도, 이는 내가 믿기에 하나님께서 항상 결국 응답하시는 기도인 것이다.

둘째로, 우리는 가능하다면 우리에게 상처를 입힌 자들의 고통과 파괴된 삶을 이해하도록 기도할 필요가 있다. 압바 포에멘은 이렇게 말했다.

"일어난 일을 이해하지 않는 것은 우리가 어떤 더 나은 것을 향해 전진하는 것을 막는다."[49]

우리가 어떤 더 나은 것을 향해 전진하기 위해 우리가 이해해야만 되는 것은 우리 자신 속에서 및 자신에게 일어난 일 뿐만이 아니다. 내 기도 속에서 나는 "내 어머니 자신의 어린 시절과 성인으로서의 삶 속에서 그녀를 그처럼 위기에 처하게 만들었거나 그녀를 알콜 중독자로 만든 것이 무엇인가? 내 아버지를 그처럼 냉혹하게 만든 어떤 일이 있었을까?"라고 물을 수 있다. 나는 기도 밖에서—가족이나 심지어 책들과 신문에—기꺼이 귀 기울여 내가 이렇게 하는 데 도움을 줄 상처에 대한 정보를 주의해서 찾아야 한다. 동시에 나는 심지어 현재에 나에게 상처를 입힌 자들의 입장에 처하는 것이 진실로 어떤 느낌인지를 상상해보려고 시도해야 한다.

셋째로, 우리는 우리의 용서의 결여가 우리 자신 뿐만 아니라 다른 사람들에게 미치는 결과들을 보는 데 도움을 달라고 기도할 수 있다. 내 어릴 때 가족이 범한 상처들에 대한 기억을 품고 있는 것이, 내가 용서못하기 때문에 죽음을 앞둔 내 부모들에게 주고 있는 고통만큼 가치있는 것인가? 나는 내 자신의 남편이나 아내 및 자녀에게 저 옛 상처들로부터 나오는 바 상처들을 다시 입히는 대가를 치르면서 계속 풀리지 않는 원망과 불안을 견지하기를 원하는가?

끝으로, 우리는 매일 우리를 상하게 한 자들이 잘되기를 위해 기도할 수 있고 또 그렇게 해야 한다. 분명히 용서할 수 없는 듯이 보이는 것을 용서하기 위해 오랫동안 진실로 싸워온 자는 누구나 용서가 단순한 의지력의 문제가 아니라는 것을 알고 있다. 우리가 보았듯이, 용서의 출발은 수개월 혹은 심지어 수년에 걸쳐 하나님께 그들이 잘되기를 소원하는 것에서조차 도움을 요청하는 것일지도 모르지만, 그러한 소원은 결국 생길 것이다. 용서할 수 있는 능력은 결국 하나님의 은혜의 선물이다. 이 과정이 고통스러울 수 있지만, 그만큼 우리는 마침내 용서할 수 있게 될 것이다. 왜냐하면 하나님 안에서 모든 것이 마침내 화해된다고 약속되어 있기 때문이다.

압바 난쟁이 요한은 말했다.

"집은 꼭대기에서 짓기 시작해서 밑으로 일해 나가는 것이 아니다. 꼭대기에 도달하기 위해서 기초부터 시작해야 한다." 그들이 그에게 물었다. "이 말씀의 뜻은 무엇입니까?" 그는 말했다. "기초는 우리가 이겨 얻어야 할 우리의 이웃이며, 그것이 곧 시작하는 장소이다. 왜냐하면 모든 그리스도의 계명이 이 한가지에 의존하기 때문이다."[50]

우리의 수도원 스승들이 보여주었듯이, 우리가 하나님 안에서 사는 삶의 기초는 우리가 함께 사는 삶이다. 우리는 다음 장에서 하나님에 대한 열망과 사랑이 어떻게 그러한 기초가 놓여지고 완성되는 지반이 되는지를 발견하게 될 것이다.

제 6 장
하나님에 대한 갈망

제 6 장

하나님에 대한 갈망

　수도원 스승들은 이웃 사랑이 하나님 사랑에서 결코 분리될 수 없다고 거듭해서 우리에게 말했다. 이 이유로 인하여, 이전의 두 장에서 우리는 먼저 압바들과 암마들이 우리가 사랑할 수 있도록 하기 위해 우리의 정체(참 모습)를 하나님 안에서 주장할 필요가 있다는 데 대해서 한 말들을 살펴보았다. 그후 우리는 이웃 사랑이 무엇을 의미하는지 및 그것에 이르는 사랑의 패턴들을 검토하였다. 이 장에서는 마지막으로 하나님에 대한 우리의 관계와 우리의 기도에 눈을 돌리려 한다.

　우리는 제 1 장에서 기도에 대한 논의를 시작하면서 『금언(말씀)집』에서부터 두 가지 기도의 이미지를 다루었다. 첫번째는 압바 요셉에게서 비롯된 것인데 불꽃의 이미지이다.

　　압바 롯이 압바 요셉을 보러 가서 그에게 말했다. "압바여, 내가 할 수 있는 한에서, 나는 내 작은 성무일과를 하고, 조금 금식하고, 기도와 명상을 하고 평화 속에 살며, 내가 할 수 있는 한에서 내 생각들을 정(淨)하게 합니다. 이 외에 달리 내가 할 수 있는 것이 있습니까?" 그러자 그 노인은 일어나서 손을 하늘을 향해 뻗었다. 그의 손가락들은 열개의 등불처럼 되었는데, 이렇게 말했다. "만일 당신이 원한다면, 당신 전체가 불길로 화할 수 있소."[1]

압바 요셉에게서, 인간은 만일 원한다면 기도할 수 있을 뿐만 아니라 실제로 자신이 기도가 될 수도 있다. 즉 신비롭게 성령의 불로 뻗어나가 그것에 응할 수 있는 것이다.[2] 이처럼 그의 압바에게 기도에 관해 묻는 제자는, 만일 네가 바란다면 기도가 네게 하나님 안에서 네 존재 전체의 변형이 될 수 있다는 말을 듣는다. 즉 하나님은 그를 부르셔서 세계의 창조시에 그에게 의도하셨던 존재대로 되기를 열렬히 소원하신다는 것이다.[3]

두번째 기도의 이미지는 불꽃 이미지와 정반대인 것처럼 보이는 것인데, 압바 안토니와 연관시켜 설명할 수 있다. 그것은 기도의 본질에 대한 이미지가 타세계적이며 신비로운 것이 아니라 일상적인 소소한 일과(日課)의 꾸준한 반복으로 나타난다.

거룩한 압바 안토니가 광야에 살 때, [끊임없는 권태가] 그를 덮쳤으며, 많은 죄된 생각들이 그를 공격했다. 그는 하나님께, "주여, 나는 구원받기 원하지만 이 생각들이 나를 홀로 놔두지 않습니다. 이러한 내 곤고를 이기려면 무엇을 해야 하겠습니까? 어떻게 내가 구원받을 수 있을까요?"라고 말했다. 얼마가 지난 후, 일어나 나갈 때, 안토니는 자신과 똑같이 생긴 한 남자가 일을 하며 앉아있는 것을 보았는데, 그는 기도하기 위해 일을 멈추고 일어났다가, 다시 앉아서 밧줄을 엮고, 그러다가 다시 기도하기 위해 일어나는 것이었다. 이 사람은 그를 고쳐주고 안심시키려고 주께서 보내신 천사였다. 그는 그 천사가 그에게 "이를 행하라. 그러면 구원을 받을 것이다"라고 말하는 것을 들었다. 이 말을 듣고 안토니는 기쁨과 용기로 가득 찼다. 그는 이를 행했으며, 그리하여 구원을 받았던 것이다.[4]

천사는, 만일 네가 기도 속에서 하나님 안에 사는 삶을 원한다면 그것을 강렬한 경험의 고조된 순간들 속에서 구하지 말라고 안토니에게 말하고 있다. 그것이 비범한 방식으로 오는 것을 기대하지 말라. 참된 기도는 하나님께서 우리를 창조하셔서 그 안에 살게 하신 바로 이 세계에 대해 주의를 기울이면서 하나님과의 벗됨 속에서 사는 평범한 삶 속에서 발견되어야 한다.

반대되는 것처럼 보이는 이 두 말씀은 어떻게 서로 관계되는 것일까? 우리가 이제 우리의 수도원 스승들에게 기대할 수 있는 바대로, 그것들은 결코 반대되는 것이 아니다. 오히려, 그것들은 둘다—불꽃과 삶의 세상적인 일—우리가 하나님에 대해 가지는 관계의 기초인 것이다.

1. 하나님에 대한 갈망

모든 기도 및 진실로 모든 삶 자체의 뿌리는 하나님에 대한 갈망이다. 만물은 하나님을 갈망하도록 지어졌다. 인간 외의 자연 세계에서, 이 하나님에의 끌림은 모든 것을 존재하게 하는 바이다. 즉 그것은 상수리가 상수리 나무로 자라게 하는 것이며,

사자로 포효하게 하는 바이다.[5] 어거스틴은 그의 자서전 즉 하나님께 드리는 그의 위대한 기도의 시작에서, "우리 마음은 당신 안에서 쉬임을 찾기 전까지 쉬임이 없나이다"라고 말했다. 우리의 삶이 어떤 성격의 것이든지, 우리가 어떤 상처를 지니고 있든지에도 불구하고, 인간존재로서 우리는 창조의 나머지 세계와 더불어 하나님을 향한 맹목적인 끌림을 공유하고 있다. 이성적인 사고나 선택의 수준 아래에서, 하나님에 대한 갈망은 우리 속에서 역사하면서 우리를 이끌어 하나님 안에서 우리가 완성되는 것을 향하도록 하며, 우리가 인식하든지 못하든지 간에 이 하나님에 대한 갈망은 모든 기도의 출발점인 것이다.

그렇지만, 한번 기도의 삶을 시작하면, 우리는 하나님에 대한 갈망이 이전에는 무의식적이던 데에서 이제는 의식적인 것으로 되는 것을 발견한다. 점점, 인식되지 않고 무의식적이던 것이 선택적인 것으로 된다. 하나님 안에서의 우리의 삶은 하나님에 대한 동경(그리움)과 하나님의 사랑 안에서의 기쁨이 되며, 이는 하나님 없이는 다른 모든 것이 공허하고 하찮게 보이도록 만든다. 시루스의 테오도렛(Theodoret of Cyrrhus)은 이를 분명히 보여준다.

> 우리가 스승이신 주님에 대한 동경과 비교해서 삶의 모든 슬픔들을 달아본다면, 그것들이 실로 가벼운 것임을 발견한다. 비록 우리가 즐겁고 기쁜 듯이 보이는 모든 것을 함께 모아본다 해도, 신적인 열망은, 저울 위에 달아보면 그것들이 그림자보다 더 약하며 봄에 핀 꽃들보다 더 쉽게 소멸하는 것임을 보여준다.[6]

조금 후에 테오도렛은 같은 내용을 더욱 강력한 말로 표현하고 있다.

> 나는 구세주와 창조주이신 분에 대한 동경을, 모든 보이는 것과 보이지 않는 것들을 합친 것보다 더 귀하게 여긴다. 비록 어떤 다른 창조계가 이것보다 더 위대하고 훌륭하게 보일지라도, 그로 인해 나는 그것을 대신 사랑하도록 설득되지 않을 것이다. 비록 어느 누가 유쾌한 것을 사랑없이 준다해도, 나는 그것을 받지 않을 것이다. 비록 그가 사랑 때문에 우울한 것을 부과한다 해도, 그것은 내게 사랑스럽고 지극히 바람직한 것으로 보일 것이다…나는…사랑없이…하늘나라를 받지 않겠다. 나는 만약 이 사랑을 가진 자가 형벌을 치러야 함이 합당하다면 지옥에서의 천벌을 피해 도망하지 않겠다.[7]

근본적으로 하나님에 대한 갈망은 즐거움이 된다. 즐거움이 기도의 목표이다.

> 주의 인자하심이 어찌 그리 보배로우신지요
> 인생이 주의 날개 그늘 아래
> 피하나이다.
> 저희가 주의 집의 살찐 것으로
> 풍족할 것이라.
> 주께서 주의 복락(즐거움)의 강수로
> 마시우시리이다.
> 대저 생명의 원천이 주께 있사오니
> 주의 광명 중에 우리가 광명을 보리이다.[8]

기쁨은 이러한 기본적인 욕망 혹은 즐거움을 말하는 다른 단어이다. 이 때문에 다음과 같은 말이 있었다.

> 그가 죽음에 임했을 때 압바 벤야민은 그의 아들들에게
> 말했다. "만일 너희가 다음과 같은 계명을 지키면, 구원
> 받을 수 있으리라:'항상 기뻐하라, 쉬지말고 기도하라,
> 범사에 감사하라.'"[9]

압바 벤야민이 임종시 말한 구원의 기쁨은 항상 얼굴에 미소를 유지하는 것 같은 문제가 아니었다. 오히려, 그것은 창조 자체에서의 기쁨이요, 다음과 같이 부르짖은 시편기자가 하나님께 바친 감사와 경이와 같은 것이다.

> 땅 끝에 거하는 자가
> 주의 기사(奇事)들을 두려워 하나이다.
> 주께서 해뜨는 것과 해지는 것을
> 즐거워 외치게 하시나이다.[10]

거듭하여 시편기자는 말한다. "내가 하나님의 제단에 나아가며 나의 극락(極樂)의 하나님께 이르리이다."[11] 또 "주의 행사로 나를 기쁘게 하셨으니, 주의 손의 행사로 인하여 내가 기쁘게 노래하나이다."[12] 기쁨이나 즐거움은 기도 생활의 바로 시초부터 마지막까지 우리를 하나님과 서로에게 향하도록 이끈다.

이 하나님에 대한 갈망의 얼굴들 중의 하나인 이러한 즐거움은 부활의 기쁨이다. 하나님에 대한 갈망은 우리가 살고 있는 세계가 하나님의 영광으로 가득차 있다는 것을 아는 것이다. 하나님을 갈망하는(바라는) 것은 그 영광의 광채 속에서 "전체가 불꽃이 되어" 사는 것이다. 그것은 우리가 요구해본 적이나 심

지어 상상해본 적도 없는 선물에 대한 경이와 그것을 향유함이다. 그것은 어떤 목적에 봉사하는 것이 아니며, 하나님 찬양 즉 우리의 사랑의 노래들 이외의 어떤 것에도 이르지 않는다.

그러나, 동시에, 하나님에 대한 동경과 열망의 다른 얼굴은 전혀 기쁨처럼 느껴지지 않는 십자가이다. 그것은 우리를 적극적으로 창조로 이끌어 들이며, 우리를 단순히 하나님을 갈망하도록 부르실 때 뿐만 아니라 하나님께서 우리를 만드신 바 그의 백성이 되기 위해 하나님을 선택하도록 부르실 때, 흔히 아픔을 준다. 우리가 제 4 장과 제 5 장에서 보았듯이, 이 동경은 우리에게 그 치유를 구하기보다는 무시하고자 하는 심리적이고 영적인 상처들의 범위를 보여줌으로써 극히 고통스러운 것이 될 수 있다. 동시에 그것은 우리를 불러, 우리의 본성인 하나님의 상처난 형상을 위한 치유를 구함으로써 우리가 새로운 창조 속에서 살 수 있도록 만든다.

우리가 수도사들이 그들 자신의 세계에서 모든 면에 걸쳐 활발히 참여한 것을 통해 잘 볼 수 있듯이, 하나님에 대한 갈망은 우리의 눈과 마음을 열어 하나님께서 사랑하시는 세계의 치유를 보고 열망하도록 만든다. 이는 그것이 또한 우리를 점점 더 매일의 세상에서의 삶에 활발히 관여하도록 이끈다는 것을 뜻한다.

이 하나님에 대한 갈망은 어디에서 오는가? 그것은 우리에 대한 하나님의 첫 즐거움에 대한 형상이요 응답이다. 때때로 우리는 사람들이 사랑의 가장 높고 가장 고귀한 형태는 자기희생이라고 말하는 것을 듣는다. 즉 십자가 때문에, 우리는 이 희생이 우리에 대한 하나님의 사랑과 같은 것임을 알게 된다는 것이다. 초대교회는 하나님의 사랑의 가장 기본적인 성격이 고난받는 자기희생이라고 가르치지 않는다. 처음에 하나님을 우리와 관계맺으시도록 만드는 것은 의무나 필요나 자기희생이나 책임이나 바르거나 선해야 할 필요성 등이 아니라, 사랑받는 자로서의 우리에 대한 즐거움인 것이다. 디오니시우스(Dionysius)가 말하듯이, 하나님은,

> 그가 만물에 대해 품고 계신 인자하신 관심 속에서 자신 밖으로 나오셨다. 하나님은 말하자면 선에 의해, 사랑에 의해, 그리움에 의해 현혹되시며, 그의 초월적인 거처에서 유혹받아 나오셔서 만물 속에 거하시게 된다.[13]

즐거움은 사랑하는 자로 하여금 사랑받는 자를 위해 엄청나게 열렬히 희생하도록 만든다.[14] 하나님 자신의 무시무시한 고통의 요인이 된 십자가는 매우 현실적인 것이다. 그러나 하나님을 그것으로 부르는 것은 우리에 대한 하나님의 즐거움과 갈망인 것이다. 이 때문에 6세기의 저자인 안디옥의 세베루스(Severus)는 예수께서 "신적인 즐거움 즉 기꺼운 마음" 속에서 십자가에 못박히셨다고 말할 수 있었던 것이다.[15] 다시 『마카리우스의 설교』에서 인용된 구절을 기억해 보라.

> 아기는, 비록 어떤 일을 성취할 힘도 없고 그 자신의 발로 어머니에게 갈 수도 없지만, 어머니를 찾으면서 굴러가고 소리를 내며 운다. 그러면 그의 어머니는 그를 불쌍히 여기며 아기가 고통 속에 시끄럽게 울면서 그녀를 찾는 것을 기뻐한다…또한 그녀는 아기를 일으켜 애무해 주며 큰 사랑을 가지고 먹여준다. 이것이 또한 하나님 즉 인류를 사랑하시는 분께서, 자신에게로 오며 열렬히 그를 바라는 자에게 행하시는 바인 것이다.[16]

즐거움은 우리에 대한 하나님의 첫 갈망과 즐거움에 대한 응답일 뿐이다.

디오니시우스는 하나님에 대한 우리의 갈망을 우리와 하나님 사이에 뻗쳐 있어서 우리를 하나님 자신에게로 끌어당기는 크나큰 사슬로 언급하고 있다.

> 큰 빛나는 사슬이 하늘 높은 곳에서 낮은 세상으로 향해 매달려 있다고 상상해 보라. 우리는 한 손으로 그리고는 다른 손으로 그것을 잡고 우리 쪽으로 끌어당기고 있는 듯하다. 실제로 그것은 이미 저 높은 곳과 낮은 아래에 있으며 우리는 그것을 우리에게 끌어당기는 대신에 저 찬란한 위로, 하나님의 눈부신 빛을 향해 들어올려지고 있는 것이다.[17]

우리가 아무리 기도 속에서 하나님께 이르는 우리의 능력에 대해 염려하더라도, 하나님께서 항상 우리를 하나님 자신에게로 끌어당기고 계시기 때문에 우리는 다음과 같은 사실을 알게 된다.

> "만일 우리가 하나님을 구하면, 그는 자신을 우리에게 보여주실 것이요, 만일 우리가 하나님을 간직하면, 그는 우리에게 계속 가까이 계실 것이다."[18]

2. 하나님과의 벗됨

초대 기독교 문헌에서 하나님에 대한 갈망, 즐거움, 그리고 그리움의 적극적인 이미지들과 밀접히 연결되어 있는 것은 하나님과의 벗됨(우정)에 관한 이미지들이다. 위대한 2세기의 저자였던 이레니우스(Irenaeus)는 하나님께서 인간 존재를 원래 하나님의 동반자가 되도록 창조하셨다고 말했으며,[19] 성서 자체가 족장들을 "하나님의 벗들"이라고[20] 말하고 있는 것은 몇몇 우리의 기독교 저자들에게 깊은 인상을 주었다. 만일 우리도 하나님의 벗이 되고자 한다면, 우리가 이 문헌에서 발견하는 우정의 특징들을 살펴보고 우리 자신의 기도에 적용하는 것이 우리 자신 및 하나님과의 관계에 도움이 될 것이다. 이 일에는 같은 것들을 원함, 자유로운 말과 두려움 없음, 서로 책임을 짐, 필요의 상관성 등이 포함된다.

첫째로, 벗들은 같은 것들을 원한다. 테오도렛에 의하면, "우정의 정의는 이것이다. 즉 같은 것들을 좋아하고 싫어함."[21] 이 말로써 테오도렛이 의미하는 것은 피상적인 기호의 공유, 즉 친구들은 같은 음식을 먹든지 같은 스포츠를 즐긴다든지 하는 것이 아니다. 테오도렛은 훨씬 더 진지한 어떤 것에 대해 말하고 있는 것이다. 비록 그것이 벗됨에 매우 중요하지만, 사실상 그는 심지어 친구들이 공통적인 가치를 공유해야 할 필요 이상의 어떤 것에 관해 말하고 있다. 두 사람은 벗됨이 정직, 친절, 관대 및 개방성에 의존하지만 그래도 여전히 참 친구가 아닐 수 있다고 동의할 수 있다. 진정한 친구는, 테오도렛이 믿기에는, 그들의 삶이 사랑 안에 함께 풀 수 없이 결속되어 있는 사람들인데, 한 사람의 잘됨이 다른 한 사람의 가장 깊은 열망들의 성취에 의존하고 있는 식으로 그들 자신을 공유해야 한다는 것이다.

테오도렛에게, 우리가 하나님과 더불어 맺는 우정은, 우리 자신의 행복이 하나님의 가장 깊은 소원들의 성취와 결속되어 있을 정도로 하나님과의 사랑의 친밀한 관계로 우리를 부른다. 따라서 그는 이렇게 말한다.

하나님의 벗은, 다른 모든 것을 무시하고 그 사랑하는 대상만을 바라본다. 그는 하나님을 섬기는 것을 모든 나머지 것을 합한 것 앞에 둔다. 그는 자신이 사랑하는 분을 기쁘게 하고 섬기는 것들만을 말하고, 행하고, 생각하며, 사랑하는 분이 금하는 모든 것을 혐오한다.[22]

그렇다면, 사랑하는 그분은 무엇을 바라시는가? 하나님의 가장 깊은 소원(갈망)은 창조 전체의 치유와 행복이다. 우리의 기도에 관해, 압바 제노(Zeno)가 다음과 같이 말한 것도 그 때문이다.

"만약 어떤 사람이 하나님께서 그의 기도를 속히 들어주시기를 원한다면, 그가 어떤 다른 것, 심지어 그 자신의 영혼을 위해 기도하기 전에, 서서 그의 손을 하나님을 향해 뻗을 때, 그의 마음을 다하여 그의 원수들을 위해 기도해야 한다. 이러한 행위를 통해 하나님은 그가 요청하는 모든 것을 들어주실 것이다."[23]

물론, 제노는 여기서 우리가 바르게 기도한다면 하나님께서 우리가 요청하는 것을 모두 주시리라는 어떤 마술적인 과정에 관해 말하고 있는 것이 아니다. 만약 하나님의 벗이 되는 것이 우리가 하나님께서 사랑하는 바를 사랑해야 한다는 것을 뜻한다면, 우리는 하나님께서 사람들을 사랑하신다는 것을 명심할 필요가 있다. 만일 우리가 불꽃으로 온전히 화하기를 소원한다면, 우리는 또한 하나님께서 열망하시는 것들, 즉 우리 자신의 손에 맡겨진다면 우리가 그들과 하나님의 나라를 함께 나누려 하지 않을 사람들의 행복을 포함하는 모든 것들을 열망하게 되어야 한다.

둘째로, 친구들은 마음을 서로에게 열고, 충분히, 두려움 없이 말한다. 물론 어떤 사람과 친구가 되어 그에게 우리 마음에 품은 것을 모두 말하지 않는 것은 가능할 뿐만 아니라 때로 필요하기도 하다.[24] 사실 사람들이 서로에 대해 범하는 가장 잔인한 행위 중의 하나는 사랑의 명목으로 서로에게 그들이 그 다른 사람에 대해 생각하는 바를 있는 그대로 말하기를 강요하는 것이다. 그러한 진실성은 보통 그 다른 사람에게나 관계에 어떤 유익도 되지 못한다.

그럼에도 불구하고, 관계의 바로 그 형태와 조건에 관한 주제들에 관련해서, 벗들은 그들의 진실한 기분, 생각, 소원 및 서로로부터의 기대를 유보하고서도 그 관계의 강도와 진실성을 유지할 수는 없는 것이다. 함께 모일 때 그 친구의 변함없이 늦는 것 때문에 계속 화가 나고 모욕당할 때 그 상처를 자신에게 감춰두려 애쓰는 여성은, 그 관계에서 고통당하는 유일한 경우가 아닌 것이다. 그 게으른 친구는 자신이 그 관계를 파괴하고 있다는 것조차 모름으로써 상처를 입고 있는 것이다. 실로 휴식을 필요로 할 때 그 아내가 끌고 가는 끊임없는 파티에서 침묵 속에 고통을 당하는 남편은 그의 침묵의 순교자적 자세로써 그의 결혼을 심각하게 파괴하고 있는 것이다. 그는 자기 아내로 하여금 응답하도록 허락하고 있지 않은 원망(怨望)을 그녀에 대해 발전시키고 있는 것이다. 진정한 사랑과 우정이 있는 곳에서, 사람들은 그들의 마음을 말하고 서로 귀기울여 들어야 한다.

우리의 인간적 우정에서 참된 것은 우리의 기도에 관련해서 하나님과의 우정에서도 참되다. 한편, 우리가 제 3 장에서 보았듯이, 우리에게 말씀하시고 우리가 듣도록 하시는 기회를 하나님께 드려야 한다.[25] 다른 한편 우리가 우리의 참된 마음을 하나님께 말하는 것이 반드시 요구된다. 이는 우리가 기도할 때 우리 기도의 적합성에 관해 염려하지 않는 것을 뜻한다. 우리는 우리가 기도하고 있는 바가 하나님이 주의하실 만한 가치가 없지 않을까 하고 궁금히 여기는 데 관심을 두지 않으며, 존경하는 태도를 갖는 일에 관해 염려하지 않는다. 우리는 하나님께 우리 마음 속에 지니고 있는 바를 말하며, 우리 자신 및 다른 사람들을 위해 우리가 필요로 하는 바를 하나님께 요청하는 것인데, 이는 우리 자신이 더 기분좋기 위해서가 아니라 우리와 하나님의 우정이 그것을 필요로 하기 때문이다.

> 압바 시소에스(Sisoes)의 제자인 아브라함은 어느날 마귀에게 시험을 당했는데 노인은 그가 굴복하는 것을 보았다. 그는 일어나서 하늘을 향해 손을 뻗치고 말했다. "하나님이시여, 당신이 원하시든지 원하시지 않든지 간에 저는 당신이 그를 치유할 때까지 당신을 홀로 놔두지 않을 것입니다." 그러자 즉시 그 형제가 나았다.[26]

이런 종류의 정직성은 어떤 관계에서든 얻기가 힘들며, 또한 유지하는 데 많은 정력과 신뢰를 요한다. 압바들과 암마들은 하나님과의 대화에서의 이러한 참된 자유가 쉽게 생기지 않는다는 것을 인식하고 있었다. 이상하게도, 그것을 구함에 있어서 그들은 제자들에게 용기를 고취하여 용감하고 담대하라고 충고하지 않았다. 대신에 그들은 벗됨의 제 1 원리를 다음과 같이 표현하였다.

> 압바 페르메의 테오도르(Theodore of Pherme)는 압바 팜보(Pambo)에게 "말씀 한마디 해주십시오"라고 청했다. 아주 어렵게 그는 그에게 말했다. "테오도르여, 가서 모든 이에게 긍휼을 베풀게. 왜냐하면 긍휼을 통해, 하나님

앞에서 자유롭게 말하는 것을 얻게 되기 때문이지."[27]

하나님께 자유롭게 말하는 것을 배우는 시작은 또한 하나님께서 열망하시는 바를 열망하기 시작하는 것이다. 그것은 우리가 하나님의 깊은 자비심과 모든 피조물에 대한 관심의 눈을 통해 세상을 보게 되면서, 우리 자신을 열정적으로 모든 사람의 편에 내맡기는 것이다.

셋째로, 친구들은 서로 책임을 진다. 때로 우리는 만일 사람들이 참으로 서로 사랑한다면, 모든 것을 받아들이고 서로로부터 아무 것도 기대하지 않는다고 믿기를 원한다. 그러나 참된 친구들은 서로에게 많은 것을 기대한다. 각자는 우정에 대한 신실함뿐만 아니라 서로에게 약속을 지킬 것을 기대한다. 가장 세상적인 수준에서, 만일 내가 한 친구와 휴가를 위한 집을 같이 쓸 경우에, 병(病)이나 다른 예견하지 못한 이유가 없는 한 우리가 집안의 잔일들을 함께 하기로 미리 동의했으면, 우정의 관계는 나로 하여금 그 친구가 그녀 몫의 집안일을 할 것을 기대하도록 인도한다. 만일 그녀가 그렇게 하지 않으면, 우리의 우정은 내가 그녀에게 책임을 지도록 하는 데 의존한다. 훨씬 더 진지한 수준에서, 서로 사랑하는 사람들은 서로가 계속 품격을 지켜 행동할 것을 책임지도록 만든다. 내 십대 아들이 차를 타고 저녁에 나갈 때, 나는 그가 그 저녁에 내가 알고 있는 바와 동일하게 책임있고, 지각있고, 이성적이며 친절한 마음을 지닌 아이로 남아 있을 것을 기대할 수 있다. 만일 그가 그렇게 하지 않는다면, 그에 대한 나의 사랑과 나에 대한 그의 사랑이 나로 하여금 그가 보여주어야 했던 품격에 대해 그가 책임을 지도록 강요한다.

하나님의 사랑, 선하심, 관대하심에 대한 계속적인 감각을 가지고 살아가는 기독교인들은 흔히 그 사랑을 하나님의 심판에 대한 어떤 말과도 화해시키는 길을 찾는 것이 어렵다는 것을 발견한다. 나는 이에 대한 이유가, 우리 중 많은 사람들이 화가 난, 극히 비판적인, 그리고 판단적인 부모, 즉 그들의 권위에 대한 불순종을 관용하지 않을 부모라는 견지에서 외에는 심판(판단)을 눈앞에 상상하는 데 어려움을 느끼기 때문이라고 믿는다. 그러나 만일 우리가 하나님의 우정을 구하며 그것 안에서 살고자 한다면, 심판은 극히 다른 어떤 것을 의미한다고 하겠다. 우리가 험담할 때 체험하는 양심의 고통으로서 그것을 느끼든지 혹은 그것을 우리가 사회에 개입하여 참여케 되는 더 큰 죄들에 대한 보상과 화해로 우리를 몰아치는 강한 고통으로서 알고 있든지 간에, 심판은 하나님께서 매일 우리를 우정에 대해 책임지게 하실 때 우리를 향하여 베푸시는 그의 우정의 한 행위인 것이다.

  이 모든 것은 이해가능하다. 그러나, 어쩐지 비록 우리가 하나님께서 우리와의 관계에서 우리에게 책임지게 하실 것을 기대하지만, 우리는 돌이켜 하나님으로부터 책임을 요구하는 것은 모독적이거나 적어도 잘못된 것이라고 믿는다. 그러나 성서의 진정한 성도들, 즉 수도인들이 하나님과의 우정에 대한 모델로 삼았던 바로 그 사람들은 다른 것을 우리에게 보여준다. 이스라엘인들이 모세가 시내산 위에서 십계명을 받고 있는 동안 금송아지를 만들었을 때, 하나님께서는 이스라엘 부족 전체를 쓸어없애시려고 결정하심으로써 응답하셨다. 그러나 모세는 하나님과 논쟁하면서 이렇게 말했다.

  "어찌하여 그 큰 권능과 강한 손으로 애굽 땅에서 인도하여 내신 주의 백성에게 진노하시나이까? 어찌하여 애굽 사람으로 이르기를 '여호와가 화를 내려 그 백성을 산에서 죽이고 지면에서 진멸하려고 인도하여 내었다' 하게 하려 하시나이까? 주의 맹렬한 노를 그치시고 뜻을 돌이키사 주의 백성에게 이 화를 내리지 마옵소서. 주의 종 아브라함과 이삭과 이스라엘을 기억하소서. 주께서 주를 가리켜 그들에게 맹세하여 이르시기를 '내가 너희 자손을 하늘의 별처럼 많게 하리라' 고 약속하셨나이다."[28]

이처럼 『금언집』에서 또다른 모세 즉 수단 출신의 위대한 흑인 압바인 모세는 하나님께 그의 약속에 책임을 지시라고 했던 것이다.

스케티스에서 압바 모세에 대해 말하기를, 그가 페트라(Petra)에 가도록 계획했을 때 여행 도중에 지쳐서 자신에게 "어떻게 내가 거기서 필요한 물을 발견할 수 있을까?"라고 말했다고 한다. 그때 한 음성이 그에게 말했다. "가라, 그리고 어떤 일에 대해서도 염려하지 말아라." 그래서 그는 갔다. 몇몇 교부들이 그를 보러 왔는데 그는 오직 작은 하나의 물병을 가지고 있었다. 그는 그들을 위해 콩을 요리하는 데 그것을 모두 써버렸다. 노인은 걱정이 되어 그의 독방에 들락날락하며 하나님께 기도했다. 그러자 비구름이 페트라에 몰려와 모든 물웅덩이들을 채웠다. 이 일 후에 방문객들은 노인에게 "왜 당신이 들락날락했는지 우리에게 말해주오"라고 말했다. 노인은 그들에게 말했다. "나는 하나님과 논쟁하면서, '주께서 저를 이곳에 데려오셨는데 이제 저는 주님의 종들을 위해 쓸 물이 없습니다'라고 말했다오. 이것이 내가 들락날락한 이유라오. 나는 하나님께서 우리에게 물을 보내주실 때까지 하나님께 계속 매달리고 있었답니다."[29]

하나님은 모세에게 물이 떨어질 것을 염려하지 말라고 말씀하시고는 그들이 도착했을 때 물이 다 떨어져 없어지게 하셨다. 모세는 하나님의 벗이었으며 그래서 이를 묵묵히 받아들이지 않고 하나님께서 그의 약속을 지키실 때까지 "하나님께 계속 매달렸던" 것이다.

하나님으로 하여금 책임지게 하지 못하고, 일어난 일은 무엇이든지 하나님의 뜻으로 받아들이는 것을 배울 필요가 있다는 말을 우리는 종종 듣는다. 오직 이런 방식으로 "모든 것을 주께 돌리고," 어떤 화나는 일이 있어도 하나님께 질문하기를 거절하는 것에서 참된 행복을 찾을 수 있다는 것이다. 하지만 이것은 하나님의 사랑을 촉진하는 행동이 아니다. 내가 아는 한 엄마는 열여덟 달된 그녀의 아기가 사고로 죽은 것을 이해해보려고 필사적으로 애쓰고 있다. 그처럼 아기를 잃은 것을 가지고 하나님과 대면하는 것이 모독적이라고 믿고 있는 그녀는 그렇게 잃은 것이 하나님의 뜻이었다고 받아들이고자 싸우면서 그 비통함 때문에 거의 미칠 정도이다. 그녀는 그것을 받아들일 수 없으며, 그 결과로 자신이 단지 하나님에 대한 신앙 뿐 아니라 삶에 대한 신앙도 잃고 있다고 믿고 있다. 기독교인들은 어떤 일이 일어나든지 하나님의 뜻으로 기꺼이 받아들여야 한다는 주장 속에 어떤 진리가 있을 수 있든 간에, 그것은 성경의 모세나 수도원의 모세가 하나님과의 벗됨에 관해 우리에게 가르치는 바와는 일치되지 않는다. 나는 하나님께서 어떻게 대답하실 것인지 또는 그 응답성(책임)이 어떤 형태를 취할지 모르지만 이것 하나는 알고 있다. 즉 만일 이 여자가 낫고자 한다면, 그녀가 하나님과의 우정 관계에 있으려 한다면, 그녀는 그 우정에서 하나님께서 책임지시도록 해야 한다는 것이다. 그녀는 하나님께 기도하면서 이렇게 말해야 한다. "주님은 내게 이 아이를 주셨고 그 애를 내 딸로 기르라고 하셨습니다. 나는 그 애를 사랑했으며 내 마음을 다해 그 애를 위해 고민했습니다. 그런데 이제 그 애가 죽었습니다. 나는 그것을 참을 수 없습니다. 어떻게 주님은 이 일이 일어나게 하실 수 있었습니까? 주님은 어떤 세상을 만드셨기에 이런 일이 일어날 수 있었나요?"

우리와 하나님의 우정에서 마지막 특징은 필요의 상관성이다. 벗들은 서로를 필요로 하며, 하나님은 이러한 우정의 법칙에 대해 예외가 아닌 것이다. 나는 이것이 많은 기독교인들에게 놀라움을 일으키는 생각임을 인식한다. 왜냐하면 우리는 하나님께서는 하나님이시기 때문에 바로 그 정의(定義)에 의해 아무 것도 필요로 하지 않는다고 배워왔기 때문이다. 확실히 초대 수도인들 자신은 하나님에 대해 말하는 데 결코 필요라는 언어를 쓰지 않을 것이다. 그럼에도 불구하고 하나님께서 우리를 필요로 하고 서로의 사랑 안에서 우리를 필요로 하기로 선택하신다는 것은 하나님과의 우정에 대한 초대교회의 언어에 함축되어 있으며 성경에서 분명히 볼 수 있다.

남자와 여자 사이에 굉장한 사회적 불평등을 전제하고 있었던 고대 그리스 세계에서 아리스토텔레스는 남자와 여자는 남자와 남자가 친구가 될 수 있는 것과 같은 방식으로 서로 친구가 될 수 있다는 것을 부인했다. 그의 말에 의하면 최고의 우정은 평등이 없는 곳에서는 존재할 수 없었다.[30] 우리는 이제 아리스토텔레스가 반은 틀렸다는 것을 알고 있다. 현대 세계에서 우리는 여자와 남자가 진실로 친구가 될 수 있다는 것을 배웠다. 그러나 또한 우리는 그가 반은 맞는다는 것을 알고 있다. 어떤 인간관계도, 한 사람이 무력하고 상처입기 쉬운 반면에 다른 사람은 모든 힘을 가지고 있고 어떤 필요도 갖지 않으며 다른 사람에게서 상처입을 수 없는 경우에, 그것이 정확하게 우정으로 묘사될 수 없다.

만일 우리가 절대적인 관점에서 하나님과의 벗됨에 대해 말한다면, 어떤 인간 존재도 하나님께서 그 스스로 그러하신 바대로 하나님과 동등하다고 말할 수 없다. 그러나 기독교인들은 하나님께서 스스로 존재하는 바대로의 하나님과 관계할 필요가 없다. 성육신은 하나님께서 자신의 운명을 우리와 함께하시기를 선택하셔서, 바로 죽음의 지점까지 우리에게 상처입으실 수 있는 분이 되셨음을 밝혔다. 그리고 하나님은 이를 어떤 수치가 아니라 바로 성육신의 영광으로 여기신다. 이러한 이유 때문에 우리는 빌립보서의 위대한 찬미 속에서 다음과 같은 말씀을 듣는 것이다.

> 너희 안에 이 마음을 품으라.
> 곧 그리스도 예수의 마음이니
> 그는 근본 하나님의 본체시나
> 하나님과 동등됨을 취할 것으로
> 여기지 아니하시고
> 오히려 자기를 비워
> 종의 형체를 가져
> 사람들과 같이 되었고
> 사람의 모양으로 나타나셨으매
> 자기를 낮추시고
> 죽기까지 복종하셨으니
> 곧 십자가에 죽으심이라.
> 이러므로 하나님이 그를 지극히 높여
> 모든 이름 위에 뛰어난 이름을 주사
> 하늘에 있는 자들과 땅에 있는 자들과
> 땅 아래 있는 자들로
> 모든 무릎을 예수의 이름에 꿇게 하시고

모든 입으로 예수 그리스도를
주라 시인하여
하나님 아버지께 영광을 돌리게 하셨느니라.[31]

예수께서 마리아와 마르다와 가지신 우정, 그들의 오라비 나사로를 일으키신 일에 대한 위대한 이야기는 우정의 모든 표시들을 보여준다. 당신이 요한복음 11장에서 회상하듯이, 그 이야기는 베다니에서 마리아와 마르다가 예수께 그들의 오라비, 죽어가고 있는 나사로를 고치러 와주십사고 부르는 때에 시작된다. 걸맞지 않은 무감각한 태도로 예수는, 나사로가 실제로 죽어 나흘 동안이나 무덤에 있어도 그곳에 가시지 않는다. 그가 왔을 때, 마르다와 마리아는 당황과 분노를 내보이며, 대놓고 아니 가혹하게까지 예수를 대면한다. 그때 예수는 죽음이 삶을 여전히 지배하고 있는 데 대한 좌절 속에 우시면서 나사로를 죽은 자들로부터 일으키신다.

어떻게 이 이야기가 우정의 모델이 되는가? 마리아와 마르다가 우선 예수를 필요로 한 것은 자신들의 고민에 대해 충분한 염려를 품고 그들의 오라비를 치료하러 오시기를 원했다는 것이다. 그러나 그가 제 시간에 도착하지 않았을 때, 그들은 선택하여야 했다. 한편, 그들은 스스로 물러서서 예수께서 곧 오시지 않았던 명백한 결정을 예의있게 받아들일 수 있었다. 그럴 경우에 그들은 그때 이후로 그들과 예수 사이에 장벽을 이루게 될 표현못한 분노를 품고 살아가는 것을 배우게 되었을 것이다. 다른 한편, 그들은 분노와 슬픔과 실망을 품고 그를 대면할 수 있었는데, 이에 대해 그에게 책임질 것을 요구하였을 것이다. 다행히 그들의 우정을 위해 그들은 후자를 선택하였다. 예수편에서는 그들의 우정을 귀하게 여기셨으므로 그들이 그들 및 그들의 오라비의 생명에 대한 그의 뜻을 받아들이면서 경건하고 평범한 투로 그에게 이야기하는 것을 원하시지 않았다. 그는 그들을 누르는 힘을 행사하려고 하시지 않았으며, 그들이 존경심이 부족한 것에 관심하시지도 않았다. 그는 그들이 그에게 말하지 않을 수 없었던 바를 듣기 원했고 그것을 필요로 했으며, 그들도 죽음의 권세 앞에서—그가 나사로를 죽은 자들로부터 일으켰든 못 일으켰든 간에—그 자신의 좌절과 아픔을 보는 것을 필요로 했던 것이다.

  그는 단지 마르다와 마리아의 요구에 응답해 주신 것만이 아니었다. 아마 실제로 이 여인들이 나사로의 문제에서 심지어 격분하면서까지 그들의 우정에 신실할 것을 선택했던 그 방식으로 인해서, 이 이야기의 실제 결론이 일어날 수 있었을 것이다. 바로 그 다음 장인 요한복음 12장은 이 우정의 이야기의 결론이다. 마리아는 예수의 죽음에 직면해서 그가 깊이 필요로 하는 것을 듣고 응답했던 것이다. 이 부분의 이야기는 베다니의 저녁 식사 때에 일어나는데, 마리아와 마르다를 포함하는 예수의 벗들은 나사로를 일으키신 얼마 후 그를 위해 만찬을 준비했던 것이다. 이 때까지 복음서 설화에서 예수는 제자들을 그의 죽음에 준비시키려고 하셨으나, 거듭 예수를 좌절시킨 일은 그들이 이를 진지하게 받아들이기를 거부했다는 것이다. 이제 때가 이르렀고, 비록 요한복음 12장에서 예수께서 그의 다가오는 죽음에 대해 정신적인 번민과 고독을 느끼신다는 외적 언급은 없으나, 우리는 그가 곧 겟세마네 동산에서 보여주실 바처럼 고민하고 계심을 알고 있다. 베다니의 그 방에서 오직 한 사람만이 다가오는 죽음을 인식하기 원하시는 예수의 요구를 인정하고 있다. 그것은 그 방에 들어와서 예수의 말씀처럼 그 자신의 장사를 예비하게 하기 위해 값비싼 향유 한 근을 그의 발 위에 붓는 마리

아이다. 무엇이 예수를 따르던 모든 사람들 중에서 오직 마리아로 하여금 그가 그녀를 필요로 했던 곳에서 그를 만날 수 있게 하였을까? 내가 믿기에 그것은 그녀가 그녀의 오라비를 돌봐주러 일찍 오시지 못한 주님에 대한 그녀의 분노를 정열적으로 드러내어 표현했던 바와 동일한 성격의 우정이었던 것이다.

만일 우리 중에서 참 하나님이셨던 예수께서 우리에게 하나님께서 바라시는 바를 보여주신다고 우리가 믿는다면, 이러한 마리아 및 마르다와 예수 사이의 우정에 대한 이야기는 우리에게 기도 및 우리와 하나님 사이의 우정에 관해 많은 것을 가르쳐 준다. 우리의 우정을 구하시는 하나님은 우리를 필요로 하시는 선택을 하신다. 하나님은 우리에게 말하시고 우리가 듣도록 하시는 것을 필요로 하신다. 하나님은 우리가 우리의 생각들을 말하는 것을 필요로 하신다. 하나님은 우정의 테두리 내에서 우리가 책임을 지는 존재가 되게 하시고, 우리가 하나님께서 책임을 지는 존재가 되도록 원할 것을 필요로 하신다. 하나님은 우리가 하나님과 같은 운명에 처하기를 원하시며, 그리하여 하나님께서 간절히 바라시는 것을 우리가 간절히 바라고, 하나님께서 슬퍼하시는 것을 우리가 슬퍼하고, 하나님께 기쁨을 주는 것이 우리에게도 기쁨을 주게 되기를 원하신다.

3. 중보기도와 하나님과의 우정

사적인 중보기도는 내가 이야기해온 하나님과의 벗됨의 자연적 표현이다. 사람들은 때때로 사적인 개인기도라는 생각에 반발한다. 그 이유는 그것이 마치 사람들을 "현실의" 세상에서 끌어내어 좁고 막힌 제한된 세계로 이동하게 하는 것처럼 보이기

제6장 하나님에 대한 갈망 235

때문이다. 사실 암마들과 압바들은, 우리가 점증적으로 하나님과의 우정으로 움직여갈 때, 바로 그 반대가 사실이라고 제안할 것이다. 만일 테오도르의 말처럼 하나님과의 벗됨이 하나님께서 원하시는 바를 원하는 것을 의미한다면, 기도는 우리 자신의 생각에도 불구하고 우리를 사적인 사랑의 세계에서 공적인 세계로 움직이게 할 것이다. 하나님의 관심과 사랑의 범위 밖에 있는 것은 없다. 기도는 우리를 무한히 넓혀지는 만유에의 사랑, 즉 하나님께서 사랑하시는 모든 것인 창조, 그 안에 있는 사람들, 그리고 우리 세계를 구성하는 모든 것을 사랑하도록 인도한다.

역설적으로, 중보 기도는 단지 우리와 하나님 사이의 우정에서 당연히 결과되지 않는다. 우리는 실제로 다른 이들을 위해 기도하기를 배우면서 우리의 우정 안에서 성장할 수 있게 된다. 용서의 과정에서 일어나는 바가 좋은 보기가 될 것이다. 만약 하나님의 벗들로서 우리가 하나님께서 사랑하시듯이 사랑하기 원한다면, 우리에게 상처를 입히거나 우리를 사랑하지 않는 사람들까지도 그들이 하나님께 귀한 존재이기 때문에 사랑하는 것을 배워야만 한다. 그들이 잘되는 것을 원하는 데 하나님의 도움을 요청하도록 우리 자신을 밀고 나가는 것은 흔히 고통스러운 일이지만, 그러는 동안에 우리의 생각과 우리의 마음이 넓어진다.[32] 하나님은 참으로 우리에게 은혜를 주신다. 또한 우리는 큰 노력과 두려움을 가지고 시작된 바가 복되고 치유시키는 자비 속에서 마쳐짐을 발견하게 된다. 우리와 하나님 사이의 우정이 성장하였듯이, 우리 세계의 경계(境界)도 성장한 것이다.

수도원 스승들의 아버지였던 안토니는 그의 수도생활을 다른 이들로부터 어느 정도 고립된 데서 시작했다. 그의 생애의 말엽에 그는 그 자신이 속한 문화의 생활에 깊이 개입되어 있음을 발견했다. 그의 삶의 말년들은 가장 비천한 자로부터 가장 권세 있는 자들에 이르기까지 모든 종류의 사람들의, 전범위에 걸친 요구를 돌보아주는 데 보내게 되었다.[33] 장군, 농민, 이교도 철학자, 대주교 등 온갖 종류의 사람들이 다양한 종류의 도움을 받으러 왔다. 이 점에서 안토니는 우리의 모델이 된다.

한편으로, 우리가 하나님과의 우정 속에서 기도하는 것을 배울 때, 우리는 우리가 알거나 분명한 어떤 연관이 있는 사람들 뿐만 아니라 세계의 다른 편에 있는 사람들 즉 우리와 매우 다르며 매우 다른 문화를 가진 사람들의 평안을 깊이 소원하게 되고 그것을 위해서 자신이 하나님께 간구하기 시작하는 것을 발견한다. 반면에, 또한 우리는 우리의 "가까운 시야"가, 이전에 우리에게 보이지 않았던 자들이 바로 우리 코 앞에 있음을 볼 수 있게 되면서 향상되는 것을 발견한다. 우리가 매일 식품점과 거리에서 만나는 사람들을 위해 기도하기 시작하면서, 우리는 상상으로 그들의 세계에 들어간다. 새로운 눈을 가지게 됨에 따라, 어떤 이유로든 우리에게 상처를 입히고 있는 사람들을 보면서 우리는 더 이상 "그것은 내 관심이 아니다"라든지 "만일 그들이 문제가 생기면 그것은 그들 자신의 잘못이다"라고 말할 수 없게 된다.

우리가 하나님과의 우정 안에서 타인들을 위해 기도할 때 어떤 일이 일어나기를 기도하는가? 누구나 만일 하나님께 "믿음 안에서" 바른 방식으로 간구하면 하나님께서 그 구하는 바를 주시리라는 것을 믿고 있는 사람을 알고 있다. 또한 우리 중 대부분은 이렇게 말하는 사람도 알고 있다:"나는 기도를 믿지 않는다. 또 실상 나는 더 이상 하나님을 믿지 않는다. 내 어머니가 죽어가고 있을 때 나는 마음을 다하여 어머니가 치유될 것을 위해 기도했다. 나는 하나님께, 만일 어머니가 낫기만 한다면 내게 요구하는 것은 무엇이든지 하겠다고 약속했다. 그러나 하나님은 어머니를 죽게 놔두었다."

우리는 우리가 간구하는 바를 받기를 바란다. 그러나 또한 우리는 기도할 때 우리의 기도의 결과가 어떤 것이 될지 결코 모른다는 것을 받아들인다. 우리는 하나님의 마음을 알지 못한다. 예수께서 그의 생애에 고치신 자보다 고치시지 않은 자들이 더 많았다. 우리는 왜 어떤 사람은 나음받고 어떤 사람은 그렇지 않은지 알지 못한다. 우리가 다른 사람을 위해 기도할 때, 우리는 흔히 그들이 진실로 무엇을 필요로 하는지 알지도 못한다. 만일 우리가 바른 방식으로 하나님께 구하거나 하나님께 돌이켜 충분히 드리기만 하면 하나님께서 우리가 간구하는 바를 주시리라고 기대하는 것은, 기도의 행위를 하나님과의 우정보다는 마술이나 뇌물로 생각하는 것이다. 어느 누구도 하나님을 조작하거나 매수할 수 없다. 그렇지만 만약 기도의 출발점이 우정이라면, 세상에는 우리가 구하는 것을 항상 우리에게 주는 친구는 없는 것이다.

우리가 요구하는 기도의 형태로 구하는 바를 받지 못할지도 모른다는 사실을 직면하면서, 우리가 중보기도에 관해 확실하게 알고 있는 것이 세 가지 있다. 첫째로, 우리가 다른 사람들의 평안을 소원하고 그것을 위해 기도할 때마다, 하나님께서 이미 우리보다 훨씬 더 갈망하시는 바를 우리가 하나님께 구하고 있을 뿐이라는 것이다. 둘째로, 만일 우리가 하나님의 벗들이 되려면, 우리는 우리 자신을 위해 하나님께 구해야 되는 것만큼이나 확실히 다른 사람들을 위해 우리가 원하는 바를 하나님께 말해야 한다. 우리가 구하는 것의 적합성, 혹은 우리가 구하는 바를 받게 될 것인지의 개연성에 관해 염려하지 말고 그렇게 해야 하는 것이다.

그의 제자를 위해 기도했던 압바 시소에스(Sisoes)의 말을 기억하라.

> "하나님, 주께서 원하시든지 원하시지 않든 간에, 나는 주님이 그를 낫게 하시기 까지는 주님을 홀로 놔두지 않겠습니다."[34]

이 금언의 요점은 제자의 치유가 아니라—낫지 않을 수도 있었다—시소에스의 끈질긴 간구였다. 셋째로, 가능한 경우에, 만약 우리의 기도들이 우정의 참된 행위가 되려면, 우리는 다른 이들을 위해 기도해야 할 뿐만 아니라 우리 자신의 기도에 맞도록 행동해야 한다. 압바 모세의 말처럼,

> 만약 그의 행위들이 그의 기도와 조화되지 못한다면, 그 사람은 헛되이 수고하는 것이다.[34]

만일 우리가 소련의 기독교인들을 위해 기도한다면, 우리는 소련의 기독교인들이 필요로 하는 것들에 관해 배우게 되며, 우리 자신이 그들을 원수로 여기도록 허락하지 않게 된다. 만약 우리가 가난한 사람들을 위해 기도한다면, 우리는 또한 시민 및 기독교인으로서 거대한 사회에서의 빈곤의 문제에 대해 책임을 져야 한다.

그러나 이렇게 모두 말했지만, 많은 선한 기독교인들은 다른 사람들과 세계를 위해 기도하고 다른 사람들이 자신들을 위해 기도해주기를 열망하면서도, 막상 그 일에 직면하면 그들이 하나님께 말한 어떤 것이 실제로 앞으로 일어날 일에 관해 "하나님의 마음을 바꿀" 수 있으리라고 믿지 못한다. 수도인들은 이

러한 의심을 겪지 않았다. 우리가 이미 보았듯이, 압바들과 암마들은 그들의 기도를 필요로 했던 자들을 위해 강력하게 유보없이 기도했던 것이다. 우리가 하나님의 마음을 바꾸는 데 대해 염려하는 것이 어디에서 비롯되었든지 간에, 그것은 확실히 성서적인 것이 아니다. 이 장에서 우리는 이미 모세가 출애굽기에서 하나님과 논쟁해서 이긴 일을 보았으며, 구약에 노아와 아브라함이 역시 다른 사람들을 위해 하나님과 논쟁하는 것으로 그려지고 있는 것을 알고 있다.

만약 우리가 예수를 봄으로써 하나님이 어떤 분이신지를 보려고 기대한다면, 적어도 하나의 중요한 경우에 예수의 마음은 다른 사람을 위한 간청에 의해 근본적으로 변했다는 것을 주시해야 한다. 예수께서 두로와 시돈 지방에 계실 때 한 가나안 여인이 예수께 와서 그녀의 귀신들린 딸을 치유해 달라고 그에게 소리쳤다.[36] 그의 제자들은 그에게 그녀를 보내라고 요구했으며, 그 자신도 "나는 이스라엘 집의 잃어버린 양에게만 보냄을 받았다"고 주장하셨다. 그녀가 계속 간구할 때, 그는 그녀에게 "자녀의 음식을 취하여 개에게 던져줌이 합당치 않다"고 말하셨다. 완강하고 자유로운 어조로 마치 섬광처럼 빠르게 그녀는 응답했다. "예, 주님. 그러나 개들도 그들의 주인의 상에서 떨어지는 부스러기를 먹습니다." 예수는 그녀의 담대함과 믿음에 놀라셔서 그녀를 칭찬하시면서, "여자여, 네 믿음이 크도다. 네 소원대로 될 것이다"라고 말하셨던 것이다.

4. 십자가, 부활, 그리고 은혜

우리의 삶의 기본적인 내용이 하나님에 대한 갈망과 우정임을 인식하는 것과, 그 갈망과 우정을 향해 삶을 살아가는 것은 별개의 것이다. 수도인들은 우리 대부분에게 만일 "전체가 불꽃으로" 화하려면 우리가 연기 속에서 매우 오랜 시간을 거하면서 보내야 한다는 것을 매우 잘 알고 있었다:

> 암마 신클레티카(Syncletica)는 이렇게 말했다. "처음에 하나님을 향해 나아가고 있는 자들에게는 극히 많은 싸움과 고난이 있으며, 후에는 말할 수 없는 기쁨이 있다. 그것은 불을 피우기 원하는 자들과 같다. 처음에 그들은 연기에 숨이 막혀 울게 되며, 이렇게 함으로써 그들이 구하는 것을 얻는다(성경에 말씀된 대로 '우리 하나님은 소멸하시는 불이다'[히 12:24]): 그러므로 우리는 눈물과 수고를 통해 우리 자신 안에 신적인 불을 붙여야 한다."[37]

우리 중 많은 사람들에게 하나님에 대한 두려움과 불신 혹은 무관심이 쉽게 찾아온다. 그러나 만약 우리가 솔직하다면, 하나님에 대한 사랑은 별개의 문제이다. 초대의 수도사들에게는 자신에 대한 바른 사랑과 이웃을 사랑하는 것을 배우는 것은, 기도와 똑같이, 기독교인의 삶의 계속적인 일의 일부분이다. 또한 하나님을 사랑하고 하나님의 즐거움으로부터 살아가는 것을 배우는 것도 일생에 걸친 일이다. 이러한 이유 때문에,

> 압바 안토니는 "나는 더이상 하나님을 두려워하지 않고 사랑한다. 왜냐하면 사랑은 두려움을 내어쫓기(요일 4:18) 때문이다"라고 말했다.[38]

하나님에 대한 친밀한 사랑 속으로 여행하는 것은 기도 속으로 여행하는 것인데, 그 속에서 우리는 압바 피오르(Pior)처럼 매일

새로운 시작을 이루는 것이다.[39]

왜 하나님을 사랑하는 것을 배우는 일이 일생에 걸친 것인지에 대해서는 많은 이유가 있다. 우리가 4장과 5장에서 보았듯이, 한가지 심각한 이유는 사랑을 방해하는 바 우리가 지니고 있는 상처이다. 하나님께서 우리의 삶의 대부분에서 낯선 존재였다는 것이 또 하나의 이유이다. 우리가 낯선 자를 두려워하고, 그에 대해 무관심하고, 그에게 매료되고, 심지어 열중해 있는 동안, 우리는 낯선 자를, 심지어 하나님까지도, 사랑이란 말의 어떤 현실적 의미에서도 친밀하게 사랑할 수 없다. 다른 사람에 대한 생명을 주는 앎이라고 할 수 있는, 친밀한 사랑으로의 어떠한 관계의 발전도 진정 시간이 걸린다.

시간이 걸리는 이유는 어떤 관계에서든지 참된 친밀함은 타인을 아는 데 기초하기 때문이다. 배우자는 각각 서로가 좋아하는 것과 싫어하는 것, 관심, 습관, 직업, 가치, 분위기 및 역사를 알게 되어야 한다. 만일 이것이 다른 관계들에서 참되다면, 특별한 방식으로 하나님과의 관계에서 참될 것이다. 만일 우리 중 어느 누구도 실로 우리가 다른 한 인간 존재에 관한 최종적인 앎에 도달할 수 없다면, 이는 하나님에게서 무한히 더 진실일 것이다—사실상 이 진실은 닛사의 그레고리(Gregory of Nyssa)로 하여금 실제로 하늘 자체가 영원토록 하나님을 아는 지식과 그에 대한 사랑 안에서 항상 증가하는 성장이라고 제안하게 만들었다.[40] 더 나아가서 다시 한번, 오직 우리가 기도와 삶을 통해 하나님의 형상에 함께함으로써 그의 특성들을 우리 자신의 것으로 만들 때에야 하나님을 알게 된다고 주장한 수도원 스승들의 가르침을 상기하라. 우리 자신이 겸비해지고 용서하며 자비해짐으로써 하나님의 겸비, 용서, 자비의 의미를 배우는 것은 하룻밤 사이에 일어나는 일이 아니다.

또한, 다른 사람을 친밀하게 알고 사랑하게 되는 긴 과정은 일상생활과 무관한 어떤 높은 영적인 국면에서 일어나는 것이 아니다. 만일 그 친밀함이 환상이라기 보다는 현실이 되려면, 그것은 매일 공동의, 일상적인, 세상 삶을 습관적으로 함께 나누는 것, 즉 잡일, 작은 즐거움, 매일의 위기 등을 매일 나누는 속에서 발전해야 한다. 우리가 하나님을 사랑하는 것을 배우는 것도 같은 방식으로 시간이 걸려야 한다. 이는 사실상 본 장의 처음에 나오는 금언에서 천사가 안토니에게 가르친 바의 의미인 것이다. "만일 원한다면, 네가 전부 불꽃으로 화할 수 있다"는 것은 사실이지만, 압바들과 암마들은 이것이 오직 우리가 기도와 일의 일상적인 세계에서 살아가면서 일어난다는 것을 가르쳐 준다.

그러나, 이 세상 삶은, 단순히 평상적인 일의 지루한 생활은 아닌 것이다. 기도의 삶, 하나님의 사랑을 향해 자라나서 전체가 불꽃으로 화하는 것은 그 속에서 우리가 부활의 권능 안에서 사는 것을 배우는 과정이다.

> 또다른 노인이 암마 테오도라(Theodora)에게 이렇게 물었다. "죽은 자들이 부활할 때, 우리는 어떻게 일어날까요?" 그녀는 말했다. "보증과 보기와 원형으로서 우리는 우리를 위해 죽으시고 일으키심 받은 분, 우리 하나님 그리스도를 가지고 있어요."[41]

부활의 권능 속에서 사는 삶은 곤란이나 고통이 없는, 단순하고 행복한 삶이 아니다. 어떻게 예수께서 우리의 보증, 보기 및 원형으로서 부활하셨는가? 예수께서 부활후 도마에게 나타나셨을 때, 단순히 치유된 썩지 않을 상처들을 보여주시지 않았다. 도마에게 그는 이렇게 말씀하셨다.

> "네 손가락을 이리 내밀어 내 손을 보고 네 손을 내밀어 내 옆구리에 넣어보라. 그리하고 믿음없는 자가 되지 말고 믿는 자가 되라."[42]

예수는 부활의 기쁨 속에서 죽은 자들로부터 일어나셨으나, 그의 죽음의 최악의 순간에 그러셨던 모습으로 계속 머무셨던 것이다. 그는 상처들과 함께 일어나셨던 것이다.

같은 방식으로, 우리가 부활하신 예수, 우리의 보증, 보기 및 원형의 형상으로 자라나면서, 우리는 우리의 상처들을 지니고 일어난다. 우리도 하나님 안에서의 우리의 부활이 우리의 상처와 약함의 부인이나 경시가 아니라는 것을 발견한다. 그것은 우리 자신의 과거가 아무리 고통스럽고 부서진 상처로 가득하다고 하더라도 그것을 경시하는 것이 아니다. 부활은 십자가를 버리는 것이 아니라 십자가의 고통을 부활 자체 안에 통합시키는 것이다. 우리에게 일어난 모든 것을 기도의 삶으로 이끌어 올 때, 우리는 아무 것도 결국은 낭비되지 않는다는 것을 발견한다. 우리 자아의 원하지 않는 부분들을 던져버리는 대신에, 우리는 어릴 때의 고통, 성인으로서의 모욕, 기쁨의 체험들, 우리 자신의 배신, 혼란, 상실 등 모든 것이 모아지고 어떤 방식으로든 치유되고 변모되는 것을 발견한다. 우리는 우리 자신의 과거를 사랑을 가지고 볼 수 있게 된다. 우리가 이전에 오직 고통의 황무지만을 보았던 곳에서, 이제는 하나님의 은혜에 의해 씨뿌려지고 물을 댄 풍요한 농장이 있어서 우리를 위해 바로 우리의 사랑의 수단이 되는 열매들을 맺고 있음을 본다.

하지만 부활은 우리가 매일, 우리 자신이 보고 존재하던 옛 방식들에 반대하여 그것을 선택하지 않고는 일어나지 않는다. 예수께서는 그가 치료하시는 자들에게 묻는다. "네가 무엇을 원하느냐? 너는 낫기를 소원하느냐?"고. 외면상으로는 "예"라고 답하기가 얼마나 쉬운 질문들인가! 불행하게도 때때로 우리가 진지하게 "예"라고 말하려 할 때, 우리는 살면서 발전시켜온 상처와 패턴에 너무 익숙해져서 그렇게 대답할 수 없게 된다. 부활의 일 전체가 너무 엄청나게 보인다. 예수에게서 생명을 제시받았던 부자 청년 관리처럼, 우리는 자신이 슬프게 떠나가는 것을 발견한다. 여기서도, 복되게도 하나님은 우리를 우리 스스로에게 내맡겨두시지 않는다. 압바 팜보의 말처럼,

"만일 네가 마음이 있으면, 구원받을 수 있다."[43]

우리가 희망할 수 없는 경우에, 우리는 희망을 달라고 기도한다. 우리가 부활의 긴, 미지의 길을 대할 수 없을 때, 우리는 치유받고자 소원하는 기도를 할 수 있다. 압바 포에멘은 다음의 질문을 받았다.

"내일에 대해 염려하지 말아라"(마 6:34)는 이 말씀이 누구에게 적합한 것이냐고. 노인은 말했다. "그것은 유혹을 받으면서 힘이 별로 없는 사람을 위해 하신 말씀인데, 그 사람이 근심하며…'얼마나 오랫동안 내가 이 유혹(시험)을 겪어야 하나?'라고 말하지 않게 하려는 것이다. 그는 매일…'오늘'이라고 말해야 한다."[44]

이 은총의 변모는, 만일 우리의 과거가 고정되어 있다면, 어떻게 일어날 수 있겠는가? 때때로 하나님은 시간 밖에 혹은 위에

계시다고 말한다. 그러한 진술이 이론적인 수준에서 무엇을 의미하든 간에, 부활의 권능 안에서 하나님과 함께 사는 삶은, 외면상 움직일 수 없는 시간의 경계들조차 유동적이라는 것을 발견함을 뜻한다. 암마 신클레티카(Syncletica)는 이렇게 말했다.

> "모세의 온유함을 선택하라. 그러면 너희는 바위 같은 마음이 샘으로 변화하는 것을 발견하게 될 것이다."[45]

만일 우리가 선택하기만 한다면, 오랜 과거의 상처들에 대한 용서못함의 바위, 우리가 오래 전에 다른 이들에게 범한 상처의 돌, 그 상처들이 낳은 태도와 습관의 돌들이, 생명을 주며 늘 움직이는 물로 변모될 수 있다. 부활의 권능 안에서 사는 것은 부서진 어느 것도 궁극적으로 부서진 채로 남아있으리라는 것을 용납하기를 거부하는 것을 뜻한다. 그것은 우리 안팎의 모든 것이 결국 하나님 안에서 화해되고 치유되리라는 희망과 지식을 원천으로 하여 살아가고 기도하는 것이다.

우리가 성도의 교통 속에서 하나님 안에서의 공동생활을 함께 나누기 때문에, 어떤 신비스런 방식으로 이 희망은 그들이 죽을 때 우리가 화해되어 있지 못했던 이들과의 관계에까지도 적용된다. 우리가 부모, 배우자, 옛 친구들을 위해 또한 그들과 함께 기도하는 것을 배우면서, 모든 깨어진 관계는 최종적으로 풀리고 바로 된다. 그러나 화해시키는 기도와 사랑의 범위는 이것보다 더 넓다. 교회 자체는 세기에 걸쳐 상처받고 내적으로 분열되었으며, 민족주의, 여성들의 두려움, 자기의(義), 권력욕, 질투 등에 의해 극도로 상처입어 왔다. 그 교회 그리고 특히 우리에게 많은 것을 주었으나 교회와 우리를 그처럼 상하게 한 교회의 스승들을 위해서도 우리는 기도한다.[46] 요한복음 17장의 위대한 기도에서, 예수께서는 그의 제자들과 그들을 뒤좇아 우리 자신의 시대에 이를 모든 제자들을 위해 기도하셨다.

> 아버지께서 내 안에
> 내가 아버지 안에 있는 것 같이
> 저희도 다 하나가 되어
> 우리 안에 있게 하사
> 세상으로 아버지께서 나를 보내신 것을 믿게 하옵소서…
> 내가 저희 안에 아버지께서 내 안에 계셔서,
> 저희로 온전함을 이루어 하나가 되게 하려함은
> 아버지께서 나를 보내신 것과 또 나를 사랑하심 같이
> 저희도 사랑하신 것을 세상으로 알게 하려 함이로소이다.

부활의 권능은 결국 단순히 개인적인 은사도 아니며 교회를 위한 은사만도 아니다. 그것은 온 세상이 그리스도의 완전한 하나 됨과 평화 속에서[47] 변모되고 화해됨이다.[48]

이 변모의 시작과 마침은, 우리가 사랑하는 하나님, 우리를 그의 형상으로 만드셨고, 우리를 우리 형제 예수와의 공동생활로 부르시며, 우리가 하나님 자신의 성령 안에서 그러한 삶을 살 수 있도록 하시는 하나님 안에서 되어진다. 이는 우리 자신의 몸보다 더 우리에게 가깝지만[49] 우리가 결코 도달할 수 없는 우리 자신의 영혼의 깊이들보다 더 측량할 수 없고 신비로운[50] 하나님이신 것이다. 이는 가장 작은 부분에서 가장 큰 부분까지 온 세계를 정의와 아름다움으로 질서지우시는 하나님, "그의 빛 안에서 우리가 빛을 보는"[51] 하나님이시다. 그는 힘찬 은혜의 하나님이시요, 우리를 기뻐하시고 예수 안에서 우리를 다정하게 사랑하시기 때문에 우리 가운데에서 인간 존재가 되는 것이 의

미하는 바와 관계된 어둠, 고통, 모호성, 그리고 상처입기 쉬운 연약함 등을 모두 지닌 하나님이시다. 우리를 우리의 기도로 부르시며, 우리 안에서 기도하시며, 우리를 늘 사랑 속으로 이끄시는 하나님이신 것이다.

이제 우리는 압바들 및 암마들과 함께 기도에 관해 말하기 위해 함께 시작한 여행의 마지막에 도달한다. 그들의 말을 한번 더 듣는다면,

> 한 형제가 압바 포에멘에게 말했다. "저는 가는 곳마다 제가 도움과 지지를 발견한다는 것을 봅니다." 노인은 그에게 말했다. "손에 칼을 잡는 자들도 현재 그들에게 긍휼을 베푸시는 하나님을 모시고 있다. 만일 우리가 용기를 가지면, 그는 우리에게 자비를 베푸실 것이다."[52]

우리의 기도가 어떤 형태를 취하든지, 우리가 어디에 어떤 존재로 있어왔으며 현재 있든지 간에, 우리는 결코 하나님의 은혜와 선하심 없이 존재하지 않는다. 우리는 시편기자가 과거와 미래의 삶에 대한 우리 자신의 경험을 이렇게 묘사하고 있음을 알고 있다.

> 주의 집에 거하는 자가 복이 있나이다.
> 저희가 항상 주를 찬송하리이다.
> 주께 힘을 얻고 그 마음에
> 시온의 대로가 있는 자는
> 복이 있나이다.
> 저희는 눈물 골짜기로 통행할 때에
> 그곳으로 많은 샘의 곳이 되게 하며
> 이른 비도 은택을 입히나이다.

저희는 힘을 얻고 더 얻어 나아가
시온에서 하나님 앞에 각기 나타나리이다.[53]

하나님을 사모하는 자들, 기도와 사랑의 삶을 구하는 자들에게, 모든 슬픔의 골짜기는 결국 샘들이 있는 곳이 될 것이다.

 사람들은 샘을 만들 수 없다. 모든 기도, 삶 전체, 사랑 전체는 결국 낙원의 강들처럼 세상을 적시는 하나님의 후한 은혜의 선물들인 것이다. 기도 속에서 우리는 우리의 창조된 목적인 사랑의 나라에 들어가기 위해 하나님께 은혜를 간구한다. 기도는 우리를 이 나라에 대해 준비시킨다. 하지만 역설적으로, 우리가 무엇을 하든지 그것은 항상 예기치 않은 것이다. 우리가 하나의 작은 씨를 심은 곳에서, 우리는 커다란 식물을 발견한다. 우리가 작은 양의 누룩을 섞어넣은 곳에서, 우리는 넘쳐나는 반죽 그릇을 발견한다. 우리는 밭에서 보화를 발견하듯이, 기대하지 않은 데에서 더 많은 기쁨을 가지고 하나님의 나라를 만난다. 자신 안에서 하나님 나라의 부요하심으로 우리를 채우시는 하나님께 찬양을!

부 록

주(註)

제 1 장 "끊임없이 기도하라"

1. Macarius the Great 19, from *The Sayings of the Desert Fathers: The Alphabetical Collection*, Benedicta Ward 역, 개정판(London and Oxford: Mowbray, 1981), p. 131. 이후로는 *Sayings*로 표시.
2. Joseph of Panephysis 7, *Sayings*, p. 103.
3. Lucius 1, *Sayings*, p. 120. 여기 언급된 Euchites는 때로 Messalians(메쌀리안)이라고도 불리는데, 초기 수도원 운동, 특히 시리아의 한 운동을 대표한다. 이는 노동과 성례전을 희생하면서까지 행위로서의 기도를 강조한 것으로 보인다.
4. Part 2, "고요에 관해서" 2, "The Sayings of the Fathers" in *Western Asceticism*, Owen Chadwick 역편(Philadelphia: Westminster Press, 1958), p. 40.
5. 나의 이전 책인 *To Love as God Loves: Conversations with the Early Church*(Philadelphia: Fortress Press, 1987)에서 나는 내 삶을 변화시켜 왔으며 내가 보기에 기독교인이 되는

것이 무엇을 의미하는지 이해하며 그러한 이해를 삶으로 살아가려는 우리의 현대적 시도들에 크게 이바지한다고 생각되는 그들의 기본적 영성을 많이 나누어 보려고 힘썼다. 본서는 그 책에 입각해서 씌어졌으며, 본서를 이해하기 위해 *To Love as God Loves*를 읽을 필요는 없겠지만, 여기서 다루어지는 많은 주제들, 즉 정욕과 겸손의 덕 같은 주제들은 거기서 더 자세히 다루어졌음을 밝혀둔다.
6. 히브리서 12:1.
7. 예를 들면, *Sayings*에 나오는 많은 내용이 기도에서의 정칙성과 꾸준함(한결같음)이 바른 정신 자세보다 훨씬 더 중요하다고 제안한다. 반면에, Origen과 Cassian은 비록 기도의 정칙성(正則性)의 중요성도 강조하지만, "적절한" 정신 자세가 있어야 한다고 제안한다.
8. 그런 예들 가운데는 필요한 수면의 양, 금식 및 분노의 제어 등에 관한 그들의 충고가 많이 포함되어 있다.
9. Gaza의 Dorotheos는 초기 수도원 스승들 중에서 가장 흥미롭고 사랑스러운 이들 가운데 하나였다. 그는 6세기에 팔레스틴에서 살며 활동했는데, 거기에는 두 명의 다른 유명한 고대 세계의 수도원 스승들의 집이 있었다. 이들은 Barsanuphius와 John인데, 그들의 두꺼운 충고의 편지들은 아직도 현존한다. Dorotheos의 설교들을 모아놓은 읽을 만한 집록과 도움이 되는 전기적 서론을 위해서는, *Dorotheos of Gaza: Discourses and Sayings*, Eric P. Wheeler역 (Kalamazoo, Mich.: Cistercian Publications, 1977)을 보라. 본 인용은 *Dorotheos*, pp. 138, 139에서 취하였다.
10. Justin과 그의 동시대인들이 로마제국과 가진 관계에 관한 도움이 되는 논의를 위해서는, Elaine Pagels, *Adam, Eve,*

and the Serpent (New York: Vintage Books, 1988), pp. 32-56을 보라.
11. 3세기 초에 세례받는 데 부적격한 직업으로 여겨졌던 직업들의 총목록을 위해서는, Hippolytus of Rome의 The Apostolic Tradition(사도전승)을 보라. 이에 해당하는 부분은 Lucien Deiss의 Springtime of the Liturgy (Collegeville, Minn.: Liturgical Press, 1967), pp. 137-38에서 찾아볼 수 있다.
12. 이는 바로 처음부터 Antioch의 Ignatius의 편지들에서 분명히 나타난다. Origen의 On First Principles(제일 원리론)는 탁월한 3세기의 본보기이다.
13. 초대 기독교 기도에 대해 알 수 있는 바에 관한 상세한 논의를 위해서는, Paul Bradshaw, Daily Prayer in the Early Church(New York: Oxford University Press, 1982), pp. 1-71을 보라.
14. 이는 예를 들면 첫 기독교 역사가인 Caesarea의 Eusebius가 쓴 『교회사』에서 특별히 참된 것으로 보였다. 그는 Constantine에 대해 말해야 할 때 너무 열광적이어서, 많은 현대의 교회사가들에게 거의 당혹의 원천이 되고 있다.
15. *Athanasius: The Life of Anthony and the Letter to Marcellinus*, Robert C. Gregg 역(New York: Paulist Press, 1980).
16. 마태 19:21.
17. 누가 10:27.
18. *Life of Anthony* 44, p. 64.
19. Abba는 중세의 Abbot(수도원장)의 기초가 된다.
20. "The First Greek Life" in *Pachomian Koinonia*, vol. 1,

Armand Veilleux 역편(Kalamazoo, Mich.: Cistercian Publications, 1980).
21. "First Greek Life" 4, *Pachomian Koinonia*, p. 300.
22. "First Greek Life" 23, *Pachomian Koinonia*, p. 311-12.
23. 비록 수도원주의가 퍼져가면서, 많은 경우에 가족들 전체가 수도생활을 택할 것이었지만 말이다.
24. Arsenius 15, *Sayings*, 11. Arsenius는 로마의 귀족으로서 이집트 광야에서 새로운 생활을 택하기 전에는 매우 부유한 사람이었는데, 엄격함과 내핍으로 유명하였다.
25. "First Greek Life" 27, *Pachomian Koinonia*, p. 314.
26. 예를 들어 Nyssa의 Gregory의 "동정(童貞)에 관하여"의 첫 부분을 보라. 거기서 그는 젊은이들에게 결혼을 잊어버리고 수도생활을 택하라고 권고한다. 이 부분에서 그의 논의는 본질적으로 다음과 같다: 만일 네가 결혼하면, 아내가 아이를 낳으면서 죽지나 않을까 계속 염려하게 될 것을 예상할 수 있으며, 만일 그녀가 생존한다 해도 너의 자녀들에게 닥칠 위험들에 관해 염려하게 될 것이다. *Saint Gregory of Nyssa: Ascetical Works*, Virginia Woods Callahan 역(Washington, D. C.: Catholic University of America Press, 1967), pp. 12-26.
27. "First Greek Life" 32, *Pachomian Koinonia*, pp. 318, 319.
28. 고대세계의 기독교 및 비기독교 여성들에 의해 씌어진 본문들 및 그들에 관한 본문들의 집성을 위해서는, *Maenads, Martyrs, Matrons, Monastics: A Sourcebook on Women's Religions in the Greco-Roman World*, Ross S. Kraemer편 (Philadelphia: Fortress Press, 1988)을 보라.
29. Palladius는 수도하는 남녀들이 서로 동등한 관계에서 교제

한 방식에 대해 특별히 흥미로운 묘사들을 보여준다.
30. Agathon 19, *Sayings*, p. 23.
31. Messalians 혹은 Euchites는(전자는 시리아 명칭이고 후자는 그리스 명칭임) 아마 예외였을 것이다. 그들은 시리아 수도원운동 내에서, 성례전을 희생시키면서 개인적인 기도를 강조했다고 비난받은 파였다. 이들에 관해서 *Sayings*에 나오는 이야기는 p. 16에서 볼 수 있다.
32. pp. 36을 보라.
33. 첫 파코미우스의 공동체가—그 지역에 또 다른 교회가 없었으므로—매일의 성무일과를 낭송하려고 그 지역 농민들을 위한 교회를 두기도 하였다는 것은 의의 깊은 것이다.
34. Anthony 1, *Sayings*, pp. 1-2.
35. 이 주제에 관한 대화를 서술하고 있는 것은 Epiphanius 3, *Sayings*, p. 57을 보라. 초대교회의 매일 성무일과의 기원에 대한 토론을 위해서는 Bradshaw, *Daily Prayer in the Early Church*, 4장과 7장, pp. 93-110 및 124-49를 보라.
36. Moses 13, *Sayings*, p. 141.
37. 예를 들어 Arsenius 33, *Sayings*, p. 131을 보라.
38. Agathon 9, *Sayings*, pp. 21-22.
39. 이는 Evagrius Ponticus의 말들을 모아 놓은 그의 금언집의 한 주제이다. *The Praktikos: Chapters on Prayer*, John Bamberger역 (Spencer, Mass.: Cistercian Publications, 1970)
40. Macarius the Great 19, *Sayings*, p. 131.
41. Evagrius Ponticus, *Praktikos* 69, p. 35.
42. 가장 중요한 것은 *On First Principles*(제일 원리에 관해)이다.
43. *Origen: Prayer; Exhortation to Martyrdom*, John O'Meara역

(New York: Newman Press, 1954), pp. 15-140.
44. *Saint Gregory of Nyssa: The Lord's Prayer; The Beatitudes*, Hilda Graef역 (New York: Newman Press, 1954) 중에서. 특히 유용한 것은 *Saint Gregory of Nyssa: Ascetical Works*에 수집된 단편들이다.
45. Evagrius Ponticus, *Praktikos*.
46. *Intoxicated by God: The Fifty Spiritual Homilies of Macarius*, George Maloney역 (Denville, N.J.: Dimension Books, 1978).
47. *Pseudo-Dionysius: The Complete Works*, Colm Luibheid역 (New York: Paulist Press, 1987).
48. 본장의 주 15를 보라.
49. *Pachomian Koinonia*, vol. 1에 수집되어 있다.
50. *Palladius: The Lausiac History*, Robert Myer역(New York: Newman Press, 1964).
51. *A History of the Monks of Syria*, R. M. Price역(Kalamazoo, Mich.: Cistercian Publications, 1985), p. 83.
52. 우리가 다양한 수도사들과 Theodoret의 모친 사이에 보게 되는 관계들은 지극히 흥미있는 것이다. 그들은 분명히 그녀를 모든 의미에서 동등하게 대우한다. 즉 그녀가 그들의 필요를 공급해주고, 그들에게 조언을 구하러 오고, 그들과 토론할 때에 그렇다. Theodoret에게서는, 다른 초기 수도문헌에서처럼, 그들이 그녀의 여성됨을 위협적인 것으로 보았다는 어떤 표시도 존재하지 않는다. 예컨대, Macedonius에 관한 장, XII, pars. 16, 17, *The Monks of Syria*, pp. 104-5 중에서 그녀가 Theodoret을 임신한 데 대한 설명을 보라.
53. John Cassian, *John Cassian: Conferences*, Colm Luibheid역 (New York: Paulist Press, 1985).

54. 이 책에서 가장 빈번하게 인용되는 집록은 Benedicta Ward에 의해 번역된 것이다. 주제별 집성은 Chadwick의 *Western Asceticism*, pp. 33-189에서 찾아볼 수 있다.
55. Ammonas 3, *Sayings*, p. 26.
56. 제 2 장을 보라.
57. Part 9, "근신하여 사는 것이 올바르다는 것" 27, *Western Asceticism*, p. 136.
58. Evagrius Ponticus, *Praktikos* 17, p. 58.

제 2 장 하나님의 형상으로 화하는 삶

1. 누가 10:27; 마태 22:34-40; 마가 12:28-31.
2. Macarian Homily 46. 3, *Intoxicated by God*, pp. 212-13.
3. Mius 3, *Sayings*, p. 150.
4. 하나님의 형상을 그리스도께서 우리 안에서 갱신하시는 초상화로 묘사하는 이러한 주제에 관한 하나의 고전적인 비수도원적 교부의 진술을 위해서, Athanasius, "On the Incarnation," pars. 13, 14, in *Christology of the Later Fathers*, E. R. Hardy역편(Philadelphia: Westminster Press), pp. 67-68을 보라. Gregory of Nyssa에게서 발전된 서술에 관해서는 "On Perfection," in *Saint Gregory of Nyssa: Ascetical Works*, pp. 109-10을 보라.
5. Macarian Homily 20. 7, *Intoxicated by God*, pp. 133-34.
6. Poemen 67, *Sayings*, p. 176.
7. Letter 6, *The Letters of Saint Anthony the Great*, Derwas Chitty역(Oxford: Fairacres Publications, 1975), p. 21.
8. Part 17, "사랑에 관하여" 2, *Western Asceticism*, p. 182.

9. p. 28. Dorotheos of Gaza, "우리 이웃을 판단하기를 거부함에 관하여" in *Discourses and Sayings*, pp. 138-39.
10. Serapion 1, *Sayings*, pp. 226-27.
11. Part 16, "인내에 관하여" 18, *Western Asceticism*, p. 179.
12. Ammonas 8, *Sayings*, p. 27.
13. Part 17, "사랑에 관하여" 10, *Western Asceticism*, p. 183.
14. 정욕들과 또 그것들이 어떻게 우리에게 상처를 입히느냐에 대한 초대 수도원 스승들의 이해에 관한 훨씬 더 철저한 취급을 위해서는, 나의 *To Love as God Loves*, pp. 57-77에 있는 제 4 장 "정욕들"을 보라.
15. 차이들이 중요할 경우에, 나는 본문에서 그것들에 주의를 기울일 것이다.
16. 이 목록은 중세의 "일곱 가지 중죄"가 되었다.
17. Evagrius, *Praktikos* 7, p. 17. 또한 Athanasius가 Anthony의 첫 덕을 묘사하는 데 있어서 그가 아이였을 때 여러가지 음식에 대한 욕망이 없었던 것으로 말하고 있음을 주목하라. *Life of Anthony* 1, p. 31.
18. 하지만, 과학의 전면(前面)에 나선 얼마나 많은 과학자들이, 관찰자가 "객관적"이기 위해서 자신을 연구과정에서 배제할 수 없다는 것을 현재 확고하게 믿고 있다는 사실을 주목하는 것은 중요한 일이다. 확실히 대부분의 현대 역사가들은, 만일 "객관적"이라는 말로써 역사가의 편견들이 그가 끌어내는 결론들이나 심지어 처음에 묻는 질문들에 영향을 미치지 않는다는 것을 의미한다면, 그들이 기록하는 역사가 객관적이라는 생각을 포기하였다.
19. Evagrius, *Praktikos* 11, p. 18.
20. *Ibid.* 20, p. 21.

21. 이 초대 문헌에서 상처입힌다는 언어는 매우 일반적인 것이다. 안토니는 그의 편지들 속에서 특히 정욕들을 상처로, 그리스도를 우리의 치유자로 말하고 있다; 편지 3, *Letters of Saint Anthony*, pp. 9, 10을 보라.
22. Part 17, "사랑에 관하여" 18, *Western Asceticism*, pp. 184-85.
23. Isidore of Pelusia, 4, *Sayings*, p. 98.
24. Poemen 151, *Sayings*, p. 188.
25. Dorotheos, "징벌에 대한 두려움에 관하여," in *Discourses and Sayings*, p. 188.
26. *Ibid.*, p. 188.
27. Anthony 35, *Sayings*, p. 8.
28. Nisterus 2, *Sayings*, p. 154.
29. Poemen 28, *Sayings*, p. 171.
30. Cyrus 1, *Sayings*, p. 118.
31. Evagrius 5, *Sayings*, p. 64.
32. "기도에 관하여," par. 17, in *Alexandrian Christianity*, John Oulton and Henry Chadwick역(London: SCM Press, 1964), p. 319.
33. "인내 혹은 용기에 관하여" 33, *Western Asceticism*, p. 92.
34. Poemen 11, *Sayings*, p. 168.
35. Macarius the Great 19, *Sayings*, p. 131.
36. 편지 6, *Letters of Saint Anthony*, p. 22.

제 3 장 기도에 이르는 길

1. Arsenius 38, *Sayings*, pp. 17, 18.
2. Part 1, "완전 안에서의 교부들의 진보에 관하여" 11, *Western Asceticism*, pp. 38, 39.
3. Cassian, *John Cassian: Conferences* 9. 8: "확실히, 어떤 한 사람에 의해 같은 종류의 기도들이 계속해서 아뢰질 수 없다. 쾌활한 사람과 우울이나 절망에 의해 눌린 사람은 기도하는 방법이 서로 다르다. 한 사람이 영적 생활이 형통할 때 기도하는 것과 많은 유혹에 의해 침체될 때 기도하는 방식은 다르다." p. 107.
4. Evagrius, *Praktikos* 100, p. 41.
5. 모든 개신교 전통들이 이 문제로 같은 어려움에 처하는 것은 아니다. 전세계에 많은 교회들로 발전된 감리교 운동의 창시자 요한 웨슬리는 수도사들과 일치했다. 그는 자신의 가장 중요한 신학적 요점들 중의 하나로서, 우리는 하나님의 사랑이나 그의 구원의 어떤 다른 부분도 공로로 얻는 것이 아님을 확언하였다. 그럼에도 불구하고 그는 또한 인간 존재가 하나님의 은혜에 응답할 수 있는 능력과 필요를 모두 가지고 있다고 주장했다. 왜냐하면 결코 은혜는, 우리를 압도하여 우리로 하여금 스스로 선택하지 않은 바가 되거나 그것을 행하도록 강요하지는 않기 때문이다.
6. Poemen 2, *Sayings*, p. 141.
7. Evagrius, *Praktikos* 100, p. 41.
8. 로마서 8:26, 27.
9. Evagrius, *Praktikos* 58, p. 64.
10. Part 11, "근신하여 사는 것이 올바르다는 것" 1, *Western Asceticism*, p. 131.

11. Part 14, "겸손에 관하여" 71, *Western Asceticism*, p. 171.
12. Part 10, "신중에 관하여" 98, *Western Asceticism*, p. 128.
13. *Life of Anthony* 25, p. 50.
14. Part 7, "인내 혹은 용기에 관하여" 40, *Western Asceticism*, pp. 93, 94.
15. Poemen 36, *Sayings*, p. 172.
16. 제 5장의 p. 193; 제 6장의 p. 224.
17. Part 7, "인내 혹은 용기에 관하여" 30, *Western Asceticism*, p. 91.
18. Part 5, "욕정에 관하여" 28, *Western Asceticism*, p. 68.
19. 제 3장 위의 p. 109를 보라.
20. Epiphanius 11, *Sayings*, p. 58.
21. Poemen 183, *Sayings*, pp. 192-93.
22. "Letter to Marcellinus" 12, in *Life of Anthony*, p. 111.
23. Ibid.
24. Ibid. 13, p. 112.
25. 시편 72:12-14.
26. 비록 성경에 대한 묵상의 정교한 방식들이 중세기에 발전했으며 자주 오늘날 추천되지만, 초대교회에는 그러한 잘 정의된 방식들이 없었다. 많은 사람들에게 도움이 되는, 성경 묵상의 다양한, 잘 정의된 유형들에 대한 서술이 포함되어 있는 책으로는 *Prayer and Temperament: Different Prayer Forms for Different Personality Types*, by Chester P. Michael and Marie C. Norrisey(Charlottesville, Va.: The Open Door, 1984)가 있다.
27. 바울도 성경에 대해 이러한 가정을 하고 있음을 주목하라. 로마서 9장에서 그는 야곱과 에서의 이야기를 해석하고 있

다. 갈라디아서 4:21-5:1에서는 사라와 하갈이 교회에 대해 가지는 의미를 해석하고 있다.

28. Macarian Homily 11, *Intoxicated by God*, pp. 80, 81.
29. 요한 10:10.
30. 예를 들어, Gregory의 "완전에 관하여"를 보라. 거기서 그는 바울 서신들과 히브리서만으로부터 그리스도에 대한 거의 40개나 되는 이름들을 열거하고 있다. *Saint Gregory of Nyssa: Ascetical Works*, pp. 96-97.
31. 하나님의 이름들이 영성 생활에서 어떻게 작용하느냐와 하나님이 어떻게 종국적으로 이름을 넘어서느냐에 관한 가장 중요한 교부학적 강해를 위해서는, Dionysius the Pseudo-Areopagite, "The Divine Names" in *Pseudo-Dionysius: The Complete Works*, pp. 49-141을 보라.
32. Part 15, "겸손에 관하여" 72, *Western Asceticism*, p. 171.
33. Agathon 15, *Sayings*, p. 22.
34. 이 주제에 관한 Evagrius의 가르침은 "기도에 관한 장들," *Praktikos*, pp. 52-80에서 찾아볼 수 있다.
35. Evagrius, *Praktikos*, 70, p. 66.
36. Basil Pennington, *Centering Prayer: Renewing an Ancient Christian Prayer Form*(Garden City N. Y.: Doubleday, 1982)을 보라.
37. John Cassian은 "오 하나님, 나를 도우러 오소서, 주여 속히 나를 구하러 오소서"(시편 69:2)를 추천한다. Conference 10. 10, *John Cassian: Conferences, Western Asceticism*, p. 132.
38. Part 15, "겸손에 관하여" 70, p. 171.
39. *Life of Anthony* 25, p. 50.

40. 특별히 part 15, "겸손에 관하여" 73, *Western Asceticism*, p. 171을 보라.
41. Anthony 14, *Sayings*, p. 4.
42. Arsenius의 경우처럼. Arsenius 33, *Sayings*, p. 15에 서술되어 있음.
43. "자문(충고)을 구하는 데 관하여" in Dorotheos of Gaza, *Discourses and Sayings*, pp. 127, 128.
44. Arsenius 27, *Sayings*, p. 13.
45. Sisoes 40, *Sayings*, p. 220.
46. Agathon 9, *Sayings*, pp. 21-22.
47. Macarian Homily 18. 2, *Intoxicated by God*, p. 128.
48. Syncletica 6, *Sayings*, p. 231.
49. "완전에 관하여," *Saint Gregory of Nyssa: Ascetical Works*, pp. 121-22.

제 4 장 "오직 나 자신과 하나님"

1. Anthony 9, *Sayings*, p. 3.
2. Alonius 1, *Sayings*, p. 35.
3. 판단주의:우리가 소유하고 있는 바를 통해 정체성(identity)을 발견하는 것; 다른 이들에 대한 힘을 행사함으로써 자신의 정체를 주장하는 것과 소유의 견지에서 그것을 주장하는 것은—"나는 내가 소유하는 바이다"—자아의 결여가 초대 수도 문헌에서 자신을 드러내는 다른 가장 중요한 방식들 중의 하나인데, 여기서는 논의할 만한 시간이 충분히 없다. 여기서 판단주의는, 다른 사람들이 자신보다 덜 힘든 수도생활 규칙들에 따라 살아감으로써 어려움을

면할지도 모른다는 것 때문에 속상해 하거나 비통해 하는 경우에, 자신의 목적이나 정체성으로부터 마음이 흐트러지게 되는 문제로 볼 수 있다. 그것에는 흔히 기분을 상하게 하는 상대방들을 바로잡으려는 의지가 수반되었다. 이러한 류의 판단주의는, 포에멘의 다음과 같은 가르침처럼, 자신을 위험에 처하게 했다: "이웃을 가르치는 것은 온전하여 정욕이 없는 자에게 해당된다. 왜냐하면 자신의 집을 부수면서 남의 집을 세우는 것이 무슨 소용이 있겠는가?"(Poemen 127, Sayings, p. 185). 심지어 일상의 물건들에 대한 평상적인 욕구도 수도사에게는 유혹이었다. 왜냐하면 그는 그 속에서 무엇인가를 원하는 탐닉의 순환 속에 사로잡혀, 그 욕구를 만족시키고 나면 곧 그 대신에 또다른 욕망이 일어나는 것을 발견하는 위험을 보았기 때문이다. 얼마후 수도사는 하나님 안에 기초하며 이웃에 대한 사랑을 보여주기 보다는 그의 전체 아이덴티티가 자신이 가진 것과 결부된다고 믿게될 것이다. 자신의 소유를 지키고 타인과의 관계에서 자기 이미지를 보호하는 것은 곧 하나님 안에서의 그의 참 모습(identity)에 대한 인식을 대신할 것이다. 이것이 왜 Pelusia의 Theodore가 다음과 같이 말했는지를 잘 설명해 준다: "소유에 대한 욕구는 위험하고 무서운 것이니, 만족을 모르기 때문이다. 그것은 영혼을 몰아쳐서 악의 높은 곳으로 향하게 조종한다. 그러므로 처음부터 그러한 욕구를 몰아내자. 왜냐하면 한번 그것이 주인이 되면, 극복될 수 없기 때문이다"(Theodore of Pelusia 6, Sayings, p. 99). 또 Poemen의 경고도 마찬가지이다: "너의 마음을 그 마음을 만족시킬 수 없는 것에게 주지 말아라"(Poemen 80, Sayings, p. 178).

4. Macarius the Great 23, *Sayings*, p. 132.
5. Ammonas 4, *Sayings*, p. 26.
6. Part 7, "인내 혹은 용기에 관하여" 33, *Western Asceticism*, p. 92.
7. Macarian Homily 19.2, *Intoxicated by God*, p. 128.
8. Anthony 16, *Sayings*, p. 4.
9. Agathon 9, *Sayings*, pp. 21-22.
10. Macarius the Great 19, *Sayings*, p. 131.
11. Poemen 183, *Sayings*, pp. 192-93.
12. 창세기 32:26-33.
13. 누가 18:1-8.
14. Arsenius 10, *Sayings*, p. 10.
15. Irenaeus, *Saint Irenaeus: Proof of the Apostolic Preaching* 12, Joseph Smith, S.J. 역(New York: Newman Press, 1952), p. 55. 아래의 제 6 장을 보라. 예수는 요한 15:14-17에서 그를 따르는 자들을 친구들로 인정한다.
16. 이사야 49:16.
17. 누가 12:19, 20.
18. 마가 3:20, 21; 31-35.
19. 누가 6:6-11.
20. 누가 7:36-50.
21. 마태 10:34-36.
22. 누가 10:38-42.
23. 안토니 자신이 수도생활로 회심하게 된 것은 이 이야기를 자신에게 향한 것으로 들었기 때문이다. 마태 19:16-22.
24. 누가 15:11-32.
25. 누가 9:23-24.

26. 창세기 12:1-5.
27. 출애굽기 3장에 나오는 모세의 소명.
28. Part 4, "인내 혹은 용기에 관하여" 11, *Western Asceticism*, p. 84.
29. Poemen 200, *Sayings*, p. 194.
30. Dorotheos of Gaza, "우리 이웃을 판단하기를 거부함에 관하여," in *Discourses and Sayings*, p. 132.
31. Agathon 9, *Sayings*, pp. 21-22.
32. Evagrius, *Praktikos* 50, p. 29
33. Anthony 16, *Sayings*, p. 4.
34. 모세가 보낸 교훈들, Poemen 4, *Sayings*, p. 141.
35. 앞의 제 3 장 pp. 107-108을 보라.
36. Isaiah 1, *Sayings*, p. 69.
37. Poemen 189, *Sayings*, p. 193.
38. Poemen 48, *Sayings*, p. 173.
39. Poemen 155, *Sayings*, pp. 188-89.
40. Poemen 163, *Sayings*, p. 189.

제 5 장 "우리의 삶과 죽음은 우리의 이웃과 함께 한다"

1. Anthony 9, *Sayings*, p. 3.
2. Anthony 35, *Sayings*, p. 8.
3. Letter 6, *Letters of Saint Anthony*, p. 22.
4. 우리는 이를 "주상(柱上) 고행자 다니엘의 생애"에서 보게 된다. 그 중간 부분 전체에서 다니엘은 황제에게 충고할 뿐만 아니라 심지어 그를 콘스탄티노플에서 몰아내어 마침내 그로 하여금 일치하게 만든다. *Three Byzantine Saints*,

Elizabeth Dawes and Norman Baynes 역(Crestwood, N. Y.: Saint Vladimir's, 1977), pars. 67-84, pp. 47-59.
5. Macarius the Great 39, *Sayings*, p. 137.
6. Ammonas 8, *Sayings*, p. 27.
7. 태도로서의 사랑에 관한 더 자세한 설명을 위해서는, 나의 *To Love as God Loves*의 제 2 장, pp. 29-35를 보라.
8. Theodore of Pherme 2, *Sayings*, p. 74.
9. 제 2 장 p. 61을 보라.
10. 예컨대, 난쟁이 John의 긴 목록을 보라. John the Dwarf 34, *Sayings*, p. 92.
11. 특정한 스승들과 연관되는 몇몇—비록 확실히 전부는 아니지만—선택들을 위해서는 Part 1, "완전 안에서의 교부들의 진보에 관하여," *Western Asceticism*, pp. 37-40을 보라. *Sayings*의 한 부분을 읽어보면, 그 주된 덕이 무엇이었는지가 수도적 대화의 많은 부분을 점했음에 틀림없다는 암시를 받는다.
12. Theodore of Pherme 13, *Sayings*, p. 75.
13. Agathon 9, *Sayings*, p. 21.
14. 겸손에 대한 훨씬 더 충분한 전개를 위해서는, 나의 *To Love as God Loves*, 제 3 장, pp. 41-56을 보라. 이 인용은 Macarius the Great 11, *Sayings*, pp. 129-30에서 찾아볼 수 있다.
15. 예를 들어 Dorotheos of Gaza, "덕을 세우는 데 관하여," *Discourses and Sayings*, p. 203을 보라.
16. 나는 또한 교회 회중에게 그의 아픈 개를 위해 기도해달라고 요청한 한 아이의 이야기를 들은 적이 있다. 불행하게도 그 목사는 이를 사소하고 무가치한 요구로 여겼으며,

아이와 부모가 그렇게 알도록 만들었다.
17. John the Dwarf 2, *Sayings*, p. 86.
18. Poemen 51, Sayings, pp. 173-74.
19. 빌립보 2:6-11.
20. Poemen 52, *Sayings*, p. 174.
21. Alonius 4, *Sayings*, p. 35.
22. Poemen 22, *Sayings*, p. 170.
23. Poemen 93, *Sayings*, p. 180.
24. 제 3 장, p. 118.
25. Poemen 65, *Sayings*, p. 176.
26. Maxim 9, "영성 생활에 관한 금언들," in *Discourses and Sayings*, Dorotheos of Gaza, p. 252.
27. James 1, *Sayings*, p. 104.
28. John the Dwarf 7, *Sayings*, pp. 86, 87.
29. Part 5, "욕정에 관하여" 28, *Western Asceticism*, p. 68.
30. Dorotheos of Gaza, "포기에 관하여," Discourses and Sayings, pp. 82-83.
31. 앞의 제 4 장과 Dorotheos, *Ibid.*, p. 83을 보라.
32. John the Dwarf 21, *Sayings*, p. 90.
33. Theodore of Eleutheropolis 3, *Sayings*, p. 80.
34. Isaac the Theban 1, *Sayings*, pp. 109, 110. 하나님께서 판단함을 싫어하신다는 데 대한 언급을 위해서 Macarian Homily 15, *Intoxicated by God*, p. 96을 보라.
35. Dorotheos of Gaza, "우리 이웃을 판단하기를 거부함에 관하여," *Discourses and Sayings*, p. 133.
36. Macarius the Great 32, *Sayings*, p. 134.
37. Macarius of Alexandria 2, *Sayings*, p. 152.

38. 초대 수도인들은 사회 질서 및 그것이 하나님에 의해 주어졌다는 사실을 당연시하고 있다.
39. Matoes 13, *Sayings*, p. 145.
40. 내가 아는 한 연합감리교회의 목사는 이를 "혀(말)의 청지기직"이라고 말한다.
41. Matoes 2, *Sayings*, p. 143.
42. Poemen 97, *Sayings*, p. 180.
43. Isidore the Priest 10, *Sayings*, p. 98.
44. 실제로 수도원 스승들은 정당화될 수 있는 용서못함이 실질적으로 존재한다고는 믿지 않았다.
45. Evagrius Ponticus, *Praktikos* 100, p. 41.
46. Poemen 91, *Sayings*, p. 179.
47. Daniel 6, *Sayings*, p. 52.
48. Montgomery, Bill, "Widow Urges Teens to Improve Lives," *Atlanta Constitution*, (July 18, 1990): Section A, page 1.
49. Poemen 200, *Sayings*, p. 194.
50. John the Dwarf 39, *Sayings*, p. 93.

제 6 장 하나님에 대한 갈망

1. Joseph of Panephysis 7, *Sayings*, p. 103.
2. 마카리우스의 설교들은 우리 안에서 역사하시는 성령의 일하심을 묘사하는 데 거듭 불의 이미지를 사용한다. 예를 들면, 설교 4.14, 8.2, 11.1, in *Intoxicated by God*, pp. 45, 68, 77을 보라.
3. 나는 이 금언을 타락 이전의 아담이나 시내산에서 하나님과 만난 후의 모세처럼 그 얼굴이 빛났던 압바들에 대한

금언들과 연관시킨다. Pambo 12, *Sayings*, p. 197.
4. Anthony 1, *Sayings*, pp. 1-2.
5. 예를 들면, Dionysius the Pseudo-Areopagite, "The Divine Na\mes," chap. 4. 12, 4. 13, in *Pseudo-Dionysius: The Complete Works*, pp. 81-82.
6. "Epilogue: On Divine Love" 6, *The Monks of Syria*, p. 194.
7. Ibid., p. 195.
8. 시편 36:7-9.
9. Benjamin 4, *Sayings*, p. 44.
10. 시편 65:8.
11. 시편 43:4.
12. 시편 92:4.
13. Pseudo-Dionysius, "The Divine Names," chap. 4, 13, *Pseudo-Dionysius: The Complete Works*, p. 82.
14. 교부 저자들이 아가서를 우리에 대한 하나님의 사랑의 알레고리(비유)로 보고 그것에 대한 주석을 거듭 쓰고 있음은 의의 깊은 사실이다.
15. 기이하지만 도움을 불러 일으키는 언급임. 영어 번역 없음. 시리아어로 *Liber contra impium grammaticum*, ed. Joseph Lebon CSCO, no. 101(Louvain, 1963), p. 183에 있다.
16. Macarian Homily 46. 3, *Intoxicated by God*, pp. 212-13.
17. "The Divine Names," chap. 3. 1., *Pseudo-Dionysius: The Complete Works*, p. 68.
18. Arsenius 10, *Sayings*, p. 10.
19. *Saint Irenaeus: Proof of the Apostolic Preaching* 12, p. 55.
20. 아브라함은 역대하 20:7; 이사야 41:8; 야고보 2:23에서 "하나님의 벗"이라고 불리우며, 모세는 출애굽기 33:11에서

그렇게 불리운다.
21. Epilogue 21, *The Monks of Syria*, p. 204.
22. Epilogue 15, ibid., p. 200.
23. Zeno 7, *Sayings*, p. 67.
24. 사람이 결코 거짓말을 해서는 안된다는 정책에 입각해서 살려고 힘쓰는 데 반(反)하는 압바 Alonius의 경계를 기억하라. p. 186이하를 보라.
25. p. 119이하.
26. Sisoes 12, *Sayings*, p. 214.
27. Pambo 14, *Sayings*, p. 198.
28. 모세의 기도 전체는 출애굽기 32:11-14에 있다.
29. Moses 13, *Sayings* p. 141.
30. *Nichomachean Ethics* 7. 아리스토텔레스에 의하면, 불평등이 충분히 해소되어 우정이라고 불리우는 어떤 것이 허락될 수 있는 유일한 길은, 더 높은 계급의 사람인 남성이 더 낮은 계급의 사람을 사랑하는 것보다는 더 낮은 계급의 사람인 여성이 비례적으로 더 높은 계급의 사람을 사랑하는 것이다.
31. 빌립보 2:5-11.
32. Macarian Homilies 18. 3과 19, in *Intoxicated by God*, pp. 124, 128-31. Dorotheos는 정확하게 이것이 어떻게 가능한가에 대한, 매우 도움이 되는 논의를 "덕을 세움에 관해" in *Discourses and Sayings*, pp. 206-207에서 보여준다.
33. *Life of Anthony*.
34. Sisoes 12, *Sayings*, p. 214.
35. 모세가 보낸 교훈들, Poemen 4, *Sayingss*, p. 141.
36. 마태 15:21-28.

37. Syncletica 1, *Sayings*, p. 230.
38. Anthony 32, *Sayings*, p. 8.
39. Poemen 85, *Sayings*, p. 179.
40. "On the Soul and Resurrection," p. 240, *Gregory of Nyssa: The Ascetical Writings*. 우리가 다른 사람들에 대한 지식에서도 한계들에까지 도달할 수 없는 이유는 우리가 한계 없으신 하나님의 형상으로 만들어졌기 때문이다.
41. Theodora 10, *Sayings*, p. 84.
42. 요한 20:27.
43. Pambo 10, *Sayings*, p. 197.
44. Pambo 126, *Sayings*, p. 185.
45. Syncletica 11, *Sayings*, p. 233.
46. 나는 이러한 치유적인 통찰을 Robert Stephanopolus에게 빚지고 있는데, 그는 초대교회의 스승들이 여성들을 가치있게 보는 데 실패한 방식에 관해 내가 느꼈던 고통에 이렇게 응답했다. "만일 당신이 성도들의 교통을 믿는다면, 그들을 위해서 기도해야 합니다."
47. Pseudo-Dionysius, "The Divine Names," chap. 11. 3-5, *Pseudo-Dionysius: The Complete Works*, pp. 121-26.
48. 기독교인들이 이것이 이미 일어나고 있음을 볼 수 있었다는 것은 기독교의 진리를 초대 기독교인들에게 확신시키는 논증이었다. Athanasius, "On the Incarnation," par. 52, p. 106, *Christology of the Later Fathers*를 보라.
49. Macarian Homily 11. 15, *Intoxicated by God*, p. 82.
50. Macarian Homily 12. 11, ibid., p. 86.
51. 시편 36:9.
52. Poemen 94, *Sayings*, p. 180.

53. 시편 84:4-7.

참고도서

다음의 영어번역들은 현대의 관심있는 독자들이 구해 읽을 수 있는 책들이다.

The Letters of Saint Anthony the Great. Translated by Derwas Chitty. Fairacres, Oxford: Sisters of the Love of God Press, 1975.

Athanasius: *The Life of Anthony and the Letter to Marcellinus*. Edited by Robert Gregg, Classics of Western Spirituality. New York: Paulist Press, 1980.

Dorotheos of Gaza: Discourses and Sayings. Translation and introduction by Eric P. Wheeler. Kalamazoo, Mich.: Cistercian Publications, 1977.

Evagrius Ponticus, *The Praktikos: Chapters on Prayer*. Edited by M. Basil Pennington. Translation and introduction by John Bamberger, O. C. S.O. Spencer, Mass.: Cistercian Publications, 1970.

Gregory of Nyssa: *The Life of Moses*. Translation, introduction, and notes by Abraham Malherbe and Everett

Ferguson. Classics of Western Spirituality. New York: Paulist Press, 1978.

"On Perfection" in *Gregory of Nyssa: Ascetical Works*. Translated by V. W. Callahan. Fathers of the Church 58. Washington, D. C.: Catholic University of America Press, 1967.

Intoxicated with God: The Fifty Spiritual Homilies of Macarius. Translation and introduction by George Maloney, S. J. Denville, N. J.: Dimension Books, 1978.

Pachomian Koinonia. Vol. One: The Life of Saint Pachomius and His Disciples. Translation and introduction by Armand Veilleux. Kalamazoo, Mich.: Cistercian Publications, 1980.

Palladius: The Lausiac History. Translation by Robert T. Meyer. Ancient Christian Writers 34. Westminster, Md.: Newman Press, 1964.

초대교회로부터 보전되어 온 그리스어, 라틴어, 시리아어로 된 교부들의 금언집들이 많이 있다. 내가 여기서 사용한 두 집록들에 관해 말하면, Ward의 번역은 그리스어에서 한 것인데 거기에는 금언들이 그것들을 말한 것으로 돌려지는 암마들과 압바들의 이름 아래 수집되어 있다. Chadwick에 의해 번역된 다른 본문은 라틴어로 된 것이며 금언들이 주제별로 수집되어 있다.

The Sayings of the Desert Fathers: The Alphabetical Collection. Translated by Benedicta Ward, S. L. G. Oxford: A. R. Mowbray, 1981.

"The Sayings of the Fathers," in *Western Asceticism*.

Selected translations and introductions by Owen Chadwick. Library of Christian Classics. Philadelphia: Westminster Press, 1958.

찾아보기

감정 56, 58, 64, 92-93, 111, 147, 167, 182, 203
겸손 72-73, 87, 178-179, 181-185, 194-195
광야(사막) 교부들의 금언 45-48
그레고리(닛사의) 43, 130, 241
기도
   공동기도 30, 40, 42
   기도하는 시간 95-97, 103
   기도를 위한 자세들 103-108
   기도에 관한 초기 문헌 43-48
   기도하는 방식들 85-87
   끊임없는(쉼없는) 기도 15-18, 41
   반(反) 문화적인 것으로서의 기도 96
   집중하는 기도 122
   형상없는 기도 42, 121

기쁨 215-218
꾸준함(끈질김) 128-131, 155, 160

나사로 81, 233
노아 239
대(大) 니스테리우스(압바) 73

다니엘(주상 고행자) 266
덕 30, 51, 67-73, 128, 175, 178-179, 190-192, 200
도로테오스(가자의) 28, 57-58, 69-70, 125, 131, 162, 173, 190-194
도마(사도) 242
디두모(맹인 압바) 44
위(僞)디오니시우스 44, 220

루시우스(압바) 16-17

마리아와 마르다 81, 158, 232-234
마카리우스(알렉산드리아의, 압바) 198
대(大) 마카리우스(압바) 15, 42, 52, 79, 143, 153, 181, 198
마카리우스의 설교(집) 44, 54, 114, 117, 151, 220
마토이스(압바) 160
말틴 루터 91
모세 55, 159, 227, 239

모세(압바)　86, 93, 164, 228, 238
미우스(압바)　53

바울(사도)　15-18, 91, 94
베드로(갈라디아인)　45
벤야민(압바)　218
부자 청년　158
부활　239, 242
분별　179, 185, 204

사랑　26, 30, 56-60, 64, 90, 98, 137-139, 146-147, 167-170, 173-179
사탄(마귀)　55, 66, 99, 101, 107, 114, 153, 181, 184, 188, 225
삭개오　158
선(禪) 명상　42, 121
성경(경전)　109-119, 154-160
　　남성 이미지　112
성도의 교통　190, 245
성령　25, 30, 94, 110, 117, 151, 214, 246
세라피온(압바)　258
세례　31, 71
세베루스(안디옥의)　220
수도원(주의)
　　문화적 배경　21, 24, 28-38
　　여성 수도자들　37-38
순교　31

시기 62, 174
시루스(알렉산드리아의) 44, 75
시소에스(압바) 47, 127, 225, 238
시편 31, 40-41, 70, 110
　36편 217, 246
　43편 218
　65편 218
　72편 113
　84편 247
　92편 218
　139편 105, 161
식탁의 기도 122
신클레티카(암마) 130, 240, 245

아가톤(압바) 39, 55, 120, 152, 161, 179
아눕(압바) 186
아담과 하와 60, 194
아르세니우스(압바) 36-37, 86, 95, 156, 205
아리스토텔레스 230
아브라함 73, 81, 87, 159, 228, 239
아브라함(압바 시소에스의 제자) 225
아브라함(압바 아가톤의 제자) 55
아타나시우스(알렉산드리아의 주교) 32, 44, 110-111, 117
대(大) 안토니 23, 32-34, 41, 44, 56, 72-73, 80, 87, 101, 135, 152,
　　　163, 173-174, 214, 235, 240
알로니우스(압바) 136, 138, 168, 186

암모나스(압바) 46, 144-145, 185
야고보(압바) 81, 191
어거스틴 24, 216
에바그리우스 폰티쿠스 42-43, 62, 75, 90, 121, 203
에피파니우스 109
예수 그리스도 30, 33, 37, 40, 54, 80-81, 104-105, 109, 113, 116, 136, 155-158, 175, 184, 188, 202, 220, 231-234, 239, 242, 246
오리겐 43, 76
완전 40
완전주의 33, 62, 65, 144-146
요셉(압바) 16, 213
요한(난쟁이, 압바) 183-192, 195, 209
요한 웨슬리 260
요한 카씨안 45
용기 128-131, 159, 167
용서 93-94, 201-209
유세비우스(가이사랴의) 253
유스틴(순교자) 29
유혹 73-79
은혜 90-95, 180, 246-248
이레니우스 222
이사야(압바) 165
이삭(더반의, 압바) 197
이성 64
이시도르(압바) 202
이웃에 대한 사랑 26-27, 69, 89, 135, 150, 174
인정받으려는 욕구 142

자기 이해 160
자문 193
자비심 71, 77, 226
자아
　필요(요구) 136-138, 149-150, 157
　책임 194-195
정욕들 46, 51, 61-68, 76-79, 141, 148, 163
제노(압바) 223
종교적인 체험 99
죄 51-53, 61-62, 71
중보기도 31, 119, 237

참 모습(정체성) 131, 138-142, 146-155, 158-168, 177, 213
치유 54, 60, 67-68, 72, 80, 111, 116, 122, 127-129, 154-155, 175,
　　　180, 188-189, 198, 202, 219, 223, 235, 244
침묵 119-120, 193

콘스탄틴(황제) 29, 30-32
탐식 62
탕자(비유에 나오는) 158
테오나스(압바) 70
테오도라(암마) 242
테오도렛(시루스의) 44-45, 216, 222
테오도르(엘류테로폴리스의) 268
테오도르(페르메의, 압바) 177, 179

테오도르(펠루시아의, 압바) 196

파에시우스(압바) 190
파코미우스 34-35, 37, 41, 44, 109, 198
판단주의 196, 198-200
팔라디우스 44
팜보(압바) 225, 244
평화 168
포에멘(압바) 55, 59, 69, 74, 77, 105, 109, 154, 160, 166, 169, 184, 186-187, 189, 201-202, 204, 207, 244, 247
피오르(압바) 240

하나님
   하나님과 벗됨 221-239
   하나님과 힘없는 자들 113
   하나님의 온유하심 107, 194
   하나님의 이름 116-117
   하나님의 사랑 52-53, 194-195, 218-219
   하나님의 심판 227
   하나님의 형상 24, 제 2장, 107, 128, 138, 246
화냄(분노) 46, 56, 66, 76-77, 92-93, 177
화해 35, 51, 80, 93, 140, 170, 175, 201, 203, 209, 227, 245-246
희망 80, 164, 244
히폴리투스(로마의) 253

사랑과 기도 : 초대교부들의 영성

초 판 제 1 쇄 1994년 4월 30일
개정판 제 2 쇄 2017년 3월 10일

지 은 이 / R.C. 반디
옮 긴 이 / 이 후 정

발 행 인 / 김 철 환
편 집 인 / 이 원 석
발 행 소 / 도서출판 컨콜디아사
　　　　　(기독교 한국 루터회 총회 출판국)
　　　　　서울 용산구 후암동 446-11
　　　　　(전화)3789-7452, 7453 (팩스)3789-7457
등록 / 가 제3-45호 (1959. 8. 11)

책　값　12,000원

ISBN 978-89-391-0065-7 03230